感知
改变
善待
训练

张青之 著

如何调适心理压力

国家行政管理出版社
北京

图书在版编目（CIP）数据

如何调适心理压力/张青之著．—北京：国家行政管理出版社，2020.2
ISBN 978-7-5150-2449-3

Ⅰ.①如…　Ⅱ.①张…　Ⅲ.①心理压力－心理调节－通俗读物　Ⅳ.①B842.6-49

中国版本图书馆 CIP 数据核字（2020）第 004406 号

书　　名	如何调适心理压力 RUHE TIAOSHI XINLI YALI
作　　者	张青之
责任编辑	刘　锦
出版发行	国家行政管理出版社 （北京市海淀区长春桥路 6 号　100089）
电　　话	（010）68920640　68929037
编 辑 部	（010）68922480
经　　销	新华书店
印　　刷	北京盛通印刷股份有限公司
版　　次	2020 年 2 月北京第 1 版
印　　次	2020 年 2 月北京第 1 次印刷
开　　本	170 毫米×240 毫米　16 开
印　　张	15.5
字　　数	283 千字
书　　号	ISBN 978-7-5150-2449-3
定　　价	80.00 元

本书如有印装质量问题，可随时调换。联系电话：（010）68929022

序　言

一树百获之心理训练

一年之计，莫如树谷；十年之计，莫如树木；终身之计，莫如树人。一树一获者，谷也；一树十获者，木也；一树百获者，人也。

——选自《管子·权修》

谷的“一树一获”是易的，在适合生长作物的土壤里，于播种期洒下种子，到了作物成熟的季节即有收获。树的“一树十获”也不难，选好树苗，栽在土壤中，十年后即可成材。但是，每念及“百年树人”，都谓之艰辛与困难。

为何“百年树人”会感到很难呢？因为人不是谷与树，是“活的”生命载体。人非仅有躯体，亦有生命“内核”——心智。“智”依靠学校系统培养，要成为人才确实不易。而“心”的训练，却可以“日树一获”，甚至“一树百获”。

心理学并不神秘，它一直伴随着我们的成长，每个人从出生时起，就开始接受各个方面的心理训练。当婴儿哭闹时，父母就知道这哭声中是饥饿需要喂奶水，还是有排泄物需要清理了，从而建立起婴儿的安全感。当孩子能听懂大人说话时，父母的语言教育奠定了孩子最初的表达基础。

有人说，中国会有阶层固化的危险，原因是教育不能改变穷困阶层的跃升。那么，教育仅是在学校学习知识吗？家庭需要承担什么样的责任呢？七岁之前的儿童就会形成心理定势，如果转变父母的语言系统，就会起到塑造心理定势的作用。孩子早立志，就会走一条与父母不一样的道路。

心理训练会不会有益？会的，并且“一树百获”。心理训练看似高深莫测，实际上简便易行。例如，王阳明心学中讲立志，就是要建立一套信念系统，即“我要成为什么样的人”定义模式，使个人想法固化成“意识形态”，以一套自我特有的逻辑，对自己的人生赋予意义，形成处理问题的态度和行为。

心理训练日积月累，形成人格力量。认知能力训练可以改变人对事物的认识和看法，从而达到识人识物、明事懂理，提升思考力与辨别力的目的。情感情绪训练可以改变内心感受与表达，形成自身内在反馈系统，使“喜、怒、哀、乐、悲、恐、惧”因事因境能够自然应对，而不困于不良心境。每个人良好的心理素质经过家庭教养、社会化过程达到人格健全，可以获益终身。

“一树百获者，人也。”心理训练对人的培养可获得百利，所以“终身之计，莫如树人”。

张青之

二〇一九年四月十六日

导　言

如何调适心理压力，是社区心理指导师的一项重要工作，必须从理论到操作技能，都能够得到充分理解和掌握。

当前社会各阶层人员对心理压力问题有一定程度的重视，其根源是多种压力造成了人们日常生活和精神生活质量大为下降。

《人民论坛》杂志曾对全国100多名公务员的心理健康问题进行调查，发现64.65%的受调查者认为，压力导致少数公务员因心理负担过重而出现焦虑、抑郁等问题，甚至有个别公务员心理严重失调，导致精神崩溃。但被问及“你的压力是什么？从哪儿来?”等问题时，许多人并不能给出明确回答，他们认为“有心理压力的人是素质不高”；“心理问题只是表象，心理危害其实并不存在”；“压力只是现实面前自寻烦恼”。这种认知使很多人在心理困境里不能够积极寻求心理疏导和咨询，经常陷入压力的旋涡，怎么都走不出来。因此，心理压力调适既是一种改变认知和学习的过程，也是一种技术训练，掌握压力控制、疏导与宣泄方法的过程。

一、什么是心理压力

心理压力可以表述为：由压力源和压力反应共同构成的一种认知和行为体验。也就是说，压力存在于人的内心感受之中，是对压力源审视之后形成的观念及与之相伴随的情绪体验。因此，其构成元素包括压力事件、压力感和压力反应三个概念。

心理压力的外延非常丰富，可以按照不同因素进行划分。

1. 按来源划分

（1）生物性压力源：躯体创伤或疾病、饥饿、性剥夺、睡眠剥夺、噪声、气温变化。

(2) 精神性压力源：错误的认知结构、个体不良经验、道德冲突、不良个性心理特点。

(3) 社会环境性压力源：纯社会的，由自身状况造成的人际适应问题。

2. 按数（质）量划分

(1) 一般单一性生活压力（其后效不完全是负面的）。

(2) 叠加性事件压力（同时叠加或者继时叠加多种事件压力）。

(3) 破坏性（灾难性）压力：自然界或人类行为造成严重后果，形成了创伤后应激障碍（PTSD）和灾难综合征（DS）。

3. 按阶段划分

(1) 警觉阶段（发现了事件并引起警觉，同时准备应对）。

(2) 搏斗阶段（全力投入对事件的应对，消除压力、适应压力或退却）。

(3) 衰竭阶段（消耗大量生理和心理资源，最后筋疲力尽）。

4. 按成因划分

(1) 生活事件。每个发生了的生活事件，都会产生一个相应的压力程度。世界著名的“压力事件程度排名”为 40 项压力事件注明了相应的分数。如果你的分数为 150～190，那么压力处于低水平。200～299 分，压力处于适当水平。超过 300 分，身体可能会有一些症状，急需减压，可以寻求专业人员的帮助。

(2) 挫折。当遭到失败时，内心会产生一种消极的情感体验，我们称之为挫折感。外在的挫折和内心的挫折是导致心理压力的非常重要的原因。世界是复杂的，每个人所经受的挫折也是多种多样的。心理学研究表明，一个人对成功与失败的体验，更多地依赖于个体内在的欲求水准，还有的人是因为自己的需要受到外在因素的阻碍而无法实现，这些挫折都会造成心理压力。

(3) 心理冲突。个体在有目的的行为活动中，存在两个或两个以上相反或相互排斥的动机、欲望、目标所产生的一种矛盾心理，并由于莫衷一是引起紧张、不平衡造成心理压力。

(4) 不合理认知。三个特征：绝对化要求、过分概括化和糟糕至极。对事物的绝对化要求是指人们以自己的意愿为出发点，认为某一事物必定会发生或不会发生。当某些事物的发生与其绝对化要求相悖时，人们就会感到难以接受、难以适应并陷入情绪困扰。过分概括化是一种以偏概全的不合理思维方式，以自己做的某一件或几件事的结果来评价自己，评价自己作为人的价值，其结果常常会导致自责自罪、自卑自弃心理，以及产生焦虑和抑郁的情绪。过分概括化的另一方面表现在对他人的不合理评价上，别人稍有差池就认为他很坏，一无是处，这会导致一味地责备他人，进而产生敌意、愤怒等情绪。糟糕至极观念认为如果发生了一件不好的事情，那将是非常可怕的、非常糟糕的，是一场灾难。这种想法会导致个体陷入极端不良的情绪体验（如耻辱、自责自罪、焦虑、悲观、抑郁）的恶性循环之中而难以自拔。

二、心理压力的影响

1. 适当心理压力能够带来的好处

（1）提高人体免疫力。短期压力，会让人体开启“防御”模式，人体会产生额外的调节免疫系统的白介素，从而短暂提高免疫水平。

（2）提升工作绩效。低水平的压力可以刺激大脑产生一种名叫神经营养因子的化学物质，并加强大脑神经元之间的连接。而适当水平的压力可以提升人的工作成效，在考试、比赛、战斗等环境中，正确认识压力能够帮助人们提高效率和注意力，激发人体潜能。

（3）增强环境适应力。在处理一些紧急突发情况时，人们会自觉提升自我压力感，增强应对环境变化的适应能力，从而改变自身应对紧急突发情况的方式和态度，做好现实状况应对。

（4）促使人追求卓越。正面的压力也被称为积极压力，是完成一项工作和生活所必须具备的素质。注重发展自身心理素质的人，往往都能够自加压力，从而快速高效地完成工作。

（5）让腹中胎儿更坚韧。对产妇心理研究发现，准妈妈如果在孕期处于中低度水平压力时，她生下的孩子在 2 岁的时候往往表现出比毫无压力的妈妈生下的孩子具有更强的运动和发展能力，尽管前者孩子的注意力会弱一些。

2. 过度心理压力造成的危害

心理压力是一个动态过程，其作用结果可以用压力曲线来代表。超过了最佳压力状态，就会处于过压水平。长期过压状态下的人会产生包括生理、认知、情绪、行为等方面的不良后果。

（1）生理方面。压力可引起各种疼痛症，如头痛、颈痛、胃痛、腰痛等，也会产生各种不舒适症状，如头晕、心跳加速、呼吸不顺、肌肉紧张等，严重的更会出现作呕作闷、发冷发热或麻痹、针刺的感觉。

（2）认知方面。压力使人难以专心，错漏百出，记忆力衰退，判断力下降，还会出现幻觉、思维混乱、反应速度减慢、组织能力退化等症状。

（3）情绪方面。在压力影响下，人会变得抑郁、激动、无助、绝望、情绪低落、坐立不安、焦虑、惊惶、烦躁、心神恍惚等。

（4）行为方面。压力之下会使人出现反常的行为，如精神萎靡，举止古怪，无故旷工，敷衍问题，推卸责任，人际关系恶劣，语言问题增加，失眠或睡眠过多，食欲不振或过强，兴趣和情欲减弱等。

最新心理学研究证实，心理压力容易引起或影响疾病的发生与发展。当人体处于应激状态时，血压升高，血液中的游离脂肪酸含量增加，可通过肝脏转化为甘油三酯，沉积在动脉壁上，形成动脉粥样硬化斑；另外，由于交感神经兴奋性增强，使血压升高，加速动脉硬化和诱发心血管疾病。长期处于心理应激状态还会使人体免疫力降低，引发多种疾病，如紧张性头痛、多汗症、脱发症、神经性呕吐、神经性厌食、过敏性结肠炎、消化性溃疡、糖尿病、女性月经失调、男性阳痿早泄等。同时，对免疫性疾病、恶性肿瘤的发生发展也起着推波助澜的作用。

三、如何调适心理压力

本书所述心理压力调适，总的思路是：认清压力，减少压力，转化压力。通过科学的预防、干预手段，使个体心理压力水平获得合理调控。

1. 心理压力调适分类

（1）通过控制压力源消除且有必要消除的压力。如因为工作无计划带来的压力、拖沓带来的压力、技术不足带来的压力等。

（2）没有必要消除的压力。压力研究之父汉斯·塞利曾经说："压力是人生的调味品。"有一些压力不仅对人们没有负面作用，而且可以激发人们的成就动机和潜在能量，推动人们去成功，如追求成功的压力、发明创造的压力等。这一类压力不管可不可以消除都是应该保留的。

（3）很难消除或者不可消除的压力。比如，任务期限的压力、长期野外作业的压力、长期出差的压力等。这种压力的管理重点应该放在通过采取措施，降低或消除压力感受。

2. 压力应对方式

人们面对压力做出的反应主要有三种，即控制式、支持式和回避式。我们对这三种反应作了深入分析研究，建议主要采用控制式应对方式，适度采用支持式应对方式，尽量少用或不用回避式应对方式。

(1) 控制式应对方式。以问题为中心的应对方式，积极主动地针对不同压力做出反应，如进行有效的时间管理等，是最优的压力应对方式。这种应对方式主要通过改变人的行为或改善周围环境，进而调整自己的情绪状态与个人、环境的关系。

(2) 支持式应对方式。一般利用个人或社会的资源支持来对压力做出反应，如寻求压力的释放或进行压力的宣泄等。支持式的应对行为主要有：借助兴趣及消遣，如运动、画画、散步、旅行、健身等；向理解自己的亲人或朋友倾诉等。这种应对方式的不足之处是过于依赖环境和资源，一旦支持的资源发生匮乏就会导致压力适应紊乱。

(3) 回避式应对方式。这种应对方式消极地忽略或回避压力，甚至否认压力的存在，当压力慢慢累积超过一定界限后，就会造成个人的突然崩溃。回避式应对是一种以情绪为中心的应对，它并不改变人与环境的客观关系，而是调节由压力引起的情感上的不适。它最基本的策略就是转移注意的焦点，避免思考引起压力的原因。当个体认为自己对所处环境不能做任何事时，以情绪为中心的应对将占主要位置。常见的回避式应对行为主要有：不去考虑它；不相信那是真的；把问题先放一段时间再说；认为有些事情并不是那么重要，不需要太认真；避开麻烦；不再强求自己；想想有人状况还不如自己，心里舒服一些；顺其自然，平心静气等。

四、心理压力调适误区

心理学研究表明，压力是一种中性的客观存在，本身并不会对人产生危害，产生危害的是我们对压力的认知和态度。很多时候，因为认知的偏差，管理者的心理压力调适会走入误区。常见的压力认知误区有以下三个。

第一个误区是过于忧虑，承受了过多不必要的压力。心理学家通过研究发现，造成压力的事件中，有40%永远不会发生，如世界末日；有30%的担忧是过去所做决定的结果，是无法改变的，有12%是因为人感到自卑而作出的批判；10%的担忧与健康有关，越是担心就越严重；只有8%是合理的。

第二个误区是认为那些没有产生冲击性负面影响的细小压力不会对自己造成伤害。事实上，如果长期处于持续性压力笼罩下，即便这些压力比较细微，时间长了也会对人造成伤害。

第三个误区是所有压力必须消除。这种误解表现在两个方面，首先，正如前面所说，并非所有的压力都可以消除，能消除的只是其中的一部分。其次，并不是所有的压力都是坏的。压力是把双刃剑，有消极的一面也有积极的一面。适度的压力可以让我们对周围的环境更加警觉，可以帮助我们加深对自我的认识，帮助我们设立更现实的目标，使我们增强自信心和成就感。

本书所述心理压力调适，更多是为了消除压力感，对压力进行化解、释放、减弱、减少、避免、转移等。心理压力调适的目标，并非彻底消灭压力，而是把压力降到健康水平，不但对人无害，而且对人有益。

本书既有理论阐述，深入分析心理压力的来龙去脉，以便对症下药，同时尽量深入浅出，以生活中发生的事实作为案例，更形象、更生动地进行讲解。对于深受压力困扰的读者来说，本书应该能够提供切实有效的帮助。

文中如有不当之处，也恳请读者不吝指正。

目　录

第一篇　压力是怎样炼成的

第二篇　如何与压力相处

第三篇　压力陪伴着生命成长

第五篇 压力调适技术与方法

第一篇

压力是怎样炼成的

第一章

心理压力探源

当人们说起“我有心理压力”时，常常是遇到了外部刺激性事件或者挫折，引发了不良心理感受。对于事件性质判断、强弱分析及可能造成的影响预计，成为感受到的压力大小与方向，也就是所谓压力大、压力小；好压力、坏压力。

例如，24 岁大学毕业的小明需要找工作，经过多次考试之后被某街道机要办公室录取，成为一名公务员。由于家庭环境的熏陶，小明从小就特别要强，好面子，因此，在上班以后特别小心谨慎。但是，他在一次上网时泄露了单位一份机要档案，受到上级网信办的追查，党委和领导都要做检查。虽然组织上没有对小明追责，但他仍倍感压力，担心领导责罚，担忧前途受损，总是心情低落，半年后经医院检查，患了抑郁症，不能上班了。这就是没有调适好心理压力，导致了坏的结果。

第一节　遇见压力事件

心理压力虽然是一种内心感受，但是其生成过程包含一个客观要素：压力事件。

我们平常所说的“压力大”，一般指对压力事件及造成影响的严重性判断。压力事件刺激我们的感官，主要是视觉和听觉引起的身体反应，是一个生理过程。我们日常生活中经常会说“你若安好，便是晴天”。没有大事小情，人们的内心一般不会被触动。

但是，经常突然而至的压力事件，会让我们猝不及防。尤其是“负性事件”，会让我们产生一连串的心理压力反应，带来生理和心理上的压力感。如图 1-1 所示。

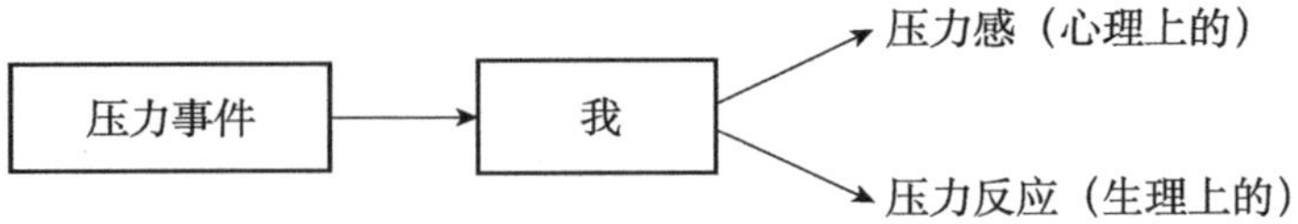

图 1-1　压力产生的过程

当我们说出“压力”时，多数是指压力感，如讲“我有压力”，实际意思是“我有压力感”；“可别有压力啊”，实际意思是“不要让这件事形成心理上的压力感”。

压力事件是个体所感受到的压力的起因，我们要应对各种压力感，就必须对压力事件有一个清晰的认识。而后，对压力感的缓解、释放、转移、清除，乃至转化成动力才是可能的。

生活中有各种各样的压力事件。广义地说，包括喜事在内的一切生活事件，都是压力事件，如结婚是件大喜事，但当“结不起”的时候则成了一种压力。不过，人们平时所说的压力事件是狭义的，指引起消极感受的事件。这些事件分为应激性生活事件和创伤性应激事件。前者是生活、工作和社交中遇到的各种各样的问题，如婚恋问题、工作问题、经济问题、家庭问题、就业问题等。后者指少见的、严重或威胁生命的事件，如地震、火灾等自然灾害，以及战争、严重交通事故、空难、矿难等人为灾难。应激性生活事件虽然也有像“死亡”这样引起强烈反应的，但总体不如创伤性应激事件引起的反应明显。

压力事件还可以分为直接的和间接的。顾名思义，直接压力事件直接作用于承受者本人。比如，“我遭遇车祸”中的“车祸”是直接压力事件，“我”是压力承受者。间接压力事件不直接作用于“我”，而是作用于他人，如果这个他人是“我”所熟悉和关心的人，也会引起“我”的情感变化。比如，“朋友遭遇车祸”，“车祸”对“我”来说就成了间接压力事件。显然，间接压力事件虽然也引起情感变化，但一般只有在危害巨大时，才会造成压力。比如，朋友被他老板批评这样的小事，在朋友那里是一个压力事件，但在“我”这里不是压力。当然，危害大小要视他人跟自己关系的亲密程度而定。

这里将直接间接、关系远近、危害大小分得如此清晰，并不是让人把自己圈子里的人分出三六九等，而是许多人在朋友有困难的时候经常跟着乱忙，或者因有求必应而让自己焦头烂额，如果能够分清远近，看清事态的严峻程度，当他人求助于我们时，我们就知道什么是分内和分外，知道自己应该如何出力。

按照引起反应的激烈程度，压力事件可分为急性的和慢性的。急性压力事件所引起的压力反应是剧烈而短暂的，最常见的是意外压力事件，如自然灾害、交通意外、亲朋亡故等。意外压力事件往往具有危险性，它在原始社会时期就已经存在，动辄威胁到远古人类的生存，如跟大型野兽的遭遇、天灾等。对我们的祖先而言，压力几乎等同于危险，因为危险事件是那时最常见、最重大、最根本的压力事件；虽然现在已经不常见，但依然是根本的。慢性压力事件是生活中经常出现的琐屑小事，一般影响轻微，作用持久，如工作任务繁重、不实际的追求、各种失败等。今天人们所承受的压力，更多地来自琐细的生活，是慢性压力。古代人有压力，是因为“如何生存”的问题，而现代人有压力，多半是因为“如何存在”或“如何生存得更好”的问题。

需要指出一点，压力事件虽然名为“事件”，但不局限于真实发生的事情，也可以是某个有难度的任务、某个令自己消极的想法、某句触及隐私的话等。总之，压力事件直接使人产生压力感。同时，以某个消极想法为例，不难发现，压力事件的制造者不一定都是外界的人或事物，也可以是我们自己。

第二节　自带压力源

生活中大大小小的压力事件，在人与人或者人与外界事物之间发生，其本质是刺激事物。压力事件使我们的身体产生了各种感觉，这就是压力源。事件不是压力，对事件的感觉主宰了压力感。

“压力源”可以分成两类。第一类是社会性压力源。包括两种：一种是人类共识构成。比如，天灾、战争、人际冲突、被监禁等，此时激发了个人身体内人类共同的潜意识，趋利避害、逃离危险。另一种是社会共识构成。比如，重大社会变革、重要关系破裂、家庭长期矛盾等，是由道德规范、社会评价构成的，有好与坏的标准。发生了这两种问题后个体会自动对号，自动反馈负性感受。第二类是个体性压力源。包括两种：一种是生物性压力源，是直接阻碍和破坏个体生存与种族延续的事件。包括疾病、饥饿、性剥夺、睡眠剥夺、噪声、气温变化等。身体感受发源于生物性感受。另一种是精神性压力源，是个体正常精神需求的内在事件和外在事件。包括错误的认识结构、个体不良经验、道德冲突及长期生活经历造成的不良个性心理特点等。

压力事件和压力源如何分别发挥作用呢？

压力事件是即时、现实地发挥作用。如经常发生的生活事件、突然发生的天灾人祸，使人产生了压力感。压力事件可能是实在的，如某个看得见摸得着的人；也可能不是实在的，如人与人之间的关系，既看不见，也摸不着。身边的人或事物有可能给我们带来压力，但只是可能而已。若把这个“事”上升到“怀疑”，会给自己带来压力。如小王遇到小李时，没有打招呼，小李就会从心中产生“小王看不起我”的怀疑。这就是自己内心的思维模式主导了现实认知，他有一个不自信的“压力源”。

压力源是长期的。压力事件给人带来重大内心伤害，它触发了个人自带的压力源。压力源有可能是一直存在的一种固定思维模式，它虽然不是具体的、有型的，但是一直在左右着我们的思想和行动。当我们对某一个事件采取应对措施时，那个潜藏于心的“模式”，就是我们生产压力的源头。所以说，压力源比较“缥缈虚幻”，而压力事件更真实可感。但是，二者绝非一回事，不能混为一谈。

认清压力源有什么意义?

压力事件如同一种细菌，细菌并不必然致病，只有生物体感受到细菌侵害，并做出反击之后，才有发热、体寒等症状出现。因此，我们应对压力，应以压力源为终结点和中心，而不是压力事件。同时也因为压力事件是已经发生、无法改变的事情，只能逐渐消除压力但消除不了压力事件。换句话说，解决压力的过程，是从压力事件对自己的影响查起，逐步探索到压力源的过程。比如，领导交代小张去完成一项较艰巨的任务，小张说“有压力”。任务是压力事件，小张认为任务太难、感觉无法完成；没能完成时领导会批评自己；同时，小张担心无法处理好与领导的关系；怕领导不信任自己，这才是真正的压力源。

经过一步步分析之后找到了问题根源，这就是无法处理与领导的关系。发掘到这个根源，就已经从压力感中跳出来，开始去思考自己如何解压了。为何怕领导?因为怕领导不信任。怕领导这个问题能否解决?不能，只有做好事情，才能转变关系，取得信任。于是，焦虑变成平和，担忧变成冷静。要解决与领导的关系问题，先要做好当前的工作。这样，就能放下压力，集中精力解决工作上的问题。

压力是事情刺激引发自己的压力源反应。只要找到压力源，转变压力源输出的方式，就能够让压力魔术般地消失。我们常常受到压力的困扰，只是被那种感觉一叶障目了，把压力事件跟压力源混淆了，所采取的办法，多为对压力事件的“报复”，结果又给对方造成压力。

我们每个人都会带有人类共有的潜意识或者社会共识，带有自身问题、偏见或不良经历，它会造成我们内心的错误定势。调适压力，就是利用社会共识的力量，更新自身认识系统，拥有战胜自身的强大力量，静下心来反观压力源、转化压力源，就能解除心理困境。

第三节　压力源分类

每个自然人都是压力受体，处在自然和社会环境之中，接受着来自不同的外部世界的压力。因此，我们每个人都有需要应对的压力源。

在学校，学生认为上学要学习好，有“学习不好，不是好学生”的心理预期。上学不是压力，怕学不好是压力源。老师有“教书育人成功”的心理预期，教学不是压力，怕教不好是压力源。

在家庭，家长具有“养家育人责任”的心理预期，家长这个岗位不是压力，“家庭不富裕”或者“子女不成才”是压力源。

社会工作之中，公务员有公务员的压力源，市民有市民的压力源。尤其是工作压力源是最多最常见的。企业领导要承受企业生存的压力，职员要面对工作绩效和同事关系所带来的压力，而中层领导除了两者的压力，还可能受“夹板气”。此外，工作中的人时刻会遭遇失业的压力，如金融危机、公司裁员等。

因此，压力源分类有：学校压力源、家庭压力源、社会压力源、工作压力源。

需要注意的是，不同的环境下有共同的压力源，也有个体压力源。

同样一个压力事件，对于张女士感触很大，对于李先生则不构成影响，这就是各自感受的压力源不同。例如，张女士曾经有婚变经历，再婚后对“第三者”特别敏感，当遇到其他女士进入她的生活中时，就会感受到威胁的压力。而李先生虽然已婚，但遇到其他女士套近乎时，并没有什么压力感。

经分析，张女士的压力源是来自一次失败的婚姻经历，在失恋的痛苦中无法自拔，再遇到“第三者”自然是一种外在压力事件。失败的婚姻带来的消极感受依然在心头萦绕，压力源无法根除，张女士就只能承受或等它自己消失。如果学会了缓解、转移、转化心理压力，并降低到可接受的水平，或者把曾经婚姻失败的原因找到，转变成相信爱情，那么，心理压力就会逐渐消除。

压力源有内在和外在差别。或者说，内在压力源的制造者就是“我自己”。外在压力源是社会共识或者约定俗成的社会规范，给“我自己”外挂的部分。

由于每个人生活经历不同，压力事件也会不同，造成自身有许多心理定势。

这些定势中有正常也有偏执。正常定势会帮助我们积累生活能量，积极应对各种压力事件。而偏执定势，会造成内心的困扰，使我们无法应对压力事件，在处理压力事件时出现失败感。

外来的心理压力源，大多源自社会交往中人与人的关系。无论家人、同事、朋友、同学均属于人际关系。人际关系本身不会给我们制造压力，而他们的言行或者行为，会给我们造成“评价性压力源”。比如，父母教育孩子“不要与陌生人讲话”，给孩子造成“不安全感”压力源，使儿童的社交生活出现障碍。

第四节　感受压力反应

就像“抗原”引起人体免疫反应一样，压力事件与压力源都会引起人的压力反应。这就要说到压力反应这一基本概念。

强烈压力事件引发的压力反应也叫应激反应，是个体对紧张刺激产生的一种较为强烈的生理、心理及行为反应。与我们平常所说的压力感受仅限于情绪不同，强烈压力事件会引起一系列生理反应，如肌肉紧张、呼吸急促、出汗、胸闷、疲倦、乏力等。广义地讲，压力反应还包括颤抖、僵化等躯体反应，一般会在生理反应之后显现其行为。

压力反应还有其前奏，那就是高度警觉状态。事实上，人时刻处在警觉状态中。比如，一般人过马路，都是一停二看三通过，很少有横冲直撞的，都知道那样很危险。也就是说，在进化过程中，危险反应模式已经成为我们的定式，遇到动或可能会动的危险之物，我们还是会提高警觉，产生危险意识，发出危险信号，作出或战斗或逃跑或僵化的反应。

压力反应其实是一种自卫机制。压力反应需要神经系统的调控，需要运动系统来执行。在“战斗—逃跑”反应中，会产生两种主要激素，就是肾上腺素和去甲肾上腺素，二者均由肾上腺髓质分泌，使心率和血压急速上升。去甲肾上腺素还能使精神警觉，身体精力充沛，被称为“能量兔子”，它对于保持血压平衡很重要，分泌过多则会感到恐慌、亢奋或神经质，也会使身体有疼痛感。

每个哺乳动物的大脑内部都有这样一个器官，它能够自动地、下意识地感知周围的环境，随时判断有没有危险，有没有捕食者或其他东西，使自己处于警觉状态。一旦感知到危险，体内的各种激素立即开始一场接力赛。

先是危险信号促使下丘脑分泌“促肾上腺皮质激素释放因子”，这一促释因子传送到脑下垂体，脑下垂体再发送一种化学信号，即促肾上腺皮质激素。但是，接到命令的肾上腺不会立即分泌那两种激素，而是先调动身体中的一种防卫性的激素，它就是皮质醇。皮质醇的作用是提供能量（将脂肪转化成糖分），同时抑制人体免疫系统功能，关闭消化系统，这样就可以让机体瞬间进入备战或逃跑状态。而后肾上腺才在大脑的指挥下大量分泌肾上腺素和去甲肾上腺素，它们通过交感神经系统传遍整个机体。

压力反应也有好的一面，它会使我们的感觉器官变得灵敏，如视觉和听觉器官，如此才能时刻注意周围环境的变化。当危险消失时，身体恢复到一种低级的、不易察觉的警觉状态，也就是心率、血压、呼吸频率等指标的平时状态。恢复工作的指挥者，是副交感神经系统。

总之，压力反应主要是身体的反应，既有内在过程也有外在表现。内在过程主要是感官信息传递刺激、大脑判断遇到压力、分泌激素、切断消化、加强视听、血流加速、血压升高、心跳加快等，外在表现主要是呼吸急促、脸面泛红、肌肉紧绷、颤抖、战斗、逃跑等。

第五节　识别不良压力信号

识别不良压力信号，可以理性的应对压力，提升自己的远见和洞察力，帮助自己高效地工作；压力过大或者过小，都可能影响能力的发挥和问题的解决。

那么，怎样才能知道压力是否适度？

简而言之，如果压力影响了自己的工作效率，说明确实存在问题，或因自己的压力恐惧，把过多的时间放在毫无用处的忧虑上，无法作出决策，而且不能创造成果。因此，必须适时识别不良压力信号，评估自己的压力状态。可以从以下两个角度进行识别。

第一，从自身感觉和行为，识别不良压力信号。有些不良压力（过度压力）的征兆很容易识别，但许多征兆却并不容易发现。如果能够培养一种发现这些征兆的能力，就能判断自己是正常的焦虑者还是问题型焦虑者。压力的影响有四个方面：身体、情绪、行为和精神。

第一个方面是身体。压力的一些身体征兆包括：心跳加剧、血压升高、出汗、头痛、失眠、皮肤生疹、颤抖或痉挛。这些反应可能是暂时的，但是如果总是这样，说明长时间内承受着过大的压力，这会对身体造成严重的伤害。

第二个方面是情绪。压力的一些情绪征兆包括：烦躁和缺乏耐心、沮丧、害怕、自卑、嫉妒、对工作失去兴趣。如果感到无力控制自己的处境，并且在目前的状态下感觉自己很脆弱，那么就可能正在经历“基本焦虑等式”的一些症状。

第三个方面是行为。压力的一些行为征兆包括：饮食习惯的改变（吃得过多或过少）、饮酒增多、吸烟增多、咬牙和咬指甲、开车快等。虽然咬指甲和咬牙好像并不是特别危险的习惯，但它们却能反映出内心的躁动。而其他一些症状则可能更令人不安，甚至会给其他人带来危险。

第四个方面是精神。压力的一些精神征兆包括：健忘倾向、胡思乱想或大脑一片空白、优柔寡断、抵制变化、缺少幽默感、工作效率降低。压力的这些精神征兆说明思想负担太重，头脑无法正常运转，更不用说达到最佳状态了。而这就是不良压力所带来的结果，它使人无力做自己想做的事，也无法成为自己理想中的人。

第二，使用各种压力量表（压力量表见书后附录），识别不良压力信号。作为一个单位或者团队，领导不可能察觉到所有成员的压力征兆，但应该对最明显的压力征兆保持警觉，如工作效率降低、心神不定、烦躁等。如果领导怀疑或已经知道团队或直接下属已经有了压力问题，就可以通过相关的压力量表来着手评估这个问题的严重程度，从而得到准确的数据。

第六节　压力预警系统

过度压力在造成侵害之前是可以预警的。

压力数值在安全范畴，人的感觉是舒适的。当超过了压力临界点，会对人们的心理和身体健康构成一定的威胁。统计发现，我国居民心理问题居高不下，心理疾病率有不断上升的趋势，尤其是负性心理状态对人们的工作和生活会产生负面影响。长期处于负性心理状态，容易导致抑郁症、焦虑症等心理问题的发生，从而影响人们的身心健康，严重者甚至会危及生命。因此，及时测查和监控自身压力情况，采取心理危机预防措施，并进行合理的调适就变得十分必要。

许多研究机构在参考大量临床数据和分析结果的基础上，将心理问题的严重程度划分级别，创立了不同的压力测试硬件和软件，也就是压力预警系统。经过测试，对心理问题的发生及严重程度给予及时的提示、警告和指导建议，尽可能减少由心理问题造成的严重后果。可以从以下两个方面进行理解。

第一，压力预警系统能带来什么？主要是了解自身心理危机发生的可能程度；了解自身应对特点及社会支持结构；提供帮助个体缓解压力的个性化服务建议；监控和维护个体心理健康。

第二，压力预警系统原理是什么？心理预警原理有两个通道：主观感知通道与客观生物通道。

主观感知通道主要指一个人的态度、认知和情感等心理过程，通过连续整合，形成了动机、情感、知觉、认知，之后才能显现到外部行为和活动模式。因此，利用主观意向与实际行为之间的中介机制，也就是对人员的态度调查，可以分析预测未来事件发生的可能性与比率。

比如，某单位领导发现员工在食堂吃饭时都不说话，他就会担忧未来会有什么事情发生。一段时间后，果然出现了多封告状信。在上级干预之后，领导受到了处理。这个单位换新领导后，对员工作了一个心理调查，发现许多人对领导班子有意见。领导根据大家提出的意见，及时取消了原来多种不合理规定，员工心情舒畅了，食堂里说话的人也多了起来。

再如，某城市的监狱研发了一套犯人突发事件心理预警系统，就是根据犯人当前的态度、认知和情感，预测和预防未来的突发事件。这套系统以不同的颜色进行标示。红色表示情况非常严重，需要进行及时必要的干预措施；绿色表示目前尚无心理问题倾向。除了颜色预警之外，针对每个人具体情况的不同，系统还会为每个人生成一份全面预警报告，详细阐述具体心理问题的表现形式，并针对不同问题给予相应的指导性建议，以帮助受测者成功化解面对的危机。

客观生物通道又称为生物反馈，是借助精密的专门工具，去探查和放大人体固有的生理变化过程所产生的各种信息，通过机器显示系统将生物信息转变为预警读数，达到压力预警的目的。

生物反馈的原理是通过视觉或听觉信号，揭示人体内部正常或异常活动的方法。

人体内的生理活动，如心脏跳动的快慢，一般是人们意识不到的，也难以随意使之加快或减慢。但是，如果遇到压力突然发生，就会改变心跳规律。把心脏跳动以一定的频率来表示，就可以通过信号变大或变小，心率加快或减慢，了解压力变化。根据生物所起的作用是正向的（积极的或阳性的）还是负向的（消极的或阴性的），可以把它分为正反馈和负反馈预警。

在专业人员的指导下，使人学会利用自身信号，有意识地控制体内各种生理、意识过程，减轻压力反应，促进机能恢复，从而达到心理压力调适的目的。

第二章

人是怎样感知压力的

压力是人的一种感受，离不开人体的感受器官参与。

从外部事件到感受压力，中间过程既是心理整合过程，也是人的神经系统操作过程。

认识大脑、神经系统等感受器官作用原理，了解它们的压力反应机制，对于直接或者间接调适压力，都有很好的效果。

例如，黄先生是某液晶材料公司的销售总监，一年冬天，他在出差途中遇到车祸，被困在路边一个土沟里，那时，他孤立无援，无力挣扎，他非常绝望，甚至听见了自己越来越弱的心跳。幸而救援队伍在事故发生两个小时后赶来，他得救了。但是，此后半年里，黄先生时常梦到那次危及生命的经历，并在梦中惊醒。而且，只要一走进相对狭小的空间，他就会不由自主地紧张、恐惧、四肢战栗，并感到呼吸困难。

人们遇到突发灾难，形成了心理应激障碍，这种急性压力的感受是非常强烈的，如果得不到处理，就会伴随终身。

第一节　压力传导机制

身体的任何一个反应都需要神经来调节，压力反应也不例外。压力激素作用于肢体，产生战斗或逃跑反应行为，这是压力感反应的最后一步。在压力反应的过程中，一直都有身体信息和大脑指令的传递。感受的传递需要神经系统的参与，传递内容有信息——电信号，也有物质——神经递质。因此，有必要了解一些关于神经系统的知识。

人的神经系统分为中枢神经系统和周围神经系统两大部分。中枢神经系统包括脑和脊髓。脑分为端脑、间脑、小脑和脑干四部分，其中最重要的是端脑，端脑就是我们平常所说的大脑。脊髓主要是神经的传导通路，起到上通下达的桥梁作用，即把外界的刺激及时传送到脑，然后再把脑发出的命令及时传送到周围器官。

周围神经系统包括脑神经、脊神经和植物神经。脑神经主要支配头面部器官的感觉和运动。脊神经主要支配身体和四肢的感觉、运动和反射，是由脊髓发出的。植物神经是一个控制系统，负责调节心率、消化、呼吸速率、瞳孔反应、排尿、性冲动等身体机能，而且在很大程度上是无意识的调节，因此又称自主神经。

自主神经的控制功能，主要体现在身体的“应激”和“应急”反应。它又为分交感神经和副交感神经，二者的功能是相反的，能很好地平衡、协调和控制身体的生理活动。交感神经负责让身体“亢奋”，保证人体在紧张状态时的生理需要；它受到刺激时，能引起腹腔内脏及皮肤末梢血管收缩、心搏加强加速、新陈代谢亢进、瞳孔散大、肌肉收缩等。副交感神经可保持身体在安静状态下的生理平衡，如促进胃肠的活动、消化腺的分泌，缩小瞳孔以减少刺激等。发起压力反应的是交感神经，那时，我们的心跳加速，血压升高，支气管扩张，而当压力反应过后，这些指标在副交感神经调节下逐渐恢复并保持平稳。

负责在神经元之间传递信息的物质，称为神经递质。不同的神经递质承载着不同的信息，当出现不足、过多或不平衡的问题时，思维就会受损。压力长期存在，会耗尽神经递质的供应，并阻挠供给的恢复，造成短缺；睡眠和营养不良也会减少神经递质的供应。

与压力相关的神经递质有：多巴胺、血清素（又称 5-羟色胺，简称 5-HT）、伽马氨基丁酸、谷氨酸等。

信息能否传递，取决于接收信息的一方。以多巴胺为例，如果它在大脑感知情绪的部位被接收，产生的反应为“感觉不错”；如果在大脑的思考部位被接收，会促使我们专注于当下发生的事情；如果水平过低，则心不在焉；如果水平充足，则专心致志。因此，多巴胺有两大功能，一是负责感知愉悦，二是使人集中注意力。

血清素负责情绪由坏转好，使我们不至于太消沉。它可以在许多地方被接收，一旦偏低，大脑的大部分系统会受到损失，于是产生焦虑。当一个人是忧郁的，血清素就无法被接收（不过，我们可以利用我们的决断压制忧郁）。

伽马氨基丁酸负责抑制大脑细胞，使其停止发射信息。如果它不能被接收，意味着大脑会一直发射指令，最后我们可能感到非常焦虑，甚至变得恐慌。

伽马氨基丁酸是大脑细胞的信息关闭信号，相反，谷氨酸则是开启信号。它示意神经元发送自己的神经递质。所有的神经元都需要“启动发射”的信号。

了解了与压力相关的神经系统和神经递质，也就明白了人通过神经传递作出压力反应、形成压力感的原理。

第二节　压力管理中枢

压力感是大脑分析外界信息所得到的结果。因此，压力感有一个生理上的反应过程，其管理中枢就是大脑，发挥了认知形成与感受的组织管理作用。

我们总是把压力理解成一种感受，并认为它难以把握和左右。其实不然，我们从各种接受压力事件的感官收集信息后，都会汇集到大脑进行加工，再分泌出各种信号或物质，指挥身心一体化行动。因此，我们有充分的理由相信，压力感是可以被控制、被调适的。

大脑是所有器官中最复杂的一部分，就像一个宇宙一样深不可测。人们对大脑的认识一直处在发展之中，目前已知大脑皮层和边缘系统对压力感有直接影响。前者主管理性思维，后者与情绪情感密切相关，是心理调适中最需要了解和利用的部位。

脑分为端脑、间脑、小脑和脑干四部分。端脑就是大脑，而大脑从里到外又可分为三个部分：脑核、边缘系统和皮层。脑核掌管着对基本生活功能呼吸、心跳、觉醒、运动、睡眠、平衡、早期感觉系统等的处理。边缘系统负责行动、情绪、记忆处理等功能，同时还负责与人的基本生活有关的功能，如体温、血压、血糖、居家活动等。皮层是对大脑皮层的简称，负责认知和情绪功能，理性思维和决策都是在这里形成并发出的。从进化的角度看，大脑是按照脑核、边缘系统和皮层的顺序先后进化出来的。

边缘系统是“环路系统”，它的诸多结构通过帕帕兹环路（由神经生理学家 J. W. Papez 提出）跟其他脑结构相互联系，其作用就是传达各个脑结构之间的信息。边缘系统的主要功能部位有丘脑、下丘脑、海马体、杏仁核。

丘脑的功能有很多，最重要的一个功能是接收感官发来的信息，并传达给其他部位，当然也传给包括最高思维部分即大脑皮层，以便作出决策或采取行动。

下丘脑监测着身体的各种情况，收集和转达信号，负责压力反应的开启。海马体的主要功能是不带情感地记录事实的细节，并发送给大脑皮层。杏仁核在焦虑中起着关键作用，与海马体相对，它传达纯粹情绪化的表达，只记录事件的语气和强度，能够促使下丘脑开启压力反应。它所记录的情绪，不光是负面的，更有危险的、恐怖的。比如，杏仁核是大脑的危险警报器，而海马体只是危险记录仪。

不难发现，无论是从外界接收来的信息，还是反应过程中的信息，几乎都要传达给大脑皮层。而且大脑皮层对这些信息拥有最终回绝权和更改权，因此，大脑皮层是人体所有神经系统的最高中枢。

以上所述，划分了脑和大脑的结构，我们还知道一条常识，就是脑分为左右两个半球。虽然两个脑半球（不限于大脑）的皮质都承担着分析的工作，但总的来说，右脑半球负责处理非语言信息，即倾听语气；左脑半球负责处理语言的词汇和数学符号，以及对经验意义的分析过程。控制压力所造成的焦虑，主要通过左脑半球控制。

“大脑怎样形成压力感受”这个问题的答案，现在已经揭晓：压力事件刺激人的感官，感官接收到的信息传达到大脑的边缘系统，于是产生（消极）情绪或情感。信息传达到大脑皮层，大脑皮层作出反应的决定。但是，大脑皮层反应的内容仅是短时间应对，没有给出长期应对策略，这种习惯性的、即时性的反应变成了本能反应。如果反应模式是消极的，就形成了负性压力感。

压力反应的这些原理，提供了调适消极压力的策略，那就是改变认知，使大脑皮层作出战胜压力的策略，在大脑中重置反应模式。了解身体和大脑原理，能够建立战胜压力的信心，寻找压力调适的正确途径。

第三节　压力唤起潜意识

潜意识是指人类心理活动中不能认知或没有认知到的部分，是人们“已经发生但并未达到意识状态的心理活动过程”。也就是说：只要是具有正常心理活动的人，都会有明确的显意识，还有自己不知道的潜意识。如果不被唤醒，潜意识就会默默地蛰伏在人的心灵深处，发挥着人感觉不到的作用。

弗洛伊德讲过一个例子：一对新婚夫妻，女方戒指丢了。弗洛伊德就认为，这对夫妻很快要离婚了。后来果然离婚了。原理在于：婚戒是一种制约，女方潜意识想放弃制约，结束婚姻。有的人经常丢失家里或者办公室的钥匙，是不想回家或者不想上班吗？这个你可以了解一下本人，也许那段时间，家庭或者单位的一些问题困扰着他，使他产生了需要疏离的压力。

潜意识有人类共有的潜意识，也有个人特有的潜意识。

由于大自然中存在一些能够造成人类生命危险的事物，所以人类在进化过程中遗传了这些共有潜意识，记住了这些危险带来的感受。危险事物可能是凶猛的野兽，可能是锋利的刀剑，也可能是粮食危机。因而，如今当我们遇到这些事物时，哪怕知道它们已在控制之中，压力感受还是会被轻微地唤起，即引起警觉。在一般情况下，这种唤醒能够保证人的生命安全，时效较短，也是有益的。

个体潜意识与个人生活经历有关。例如，特殊对象恐惧症，一个人在儿童时期曾被一只蜘蛛侵扰，又没有及时得到支持和安慰，成年后再见到蜘蛛就可能有惊恐的表现。再如，像恋物癖这样看似与压力无关的行为，实际上它是对早期经历的一种持续或习惯性唤醒。恋物癖指的是以某些非生命物体作为性唤起及性满足的刺激物，且以其作为屡用的偏爱的或唯一的手段。

人类集体潜意识与个人特有潜意识被唤醒后，个人压力感不同。前者对人类普遍适用，后者针对个人。前者从危险事件到唤起个体感受的间隔期极长；后者是事件后的瞬间感受，间隔时间以秒计算。前者以警报信号模式出现，对人积极应对颇有益处；后者只属于个人引发的不良经历，造成的是负性压力、消极情感。

个人特有潜意识被唤醒后，如果个性积极的人，会激发战斗模式，出现解决问题的欲望，变压力为动力，与潜意识中不良感受作斗争，最后解决问题，使潜意识中危险警报解除。个性消极的人潜意识被唤醒后，倾向逃避危险和困难，但压力源会继续存在，无可逃避。严重者长期沮丧，并用行为逃避身边的人和事。如经常换工作的人，在潜意识中与家庭关系不良、人际安全感不足有关，如果不处理亲密关系障碍，在其一生的工作中都会有不安全感压力。

潜意识被唤醒后如何应对因人而异，有的依靠时间、经历，甚至出现再次显现才能克服，还有的人需要外力协助。潜意识范围内压力调适个人作用有限，可能向自己的亲友或“强者”寻求支持和安慰，或者向心理咨询师寻求专业帮助。精神分析疗法也是治疗潜意识的有效方法。

第四节　压力触发扳机

一个人感受到了压力，可能是因为具体的某个事件，也可能是因为某种矛盾关系，很多时候不会有什么影响。但是，当某个看似普通的事件，也可能会让人内心疼痛、情绪激荡，甚至躯体不适，以致无法忍受时，这个事件就触发了个体的内在压力扳机。

内在压力扳机，可以是某个想法、某个事件、某种思维模式、某种行为习惯等。它一直存在，而且比较顽固，不会被经常触动，一旦触动就会“射击”，造成创伤性结果。

有一位30岁的研究生与自己的导师学习3年了。有一次他看见导师表情痛苦、头发凌乱、垂头丧气，和平时判若两人。他想导师不会疯了吧？晚上，他做了一个梦，梦见被人追杀，被砍倒在马路上，跑不了，动不了，害怕极了。第二天，再看见导师时，导师说昨天只是牙疼。一次很小的事件，他为何有特别的感受？原来事情的真相是他的一次童年创伤。

在他5岁的时候，父亲因出轨已经有一段时间不回家了。一天早上有人敲门，一个陌生女人来到他家找他爸爸，两个人聊了什么不得而知。突然，那个陌生女人推开门喊“别废话，离了吧”。他的妈妈冲了上去，与那个陌生女人打了起来，两个人像疯了一样。他当时又害怕又手足无措，嘴里一直喊妈妈。他感觉妈妈疯了，自己彻底没人管了，放声大哭。这个创伤是很大的单一事件。这里面不仅有巨大的恐惧，还压抑了对父亲的恨，以及没有能力保护妈妈的深深自责。这些情绪像火山一样强烈，被压抑以后，对身心有很大的负面影响。这次老师牙疼的事件触到了他内心的扳机：如果导师也疯了，研究生毕业的希望就破灭了，意味着自己又没人管了。童年时的抛弃感投射给了导师，这种恐惧性心理创伤会埋在潜意识里，不治愈的话会影响一生。

有些人在童年留下的恐惧感受，会成为童年创伤。而修复童年创伤是非常必要的。修复童年创伤，最重要的是了解自我，不要重复原生家庭那种失败的老路。有时需要使用心理训练与咨询，修复童年的不良潜意识。

第五节　神奇的压力曲线

我们常说：没有压力的时候或许也就没有动力，人的工作效率低、生活不舒适。压力与抗压力要适应，人才能感到舒适，产生最佳的工作效能。

但是，每个人需要承受多大压力才能感觉舒适呢？

这里需要指出，并不是压力越小越好。舒适与无价值感状态是有区别的。舒适是个人感受压力与自身的抗压力水平相当，有很高的自我效能感。无价值感称为无所事事、无所作为，是空耗状态，无法实现自我满足感。

例如，一个北京大学毕业的高才生去街头卖猪肉，每天也很忙，也挣了不少钱。但是，他上台后的第一句话却是：我给母校丢脸了。这句话的背后是他应当创造的价值与现实压力不相符。

考察压力与自身承受力是否相符，有一个著名的倒 U 形压力曲线（简称“倒 U 曲线”）。

经济学上“倒 U 曲线”是由美国著名经济学家库兹涅茨提出，由于其表现在图形上是一条先向上弯曲后向下弯曲的曲线，形似颠倒过来的“U”，故人们称之为“倒 U 曲线”。

心理压力与工作绩效方面的关系也可以用“倒 U 曲线”表示。如图 2－1 所示。

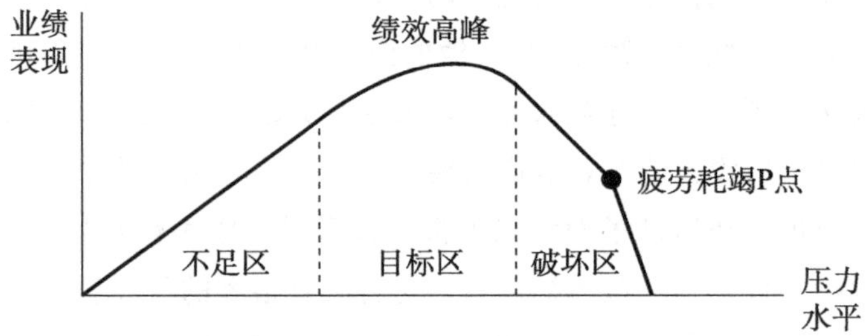

图 2－1　心理压力与工作绩效的关系

从较低压力发展到较高压力时，人的工作效率和业绩会随之提升。经过实证资料的分析，压力增加水平变量轨迹是“不足区”“目标区”“破坏区”。或者压力太少时，业绩表现差；压力迅速扩大达到峰值时，工作业绩会有最佳表现，达到短暂均衡；压力增长的后期阶段，工作业绩会逐渐缩小；接着会达到一个临界点“P”点，也是疲劳耗竭点，此时身心状态俱损。如果压力继续增大，不但工作业绩极差，也会出现职业耗竭。

通过对图 2－1 的分析，我们可以得到如下结论。

第一，积极的压力和有益的焦虑能够带来动力。因为工作和生活压力确实会发生，并且有些时候的确非常紧张，需要我们集中精力应对。因此，为了生存和取得工作业绩，我们需要有一些压力下的焦虑情绪。工作和生活中的焦虑是我们对危险的一种自然防御，有助于我们迅速而有效地做出反应。因此，工作和生活焦虑在一定范围内是健康的反应。但是压力达到特定的一个点时，焦虑情绪便成了过度焦虑心境，甚至发生了焦虑症。此时压力焦虑对绩效会产生负作用。所以，压力管理的一个重要目标，就是找到压力最佳水平，从而使绩效达到最佳，又可避免过度焦虑危害事业和个人健康。

第二，利用压力目标区调节工作。发现压力并预测压力目标区的强度，会最大限度地给人带来动力，提高工作效率和创造能力。例如，有的演员是舞台表演型演员，越是台下观众多、反响热烈，他的表演就越精彩。发现压力目标区就是发现压力舒适值。这有利于工作中安排某种适度的工作，给人带来所需的动力和兴奋感，从而使人更好地集中精力，获得更高的工作效率。有些工作中的压力事件，如果让人感觉舒适就会带来动力，如在重要期限之前完成工作；提出激动人心的建议；解决新问题；感觉能够控制局面；为团队工作做出贡献；学习新技能；开始新的工作；处理危机等。

第三，压力目标区因人而异。有些人在高风险领域能够大展身手，如进行竞争性谈判、高风险投资、创办高科技企业、在创新领域工作等，压力过小反而容易使这些人不能充分发挥能力。但有的人却喜欢更稳定、更容易预测和把握的工作环境，他们对任何新情况都会觉得是遇到突发事件，压力过大会导致精力过早地衰竭。但是，无论是谁都会存在这样一个压力绩效曲线，也都存在一个绩效峰值，与此峰值相对应的压力值有助于这个人最出色地完成自己的工作目标。

第三章

压力的常见后果

压力后果有好有坏。本章重点研讨压力下造成的不良情绪及引发的躯体化后果。

在外界事件刺激下，会激发自己共有或者特有的压力源，使内心世界受到影响，在情绪情感上、生理系统和行为行动上出现变化。

例如，李先生 60 岁，女儿 35 岁还未结婚，妻子患有风湿性关节炎，一家三口蜗居在不到 60 平方米的屋子里。女儿的衣服堆满了房间，自己买的和别人送的东西，有用的或没用的，都随便摆放在房间里，看上去非常拥挤。尽管如此，李先生为人很乐观，积极锻炼身体，精神一直很好。但不久前，他突然严重脱发，去医院检查，却没有查出任何毛病。去心理诊所咨询，医师认为是心理压力过大所致。他仔细想来，是因为女儿年龄逐渐增大却还不成家，自己心里的不满意也越来越大，由此导致脱发。

脱发是中老年人常见的问题，其中有生理原因，也有心理焦虑原因。有的公务员年纪轻轻也出现秃顶和白发，最大的原因是心理压力造成的。

第一节　非理性焦虑

人体在某一压力之下，可能有多种情绪反应，如愤怒、抑郁等，但最常见的反应是焦虑感。因此，压力感也可以称为压力焦虑感。

几乎每个人都曾体验到焦虑，并能用着急、忧虑、内心不平静等词汇解释，这种解释是在情感角度上的解释。也有人说焦虑是面临或预期到困难或危险时的情绪反应，属于适应性不良行为。美国精神分析理论家沙利文认为，焦虑是一个人生理及心理需求，未能以社会许可的方式得到满足的结果，通俗说法是“你想做但做不了事的感受”。中医将人的情绪分为喜、怒、忧、思（虑）、悲、恐（惧）、惊（慌）七种，而其中的思、恐、惊就属于焦虑。

焦虑既是一种感受，也是一种情绪。焦虑感等同于人们平常所说的精神紧张，是与心理宁静相反的内心状态。焦虑感本质是恐惧感，只不过一般程度的焦虑不像恐惧发作那样剧烈，只有重度焦虑与恐惧无异。

当焦虑转变为脑海中清晰的预测时，焦虑所带来的动力会提高工作效率和创造能力。许多商业人士在工作中会强调保持某种高度紧张，从而带来工作所需的动力和兴奋感，赋予自己解决问题的远见和洞察力，或者更好地集中精力，获得更高的工作效率，因此，被称为理性焦虑，而非理性焦虑则可能会扭曲人们对问题的理解，妨碍问题的解决。

焦虑内在感受是综合性的，有时是莫名其妙的、不易辨别的。但是焦虑程度是有等级的，可以分为轻度、中度和重度。皱眉头、烦恼、担心、时时牵挂某事，此为轻度焦虑，一般多为生活中的各种“小事”引起，如出发时动身晚了，怕赶不上火车；工作中突然接到上级要来检查的通知，而自己确实存在一些小问题等。坐立不安、焦躁、害怕，此为中度焦虑，对应中医的惊慌。中度精神紧张也十分常见，如从来没有上台的人忽然被要求当众表演。四肢发凉、心跳加快、出汗、肌肉颤动等，此为重度焦虑，即为恐惧。此时压力的刺激几乎全是危险事件。例如，初次上战场的新兵，都会经历战场紧张，对即将到来的战斗以及死亡的担忧，让新兵出现战场僵化反应。需要说明的是，人们的压力承受力不同，对三种焦虑等级的程度反应也不同，尤其是轻度和中度焦虑的划分。这个人的中度焦虑，可能是那个人的轻度焦虑。

焦虑程度过重的属于深度焦虑，它有不同的类型。广泛性焦虑症，焦虑者对现实生活中种种事情过分着急和忧虑，但只是焦虑，不确定是在焦虑什么事件；惊恐障碍，其本质是没有明显诱因的恐惧发作，发作后有意回避种种活动；广场恐怖症，顾名思义，这一病态焦虑多发生在商店、剧院或排队购票时；社交恐惧，其常见表现为害怕被他人评论，参与重大社会活动或面见重要人物就十分紧张；离别焦虑症，多发生在儿童身上，如不注意，也可能延续到成年，原因可能是儿童需要关爱时父母没有给予足够支持，如很少抱孩子，或者提供得过多，让孩子形成依赖性格；特殊恐惧症，又称特定对象恐惧症，如蜘蛛恐惧症、公交恐惧症、飞行恐惧症等，总之是对某种事物或情景过分害怕，而且表现为惊恐发作；强迫症，分为强迫观念和强迫行为，在正常人看来，其原因都是莫名其妙的，差别在于前者只是有某个执着的想法，而后者将想法付诸实践，强迫行为一旦被阻止，就表现为重度焦虑；创伤后应激障碍，经历某种强烈精神创伤事件（一般是危险事件）后，事件并没有再发生，却反复内在地体验该事件，并伴有惊恐发作。

焦虑来源是压力，而非理性焦虑情绪是强迫观念或者过度应对造成的。强迫观念甚至会像一个怪圈一样，在一件压力事件上反复地增加压力感。几乎所有焦虑都出自一个根源，那就是——绝不允许自己出半点差错。在那个宁死也要捍卫的完美形象背后，总是藏着一颗惊魂不定、不堪一击的心。尽管大多数抱怨自己焦虑的人看起来痛苦、自怜，甚至自恨。然而戏剧性的是，追求完美竟变成了一件最不完美的事。

不容许出错是强迫观念，不断寻求完美的解决方式也是一种过度应对。

例如，美国社会心理学家做过一项社会实验。有一项日常性的工作，由两组专家挑选队员进行比赛。一组专家倾向于穷尽所有可能的选项，挑选出最好的队员，可将其命名为“最佳选择者”；另一组专家只是找差不多的队员，他们叫作“知足者”。然而经过对比发现，“最佳选择者”总是对自己不满意，与“知足者”相比，“最佳选择者”过得更不幸福，心态更悲观、自卑，生活满意度更低，并且更容易抑郁、后悔和自责，效率更低。

有选择恐惧的人，多数是完美型人格。而相对选择的人，会是理性人格。大量心理学研究已证实，完美主义心态总会导致焦虑和抑郁，降低生活质量。这种消极影响如此严重，以至于完美主义已被作为焦虑症状的一部分，并成为造成心理障碍的重要诱因。这些发现无不戳中完美主义者的痛点。焦虑者急需的是改变对出错这件事的态度。允许出错，会让人发挥更出色。

第二节　抑郁是心灵感冒

在西方国家，抑郁症常常被称为“心灵感冒”，意思是说抑郁症像伤风感冒一样，是一种常见的精神疾病。在中国甚至小学生都知道身体感冒的多种症状，但了解“心灵感冒”症状的人却少之又少。抑郁症一直是人们谈之色变、讳莫如深的一个话题。可惜的是，在人们希望抑郁症“有多远滚多远”的时候，它却早就偷偷藏在了我们身边。

为什么抑郁症会像流行性感冒一样常发呢？原因非常简单：压力事件经常发

生，没有调适的压力感都会导致抑郁情绪。伤风感冒易发高发，容易治疗，重感冒或者由感冒引发器官感染，也是会死人的。抑郁也一样，轻微的是情绪，中度的是障碍，重度的则会引发心理与躯体变化，甚至是自杀问题。因此，必须引起高度警惕，在压力调适中发现抑郁者要主动介入。

要理解抑郁，先要分清抑郁与焦虑的区别。

抑郁一般有四个特征：一是情绪低落；二是失眠、早醒或睡眠过多；三是食欲不振或体重明显下降；四是性欲明显减退。

焦虑则是对安全感不足、前途命运过度担心而产生的一种烦躁情绪。有着急、紧张、恐慌、不安等成分。常常害怕大祸临头，以致出现坐卧不宁、惶惶不安等症状。

抑郁是一种综合的心理状态，按程度分为轻微、中度、重度三个等级。轻微抑郁者表现为情绪性低落，或者称为不开心，精力不旺盛，如果不遭遇压力事件，未必紧张。调查发现超过51%的人认为自己抑郁，而实际上所有人都会有抑郁情绪的时候。中度抑郁主要表现为显著而持久的情感低落、悲观、无愉快感；思维迟缓，联想速度缓慢，反应迟钝；记忆力下降、主动言语减少、语速明显减慢、声音低沉、生活被动、疏懒，不想做事，人际接触交往减少等。重度抑郁表现为兴趣减退，心境恶劣，认知功能减退，思路闭塞，会有“脑子像生了锈的机器”，“脑子像涂了一层糨糊一样”的感觉。重度抑郁常常伴有自责自罪、痛不欲生、悲观绝望、度日如年、生不如死等状况，甚至会出现幻觉。

被确定为抑郁症的人，尤其是中度、重度抑郁的人必须就医用药。抗抑郁药主要是促进大脑细胞的多巴胺分泌和代谢的改变；影响多巴胺在中脑—大脑皮质通路和中脑—边缘系统通路传递。抑郁者的家人也要积极参与，提供支持和促进医治。

抑郁者多数是退缩和抑制自己的感受，不与他人交往，多数人不会主动求医。其他人了解不到真实情况，只有家人能够及时提供支持和帮助，劝说抑郁者接受现实，采取有效干预措施。患上抑郁症不是自己的错误，不治疗才是错误。抑郁者自己不回避，亲人主动帮助，才能远离抑郁，挽救生命。

第三节　卒然临危易恐惧

恐惧是人类的基本情感之一，是面临危险时的正常反应。因为恐惧，人类得以生存，人的正常生活才能够继续。只有无知者才无畏。

恐惧跟喜、怒、忧、思等其他情感一样，是可以调控的。恐惧反应从自身生理感觉来判断，主要表现为激动不安、惊叫、呼救、逃跑、呼吸加快、出汗、全身肌肉紧绷等。恐惧时还常出现心悸、胃肠道不适、寒战、潮热、头昏、站立不稳等状况。恐惧发作还会出现诸如濒死感、即将失去控制或发疯、非真实感（外界变得陌生）等幻觉。恐惧既是外在的，也是内在的。

恐惧感产生，一般有一个明显的、必然的刺激，多为危险事物。令我们心生畏惧的东西有很多，它们对生命有不同程度的威胁。比如，天灾人祸中的地震、战争，日常生活中出现的疾病、事故等事件，危及人的生命，猝然降临时，必然使人心生恐惧。

但是，有些恐惧感并无必然刺激，或者在正常人看来不会造成恐惧反应，是莫名其妙的恐惧，这就是恐惧症。恐惧症多种多样，如恐高症、幽闭恐惧症、公交恐惧症等，其表现与正常恐惧无异，差别只在于恐惧得是否合理，即是否有一个必然的恐惧原因或恐惧对象存在，恐惧对象是否能引起恐惧，恐惧对象会不会引起那么大的恐惧。

恐惧及恐惧症可能有先天的原因。恐惧症貌似没有压力刺激源，其实是刺激源比较古老和潜在。在原始社会，刺激源是明显的，即野兽、黑暗、水火等事物或情境，它们直接构成生命威胁。也就是说，人类的生存、恐惧及恐惧症，是自然选择的结果。巨大的恐惧成为人类的基因库，它驱使人们躲避危险，帮助人类生存的延续。这是进化心理学家提出的假设，没有见过猫的老鼠，也天生害怕猫；给年幼的猴子播放成年猴子被蛇惊吓到的录像，年幼的猴子也学会害怕蛇。这两个事实就能证明那一假设。

总之，恐惧发作是一种剧烈、自然、以自保为目的的压力反应，因为那个压力具有危险性，它越是威胁生命，恐惧反应就越剧烈和接近本能。

第四节　慢性压力躯体化

心理压力与身体密切相关，一半以上的疾病与压力激素分泌呈正相关。压力感越大，分泌的压力激素越多，导致身体患病的概率越高。突发的压力危害巨大，慢性压力同样能够造成慢性病症。

慢性压力所导致的疾病，几乎覆盖了身体的所有功能系统。这些疾病大致有：皮肤方面，疱疹、皮疹、发痒、荨麻疹、无故过敏、经常面部发红；口腔方面，口干、吞咽出问题、口腔溃疡等；胃肠道方面，恶心反胃、胃痛、胃酸倒流、食欲大增或不振、打嗝儿、胀气、肚子疼、长期便秘、腹泻、肠易激综合征；心血管方面，烧心、心慌、胸痛；骨骼方面，风湿性关节炎、背疼；神经系统方面，失眠、做噩梦、目眩、头晕、头疼、耳鸣、咬紧牙关、咬牙、磨牙或牙疼、嘴和手哆嗦、肌肉痉挛、全身颤抖；呼吸方面，呼吸困难、哮喘；肾功能方面，性欲低下或性功能障碍、尿频、出虚汗、手脚冰凉、身体虚弱、没有力气。以上这些疾病是慢性压力在背后作祟。

有个学生每次考试前都会突然出现肚子疼，老师认为是家长不注意卫生，使孩子在关键时刻生病。老师这种想法可能是错误的，多数情况下那个学生是考试压力造成的，并且已经成为他应对压力、逃避压力的一种方式。老师、家长包括学生自己都可能没有认识到这一点。压力不是肠胃失调的唯一原因，但是却是最常见的原因。

许多领导干部会经常失眠，压力也是主要原因。专家的结论是，如果找不到一个确定医学原因的失眠，多半是因为无法控制压力导致的。

列举这一系列的疾病，并不是为了危言耸听，而是为了引起对慢性压力的重视，并找出其中的原因。要从“压力激素”和“压力水平”上找。

压力激素是压力反应中各种神经递质和肢体反应所需物质的统称。简单来说，运动需要大量能量，准备能量者是皮质醇。此外还需要肾上腺素，这种化学物质，能让人呼吸加快，心跳与血液流动加速，使反应更加快速。我们的大脑在远古时期就已经完成了它的设定，即遭遇危险时压力激素骤升。为保证压力反应所需的能量，我们身体的某些系统功能会临时受到抑制，如消化系统。突发压力事件过后，压力反应消失，身体的压力激素开始恢复正常水平，各系统功能恢复正常。

但是，持续的慢性压力会使大脑长期处于警备状态，皮质醇总是少量分泌着，以保证随时的能量供应。而能量主要以葡萄糖为主，葡萄糖不能被消化系统有效分解利用，于是扰乱机体分解食物吸收能量和营养的过程，也就是造成代谢综合征。同时，得不到能量，身体代谢减弱，人的食欲可能增加。葡萄糖的存储要求抑制胰岛素分泌，葡萄糖没有胰岛素的调节，大量转化成脂肪，导致肥胖。如果我们再经常抑郁、易怒、有敌对意识，压力激素的水平就更高，患代谢综合征的概率也会提高。对心脏来说，血管的能量供应受阻，不仅有可能引发心脏病，还可能导致中风、糖尿病。

慢性压力还破坏人体的免疫系统。一项关于 HIV（人类免疫缺陷病毒）患者的研究显示，压力大又得不到社会支持的感染者，HIV 在其体内的发展比其他感染者更快。另外，压力越大，HIV 感染者伤口愈合得越慢。这里面的罪魁祸首是皮质醇。免疫系统是由具有再生功能的白细胞构成的，而皮质醇抑制细胞快速再造。同时，它也抑制了血小板浓度和黏度，使伤口愈合缓慢。

虽说压力使人更加警觉和灵敏，但长期来看对大脑的功能也有影响，而且影响的是理性思维，重点在于记忆、行为和推理。一个明证是，平时训练有素表现优异的飞行员，在实战飞行中也可能失事，就是因为超负荷的压力。对人和动物的研究都表明，压力激素能够改变大脑的特有结构，继而影响能力和行为。大脑中的前额叶皮质层，负责人的决定、判别潜在威胁、制订理性反应计划等，还负责人的信任感、友善度和同情心。而压力激素首先损害的就是这一结构，久而久之，我们变得容易焦虑、抑郁、恐惧，总之是理性思维遭到破坏。

幸运的是，慢性压力引发的对前额叶皮质的损害在很多情况下是可以消除的。有研究发现，大脑不像身体其他部位一样成年后停止生长，而是终生都在生长。也就是说，压力对前额叶皮质的伤害是暂时的。但是，这不能成为放任压力滋长的理由，因为没有证据表明压力不可能给大脑带来毁灭性打击，况且压力还会导致身体其他部位的诸多病症。

人总是有一个不好的观念，就是不严重不显眼的问题就不加重视，对压力问题也是如此。然而，当问题变得显眼，往往已经非常严重了，那时已经回天乏力，徒然后悔而已。因此，在慢性压力没有威胁到身体之前，要自我诊断和控制。通过他人指出也好，自己反思发现也好，当意识到自己有以下一个或几个“异常”的地方，就要充分引起注意了：语速加快，说话含糊、偶尔口吃；体重增加或没有节食而体重骤减；精神不集中、胡思乱想、思绪混乱，学不进新知识、健忘、惶恐不安；冲动购物，经常有大喊大哭或有自杀的想法；容易烦躁、喜欢跺脚，琐事反应过度，情绪起伏大、易怒，好斗；不善于分享，与他人交流困难，感觉孤独，没有存在感，疑心重、过度防卫人，不合群；不停犯小错误、工作效率低，优柔寡断、有强迫性行为；常有挫折感、经常叹气；说谎、为不努力工作找各种借口。

第五节　基因遗传压力感

很多人知道，夫妻不能在准备要小孩期间喝酒，以免在遗传方面造成不良影响。但是，许多人不知道，习惯吸烟酗酒以排遣压力的人，不耐烦指责或劝告时，会用类似“我自己舒服就行”“我愿意，要毁也是毁我自己”的话来回击。遗传研究发现，这种坏习惯“毁”的不只是自己，也能影响下一代。

压力能够以基因的形式遗传下去。按照表观遗传学（不涉及DNA序列改变的基因或者蛋白表达的变化）学说，人们遭受到的压力在体内积存，会以信号标记模式遗传给自己的孩子。

在美国亚利桑那州的皮马印第安人，患肥胖症和糖尿病的比例远远高于外界的平均值。科学家们进行深入研究，发现是皮马印第安人有一个基因，正是它让皮马印第安人的身体不断从食物中吸收过多的脂肪酸。这个基因是从远古时代的皮马印第安人进化出来的。在远古时代，部落所在地十分贫瘠，食物极其匮乏，要延续生命，必须从有限的食物中尽可能汲取营养。但是，直至今日，这个部落食物匮乏的问题早已解决，他们可以较为轻易地得到高脂肪的食物，但这个基因并没有退化，所以容易发胖。如果把“土地贫瘠、食物匮乏”称为一个压力，那么皮马印第安人的这个基因就是一个压力基因。

基因能够遗传，但有趣的是，这种基因标记既通过遗传得来，也取决于后天环境，其中有“开关”。某些基因不一定会显现出来，它们的显现或隐没，需要一个相当于信号“开关”的东西。标记为“开”，则为显性；标记为“关”，则为隐性。糖尿病、乳腺癌、药物上瘾等，都与基因标记有关。但有肥胖基因的人，不一定会肥胖，也是基因标记在起作用。

科学家们已经确认，人体中有些潜在的DNA标记，它关系到能否或如何进行压力反应，关系到皮质醇在压力反应中增加的程度，并决定处于潜在状态遗传特性的显现或隐没。

以上这些发现，既肯定了后天环境的重要作用，也帮助人们建立了改变某些不良遗传特性的信心。遗传性状并不是无力改变的，遗传性状一旦改变，生命现象自然也会改变。换句话说，孩子可能遗传了某一基因，但通过父母的人为影响，可以使它不表现出来。

例如，一个家庭的人常年生活在战争地区，为提高存活率，后代人必须生而具有非常高的警觉性，以便迅速应对危险事件。不好的一面是，如果父母经历过高度紧张的创伤性应激反应，且他们的孩子在这个战争地区生下并长大，那么他们的孩子身患创伤后应激障碍的概率很可能会增加。但也有好的一面，那就是，如果孩子不是在战区出生的，而是在一个相对安全的环境中，对这个新环境而言，那种警觉就是不必要的，因而那种压力基因尽管可能遗传下来，但不会表现为显性的。

心理压力调适的方式也属于后天因素，也能标记基因，即决定某些基因是否打开。换句话说，哪怕上面的父母在战争地区生下了孩子，但如果能够教给孩子恰当的心理压力调适方式，那压力基因也可能不会是显性的。

更重要的是，父母处理压力的方式，也有可能作为基因遗传给下一代，进而影响下一代处理压力的方式。对使用者自身来说，利用某一物质缓解压力，如吸烟、用药，可能会从根本上改变大脑，而不是所谓的一时影响。美国西奈山医学院的一项研究表明，药物成瘾可能是药物改变了大脑主管奖励机制的结构，也就是说，服用某一药物，本来是遭到排异的，但连续服用，或一次服用药性过强的药物，反而使大脑奖励这一行为，因此服用更多。一种物质给大脑带来的愉悦反应越多，越容易上瘾。更糟糕的是，这种变异的奖励机制会传给下一代，孩子有压力时，极可能也会服用这一药物并上瘾。

有人认为，有酗酒的父亲，可能就有酗酒的儿子。“孩子出息”是有遗传的参与，无论是上一代处理压力的习惯，还是对下一代的培养熏陶，都具有一定的基因性影响。

第四章

压力具有积极的一面

压力真的是那么糟糕的事情吗？还是我们过分夸大了一种正常的心态和感觉？

一定程度的压力是我们生活中不可缺少的东西，但是在当今快节奏的工作环境中，这些自然的人类反应常常会逐渐挣脱我们的控制，给我们的生活、工作、内心以及健康造成危害。

“有压力才有动力”是正确的，即压力焦虑是我们对危险情况的一种自然防御，有助于我们迅速而有效地做出应对，在一定程度上压力是生活所必需的。

例如，两个和尚化缘回山，一个背着 20 斤重的米面，一个背着 40 斤重的米面。背 40 斤米面的和尚先到寺里。后上来的和尚不解其中原因，问先到的和尚：“你我平日做一样的活，体力应该相当，为什么你会比我先到？”那和尚答道：“我想，是因为我背的东西比你背的重吧。我若要跟你同时到达，必须花更多力气才行，所以走得比你快。可你并没有这层压力，所以我自然比你先到。”

第一节　生命离不开压力

泰戈尔曾说：“上天完全是为了坚强你的意志，才在道路上设下重重障碍。”英国女作家夏洛蒂·勃朗特在其代表作《简·爱》中写道：“人活着就是为了含辛茹苦。”这两句话都强调压力是生活中所必需和无可逃避的。事实上，压力成为生活的重要组成部分之前，先保证了人类的生存，没有压力，生存就无从谈起。

现代人压力反应的模式，是从远古人类身上遗传下来的，它是我们的祖先遭到如黑暗、水患、火灾等危险时的一种反应。这个反应很简单，第一步是对危险情况的判断，判断结果如果是可以一战，则调动身体各种激素与危险物展开战斗；若判断为无力一战则快速逃跑，同样也是各种激素的接力。危险过于严重，超过身体承受能力，则只剩下恐惧，身体不受控制，僵在原地不能动弹。

直至今日，虽然遇到重大危险的情况大大减少，但这种反应模式依然存在于我们体内。今天存在的危险，更多的是疾驰的汽车、掉落的物体、地震、火灾等。灾难面前的这种求生压力反应，保证了我们生存的可能和延续。

压力不但是生存的必需，也是生活的必需。心理学教授贝克斯顿等人曾在大学里进行了一项名为“感觉剥夺”的实验：要求大学生志愿者每天躺在床上睡觉，并给予每天 20 美元的报酬，如果坚持不下去，随时可以退出实验。结果显示，大多数志愿者在 24～36 小时后就决定退出，没有人坚持到 72 小时之后。这个结果表明，很多人惧怕的不是压力，而是无所事事。再如，老人退休应当是一种解除压力的事件，但是据统计，1/4 的离退休人员会出现不同程度的离退休综合征。这是因为退休后的生活内容、生活节奏、社会地位、人际交往等方面会发生很大变化。由于不能适应无工作压力的新社会角色，从职业状态到生活环境和生活方式的突然改变，会出现焦虑、抑郁、悲哀、恐惧等消极情绪，也会出现适应性心理障碍。

毫无压力的生活将百无聊赖。研究人员给出的科学解释是：大脑的网状结构是维持大脑觉醒状态的中枢，如果要处于激活状态，必须有持续的外界刺激。换句话说，生命活动需要一定水平的外界刺激。这也是为什么许多人主动寻求刺激的部分原因。西方流行的极限运动，本质上是刺激，能使人兴奋，提升生命活力和行动力。中国人向来忧患意识严重，积蓄了许多压力，如果能在这方面大胆去挑战，非常有助于压力的缓解。

没有了压力，生活索然无味，人就难以有进步。20 世纪 80 年代，美国科学家做了一项菲律宾移民的两代孩子的成绩统计，结果发现，第一代孩子比美国同龄孩子的能力高出很多，但是第二代孩子就没有那么突出。原因是移民的生活艰苦，第一代孩子的许多欲望不能被满足，他们只能非常努力。因此，压力在一定程度上成为他们生活激情的动力。一个人的成长和发展，就是不断适应环境中各种压力的过程，维持生命的质量和活力，而不是将其彻底消灭。生存能力也好，生活能力也罢，生命离不开压力下焕发的激情。

第二节　乐承压力有价值

压力的益处在哪里？

对人生而言，追求生活的意义和价值，只有突破各种压力，才能达到目标。突破压力的过程，就是实现人生价值的过程，也是人不断挑战自我的过程。

行为医学研究发现，人类行为的一个重要动机，就是对成就感的追求。要把梦想变成现实，就必须承受压力。这是一个树立理想、实现理想，在压力中取得成就的过程。

人活于世，总是有自己的价值。实现自己的价值，要做各种各样的事情。这就有了各种各样的期待。有了期待，压力立即就产生了，因为期待的目标是有难度的，难度就是压力。如果我们对成功不抱任何期待，就不会有压力。

有一个故事，这样说明承担压力与实现个人价值的关系。

一个而立之年依旧一无所成、感觉生活特别沉重的人，到一位哲人那里寻求解脱。哲人却让他背着一个竹篓走一条布满石头的路，并让他每走一步就捡起一块石头放进竹篓里。那人照办，等走完整条路，哲人正在路的尽头等他。

哲人问他有什么感想，他抱怨说："太累了，跟我的生活一样沉重！"

哲人告诉他："可是你的任务就是一路捡石头啊，你承诺了并且完成了，就是一件了不起的事情。"

那人若有所悟，又问："可不可以扔掉一些，那样会轻松许多？"

哲人答道："工作、爱情、家庭、友谊，你愿意放弃哪一个？"

那人说："一个也不愿意放弃。"

哲人道："你现在身上背着的便是。"

负重而行，当然是痛苦的。可如果能够把负担看成责任，再想想履行责任后的轻松和畅快，那么压力就是有价值的。

人都有生活的压力，而压力也并不都是承担家庭、友谊等人生责任引起的，而是错误对比的结果。故事中的那个而立之年的人也许看到自己负重前行时，别人却能够谈笑风生，好像全无压力一样，于是自惭形秽，他不再相信责任的意义，也失去了对生活的信念，所以才有压力感。

事实上，责任越大，压力也越大，成就也会越大。有良好心态的人，他们既看到了压力，也看到了责任，不逃避、不拒绝，将它看成责任，看成必经之途，进而转化为奋斗的动力。

压力的意义还在于它丰富了人生经验。每个人都是背着一个空竹篓开始自己的人生，当一块块石头被扔进去的时候，我们同时也就知道如何适应、如何应对压力了。也就是说，处理压力的能力，是在后天习得的，我们只能“痛并快乐着”，才是人生存在的价值。

第三节　压力与心理动力

心理的动力模式由弗洛伊德于20世纪初在精神分析学说中提出。

弗洛伊德深信，人类也遵循着物理学定律，是两种本能共同作用的结果。他认为心理活动的变化同时来自器官的内部和外部的刺激。外部刺激，如环境对人类心理的影响，而内部刺激也有其身体的源泉，产生于我们自己的器官之中。弗洛伊德称这些内部躯体刺激的心理代表为本能：生本能和死本能。他用性本能来理解机体的生本能，来理解千方百计保存和发展生命的本能。死本能的任务是让一切活的有机体回归到无机物的状态，力图回避生活和性本能的骚扰。在弗洛伊德看来，整个生活就是这两种本能之间的斗争和妥协。这就解释了人类心理复杂变化的过程。

在《超越快乐原则》一书中弗洛伊德观察到一个小孩把丢失和寻回当作游戏。丢失即暗示母亲的离开，而寻回代表母亲的出现。小孩的重复性动作是一种本能的自我克制，即本能满足自我克制。那种在人心中重演某个使人无法抵抗的体验、以便通过这种途径来控制这种体验的冲动，是一种基本的、并且不受唯乐原则影响的心理动力。

在应对心理压力中，心理动力是如何发挥作用的呢？或者说：如何把压力感转化为克服压力事件的动力呢？我们以学生应对学习压力为例进行分析。在这个心理活动中：起点是学生学习好的愿望和意志，终点是成为人才毕业；学习本身的难度是原压力，个人成才的发展意志为原动力。在学生学习中大体有两类动力和两类压力。原动力伴随始终，始终推人前进；原压力也伴随始终，始终阻止人前进。而事件变化和提升意志则是个未知数。如果学生突然遇到其他变化，使学习的难度加大，意外压力是增大了。个人意志通过调整，提升了中间意志动力。

学习压力如何转化为动力呢？学生想要学业有成，这是一个有重大压力的过程，如果学生在这个过程中不断实现自己的目标，那么压力也就成了动力。假设在学生学习的过程中遇到家庭变故，如父亲亡故了，这无疑对学生的学习造成巨大压力。但如果学生的学业恰恰是其父亲的愿望，那学生就会用良好的学习成绩，来表达对父亲的怀念。在这种情况中，意外压力转变成了心理动力。在这个例子中，家长的心理动向跟学生是一样的，所以家长亡故的压力会转化成学生的动力。

总之，压力变动力，取决于中间意志力的转变。反之，压力不变的情况下，个人意志力下降，压力同样存在，动力却越来越小。

把压力转化为动力是压力调适的重要方法。能否完成这个转变，全在当事者如何调整意志和观念。把压力看成动力，则动力增加，达成目标会更自信而轻松；把压力当成重担，则压力占优势，整个人也可能因沮丧过度而被摧毁。

第四节　压力会激发潜能

英国《每日电讯报》2008 年 3 月 16 日报道，印度尼西亚苏门答腊岛上的一位母亲赤手空拳从一只大鳄鱼口中救出了自己心爱的女儿！这位英雄母亲名叫罗希玛，来自印尼苏门答腊岛一个名叫穆库特的小村庄。一天，她正在距河岸不远的家中，突然听到女儿特里斯娜凄厉的尖叫声，于是罗希玛赶快出门沿着河岸寻找，令她惊恐万分的是，一只大鳄鱼已咬住特里斯娜的腿并将她拖入河中，罗希玛立刻跳入河中救女儿。她先是用脚狠狠地踢鳄鱼的头部，但是鳄鱼仍然死死咬住特里斯娜的腿。这惊心动魄的一幕吓呆了周围的村民，以至于没人敢下水帮助她们。情急之下罗希玛连踢带打地使劲将鳄鱼的嘴掰开，在妈妈的帮助下特里斯娜终于奋力挣脱了鳄鱼的血盆大口。

救女儿这个想法激发出了罗希玛的母性力量，使她在鳄鱼面前勇敢异常，这种异常就是潜能。顾名思义，潜能就是潜在的、平时不表现出来的巨大能量。上述事件是突发的，不是人预想中的，出现的突发事件激发人潜能的案例在生活中时常出现。

关于人的潜能还有一点值得强调，那就是每个人有什么潜能，事先并不为自己所知，也不是人人生来就有，而是后天积累的结果。一个人今天之前的经历，已经帮他积累下巨大的潜能，只是他自己没有意识到。可能有的人意识到了，但如果处理压力的方法不对，也就不能尽力发挥出潜能。

事实上，即便人的思维习惯与行为习惯完全与各种压力相匹配，在遇到突发压力时，也不能百分之百地发挥出潜能，因为这与事件发生的方式、时机有极大关系。人是有特异性的，只有适合自己的方式和时机，才能激发体内的潜能。儒家思想中的一句话或许能够解释这种或然性，那就是“尽人事，听天命”。我们平时只管做最好的自己，积极地面对各种压力事件，这肯定是在积蓄自己的潜能，又何必执意要将它表现出来。更何况，那种突发事件本就少之又少。

据此说来，对于压力激发潜能这一点，不应看重它能否兑现，而应看重自己是不是坚信。有了这一信念，就会主动培养应对各种压力的能力，在生活压力降临时可以有效应对，也或许会在遇到意外突发压力时一鸣惊人。没有这一信念，人可能会被各种压力压得喘不过气，甚至被击垮，结果把原有的潜能也丢掉，真的无力应对突发压力事件了。平时积极应对各种慢性压力事件，是在为应对突发压力事件做准备。准备的有可能用不上，但准备总是有用的。

人的潜能就像弹簧，需要不时弹它一下，不然可能生锈；潜能也像牙膏，给它一点压力，才能把它从软管里挤出来；潜能也像皮球，踢得越用力，它就飞得越远。

第二篇

如何与压力相处

第五章

压力找到你了吗

压力的到来，并不以人的意志为转移，压力也并不一定都是“敌人”。因此，对不同来源、不同性质或者不同速度的压力，不能一概而论地谈疏离。

压力的分类很多。有的从来源上分，有的从性质上分。其中，最简单的分类是慢性压力和急性压力，前者占据生活压力的绝大多数。

例如，一位高校副院长的女儿与女婿发生车祸，双双离世。副院长悲痛万分，并在半年后去世。这个突发事件是急性压力造成的，并且以死亡的代价宣告了这位副院长抗压失败。有媒体披露，中国每年新增7.6万个“失独”家庭，全国“失独”家庭已经超过百万个。这是一个数目庞大，但却长期被人忽视的群体。很多“失独”家庭成员离群索居，不愿和亲戚朋友接触，也有的把压力放在内心，慢慢地承受，还有的患有身心疾病，甚至导致家庭破裂。

俗话说：“病来如山倒，病去如抽丝。”对自身感受到的每一个压力都需要高度重视、积攒力气、小心应对。

第一节　你摊上事了吗

生活中大事小情对人的影响各不相同，哪些会被认为“你摊上事了”呢?

突发事件和各种自然灾害事件，如果遇到了，那真是“摊上大事了”。这种事属于急性压力，就像人生遭遇了洪水猛兽一样，会导致人身体或心理的损害立现。

生活中有些小事或者“小摩擦”会被认为有特殊意义，或者有的人放不下这些事，就会演变成慢性压力。所以，小事危害并不小，是因为有的人觉得自己

"摊上事了"。例如，某个职员被领导批评了，却不明其中原委，在当时以及事后都没有反抗，但一直耿耿于怀，他的委屈就是慢性压力。他回家看到孩子淘气，再想起自己的无辜，顿时火冒三丈，打了孩子。结果妻子不愿意了，与他大吵一架要离婚，带着孩子回了娘家，小事变成大事了。

这个过程就是小事件慢性压力，转变成了家庭破裂的急性压力。其中有压力转嫁，也有从慢性压力转化为急性压力。可以看出，压力形态是可以变化的，压力对象也会转嫁。因此，可以认为压力的来临，既有压力事件属性，也有压力载体人的应对模式参与。

下面是一个相反的案例。

某女演员开着一辆价值几百万元的豪车，撞了一位快递小哥的摩托车。出了车祸是个突发事件，女演员下车后，看了车前保险杠掉落，大灯损坏，估计修理费要几十万元。她打电话给保险公司后，没有任何经济负担，她是只受到一点惊吓，或许在她以后开车时会造成阴影。而快递员的摩托车尽毁，3 000 元损失是他一个月的收入，便坐在地上哭了起来。

车祸定性为人力不可控的意外事故，二者遇到的都属于急性压力。前者承担压力的能力强，急性压力变成慢性压力，没有心理伤害，而后者损失的钱虽不多，却是他承担不起的，小损失变成了大创伤。两个人"摊上同一件事"，压力感受不一样，也区分为两个不同的压力性质。

如图 5－1 所示，能够更清楚地解释各种压力和压力事件。

- 压力
  - 急性压力
    - 突发压力（不可控；可细分为危险性和非危险性的）
    - 迸发压力（可控；其直接承受者往往不是原先慢性压力的承受者）
  - 慢性压力
- 压力事件（↑ 压力）
  - 急性压力事件——意外压力事件
  - 慢性压力事件——迸发压力事件

图 5－1　压力和压力事件的联系

尽管慢性压力与急性压力的形式不同，但在本质上都显现压力反应，并会相互转化。

在两种压力下，人的情感都是消极的，甚至是负面的，只是一个程度轻微，一个较为严重。因其影响轻微，慢性压力可能会有一个比较长的周期，甚至可能轻微地持续存在着，不会爆发。在压力承受力弱、控制力差的人那里，这个周期可能会非常短，短到当场就爆发。我们确实见到过一句话不称心就火冒三丈的人，对他们而言，没有急性压力和慢性压力的差别，时刻都是急性压力。

慢性压力所造成影响的严重程度一般小于迸发压力，更小于突发压力。部分突发压力有一定的危险性，故此又将突发压力细分为危险性和非危险性两类。以上面所说的车祸为例，事发当场，疾速行驶的汽车对于受害者就是一个危险压力。慢性压力是广泛存在的，人人都承受着不同程度的慢性压力，在生活中表现形式很多，如觉得手上工作太多，无法应付；觉得时间不够，要分秒必争；觉得没有时间消遣，终日记挂着工作；遇到挫败时很容易发脾气；担心别人对自己工作表现的评价；觉得上司和家人都不欣赏自己；担心自己的经济状况；有头痛、胃痛、背痛的毛病，难以治愈；要借助烟酒、药物、零食等抑制不安的情绪；要借助安眠药入睡；与家人、朋友、同事相处时容易发脾气；与人倾谈时，打断对方的话题；睡前觉得思潮起伏，还牵挂很多事情；太多工作，不能每件事做到尽善尽美；空闲时轻松一下也会觉得内疚；做事急躁、任性但事后感到内疚；觉得自己不应该享乐等。只要我们愿意，把生活中感觉到不舒适的问题写上去，慢性压力的表现会增加很多。

慢性压力事件是经常发生的，会逐渐消耗一个人的耐心，使生活质量变差，身体出现各种慢性病。因此，所谓“你摊上的事并不大”，并不代表压力影响也不大，有时慢性压力会使人出现职业枯竭，进而影响正常的工作生活秩序。因此，不能把慢性压力不当回事，以致积慢成快，形成突发压力反应。

急性压力具有事件突发性，往往会对一个人造成重大的伤害，而且防不胜防，是不可控的。虽然迸发压力的表现很严重，使人出现一系列生理反应，如恐惧、战栗、僵化等，但是，有时迸发压力来得快去得也快，造成的伤害后果并不是特别严重。例如，女演员撞车案例中，由于她提前购买了车辆保险，即使修车费用很高，她的损失也不会很大，这是一种对重大危机事件的预防措施。因此，针对一些突发事件，社会和个人都需要有预防和准备应对的计划，尽力使压力事件后果得到控制。

因此，压力事件性质中无论慢性和急性，都会形成压力感。慢性压力事件触发的是内在压力源，必须通过心理源改变而调适。所有的突发压力事件，则需要提前采取预防措施，或者通过心理训练来提高承受力。

第二节　压力会传染吗

非理性压力会从自身内部不良感受开始，最先形成负性情绪，如抑郁、焦虑、躁郁等。紧接着就表现在语言和行为方面，如无故发怒、言行消极或激进。严重的压力状态下，会给人生活带来重大改变，有的人可能会因此放弃工作、自暴自弃等。美国著名心理学家、夏威夷大学心理学教授伊莱娜·哈特菲尔德发现，压力如同感冒病毒一样具有传染性，“二手”压力和焦虑可以在办公室中迅速传播。

那么，传播的原理是怎样的呢？这要从慢性压力说起。

慢性压力多来源于生活中大大小小的事件，如果这些事件得不到解决，慢性压力会一直消耗耐心、恶化情绪，就会影响周边人群，特别是自己亲近的人。但是，每个人都有一定的压力承受力，当慢性压力累积到无力承受的地步，自然要爆发出来，后果就要波及他人，给他人带来压力。这就好像传染病一样，由传染源逐步扩散，以致大面积爆发。如有的单位内部人际关系不良、气氛紧张，甚至发生各种冲突，就是慢性压力传播的结果。

从慢性压力的产生到爆发，需要一个周期，大致分为三个阶段。

第一，积聚阶段。人能够清楚认识到压力本身，也能够察觉压力给自己心绪造成的影响。这一阶段的心理变化主要是内在的，即自我意识的焦虑、烦躁，一般人都能够控制好，外在情绪上不会表现出来。在此阶段一般不会影响其他人，但是，“祸患常积于忽微”，如果没有及时调适压力，就会“养虎为患”。

第二，传播阶段。内在的焦虑和烦躁，开始表现在外在情绪上。平日间歇性地抑郁、沮丧，甚或无故发怒、愤世嫉俗，会在家人、单位同事之间传播。与此同时，有的人可能出现失眠，休息不好，勉力支撑工作，自我内心开始感到疲惫，在待人接物时常有消极表现，把压力传导到周边人际、工作对象中。在此阶段社会支持系统会发生作用，如亲人提醒或者主动就医，让承压者接受心理疏导等，会有很好的效果。同时，有的人用锻炼身体、唱歌娱乐等方式缓解压力，也是可行和有效的，压力传导会得到遏制。

第三，爆发阶段。近几年的科学研究发现，人的大脑中有一些具有镜像映射功能的细胞，它们被称为镜像神经元。当你看着一个人的某一行为，镜像神经元会令你产生近乎一样的需求；当你感受到一个人的某种情感，镜像神经元也会产生同样的情感。到了这个阶段，人们会用令人惊异的速度，学会模仿对方，甚至在面部表情、声音和姿势上与对方趋同，这样做是为了让自己更投入谈话，对对方的遭遇感同身受。当感受到他人的压力后，自己也会觉得有压力。不断传到耳朵里的抱怨和牢骚，也会让人的思维不由自主地转向负面。不仅思想上会受到他人情绪影响变得消极，身体语言也会发生改变，如说话时耸肩、皱眉等。

既然慢性压力从传播到爆发需要一个浸染和辐射过程。那么，在一个传染周期之内，会不会给我们提供一个阻断传染的机会呢？答案是肯定的。

美国心理学家约瑟夫·施兰德将人类压力感知阻断能力，称为反省侦测机制。在大脑的前额叶皮质作用下，人有时会抵制上述那种自动反应。不是引起同感，而是深入反省，分析让别人产生压力的压力事件，同时判断自己是否也会遭受这种压力。甚至于无论会不会遇到同别人一样的压力，大脑都会制订出一套反应和行动计划。

例如，某城市市长跳楼自杀了，公安局调查结论是抑郁症造成的。结果，该城市大小单位都开展了抑郁症检查，并广泛开展了心理压力管理教育，有的还用文件的形式要求员工必须休假。群众性的文化体育活动也得到了重视。

第三节　你的压力是真的吗

压力感产生源于外界压力事件的刺激。有时事情不大，但是压力确是真实的。

比如，两个人聊天，其中一个开了一句玩笑说：防火防盗防隔壁老王，我看你家孩子长得有点像王科长。结果，对方正在闹离婚，原因恰恰是他妻子有外遇。这个话题就触碰到了他的隐私，两个人打了起来。此时，这句玩笑话就是一个真压力，不仅导致了对方强烈的情绪反应，还伴随着暴力行为。

那么，事件是真的，压力还会有假的吗？答案是：有的。

某位领导干部接受省组织部谈话，要他到公路局当局长。这个局前三任局长都因为贪污受贿被抓了起来，现在让他去接任，他感受到空前的压力。回到家后茶不思、饭不想，唉声叹气。妻子问他怎么了，他说：“我遇到压力了。”妻子又问：“怕进监狱吧？”他说：“是。”妻子问：“你会贪污受贿吗？”他说：“我当了几十年清官，怎么会做这种对不起党和人民的事呢？”妻子接着问：“你的压力是什么？”他猛然醒悟：当公路局局长不是压力，担心自己贪污受贿才是压力，而自己贪污受贿只是一种假设。假压力消除了，同时还增强了坚守廉洁底线的动力。

假压力有两种：第一种是不良预期，对未发生事件的担忧。第二种是把普遍看法或者他人的压力当成自己的压力。

假压力需要应对吗？一定要应对。否则会转化为真压力，并且导致不良情绪和行为侵害的后果。

比如，2014 年 3 月 13 日，某高中一位高三男生在教室上课时，突然从座位上站起来大笑着跳出窗外。而他所在的教室位于教学楼的五楼，该男生在被送往医院急救的途中死亡。公安局调查发现，这是一个平时学习很好的高中生，在一次期中考试时出现严重失误，成绩比他的竞争对手落后很多。由于他心智不稳定、不成熟，对这次考试失败极为悲痛懊恼，并由此引发了他的自卑和自暴自弃，乃至对人生不抱希望，走上抑郁自杀的道路。

对这名自杀的学生进行心理分析后发现，他的真压力是对手，假压力是考试分数低。他的自杀，就是错把分数当成真压力，把一次考试事件转化为人生失败的压力。如果得到及时疏导，给他心理减压，就不会发现这种严重事件。

假压力经常会发生在悲观消极的人身上。往往一次小的失败，就会促使悲观情绪日益加重，也就是说，压力可能会使人陷入恶性循环，这是常见的假压力。

压力事件大小并不能决定压力感大小，同样，压力真假也不能决定伤害后果的轻重。感觉自身有了压力感，就要尽早解决，防微杜渐是重要原则。如果假压力事件解决不好，就会转化成真压力。因此，对于每个压力感都要制订有效调适计划，有的可以坦然地接受压力，主观减轻压力感。有些压力则需要他人协助，制定周密的减压措施。

第四节　你会落入陷阱吗

志向和理想对个体活动的影响是不同的，志向为个体的活动提供推动力，而理想则引导个体的活动，为其提供方向。如果理想过高而才能不足，那么理想就成为错误的向导。所以，那些不切实际的理想，就是我们面临压力的陷阱。下面简要介绍一下常见的三种陷阱。

第一种陷阱：完美主义。完美主义心态会导致抑郁和焦虑，降低生活质量。这种消极影响如此严重，以至于完美主义已被作为抑郁症状的一部分，并成为造成抑郁自杀事件的重要诱因。

有一个作家讲了一个关于自己成长的故事。他追溯到自己的童年，那时候他才上小学一年级，在一次考试中拿着考了98分的试卷兴冲冲地跑回家，递给爸爸，可爸爸只是淡淡地看了一眼，指着分数质问道，那两分是怎么丢的？是的，从那个时候起，噩梦就开始了。他经常为完成一件工作反复检查，要求极端完美。一次，他要给一个论坛做讲演，从晚上到第二天凌晨3点一直在修改演讲的PPT。当他站在讲台上讲演时，因为精力不足，还是没有成功。之后他再次陷入自责的情绪中。他说，有一段时间抑郁得不行了，真想自杀。

后来，这个作家被邀请参加了一档以“毒舌”著称的喜剧脱口秀，一群自己的圈中好友一起，轮番用幽默方式“自黑”、相互吐槽，并且还要争出冠军。那些平日里光鲜靓丽的偶像，在节目里都变成了被众人奚落和调侃的对象。作家也趁机“秀”了一把，结果，他这个完美主义者却收到了治愈自己抑郁的效果。

现在，这个作家改变了追求完美的态度，他把勇于出错当成了一种动力。他说，最糟糕的情况，不是出了错，而是居然没有出错的勇气。一个人应该允许自己出错，同时带着孩子一般的好奇心，去观察接下来会发生什么，有什么有趣的事情出现。

第二种陷阱：唯乐原则。唯乐原则是追求欲望和需要的满足。弗洛伊德认为“快乐原则”是生命的基本原则，它仅仅追求快乐渴望，在一瞬间满足本能冲动，保存物种延续。人受到“快乐原则”的主导，这种快乐原则在现实的压抑下会发生移情，但绝不会消除。

人类的欲望是无限的，也是多样的。在欲望的推动下，人不断占有客观的对象，生存需要、享受需要、发展需要构成一个复杂的需要结构，并随着人们生活的社会环境和社会历史条件的变化而变化。欲望是人改造世界也改造自己的动力，从而也是人类进化、社会发展与历史进步的动力。

但是，欲望的过分膨胀是幸福的敌人。叔本华说过：“欲望过于剧烈和强烈，就不再仅仅是对自己存在的肯定，相反会进而否定或取消别人的生存。用‘上帝的命定’或‘天理’来取消或压制别人的欲望是不合理的，但过度推崇与放纵欲望也是愚蠢的。”欲望不是纯粹的、绝对的东西，它需要理智的调控与节制，它也绝不可能像有人声称的是文明发展的唯一动力。调查表明，不与别人比高低所带来的幸福是高收入所带来的幸福的5倍。

第三种陷阱：以自我为中心。人总是很自然地以自我为中心。

人们一般只按照自己的观点看待问题，以自我为中心，如果事实不合乎情理，或者自己被轻视，就会瞬间郁闷、自卑、恼火，脾气暴躁的会当场“脸红脖子粗”。这种以自我为中心的观念其实是非理性的。

要摆脱以自我为中心的困扰，需要跳出自我，以全新的视角来审视外界。对造成我们压力的事件，也要理性的审视，不掺杂主观情感，即这个压力事件究竟是什么，压力施加者为什么会对我施加压力，这种施压是不是必然的，我要不要接受它，能不能拒绝它，承受之后的压力感受是不是过度了，我该怎样摆脱等。

人既能够思考外界的事物，也能够反思自己的思想和情感。事实上，反思就是把自我圈子里的情感和思想当作一种“外在事物”进行思考。这就好比刀可以切割肉，却无法斩断自己，除非先把自己的一部分分离出来放在案板上。而人的思想幸运地拥有这种“自我切割”的能力，当然，切掉的不是精华和有用部分，是赘余和糟粕。

第六章

压力是一种人生礼物

人的生命是有规律的，在成长过程中遇到压力事件有些是可以预知的，它就像生命的礼物一样按时送到。比如，青春期的少年需要获得家长的肯定以显示独立性；成年结婚后爱情的美好被日常生活琐事所代替，出现了夫妻矛盾；当中年到来，上有老下有小的压力会让人无助；老年之时体能下降，会出现身不随心的无奈。是的，人的一生都在压力中度过，每个阶段都有共性。但是，这并不是说每个人都会受到同样的压力。

例如，17 岁的孙美玲是高二年级的尖子生，一直被爸爸妈妈视为骄傲。但是，最近她脸上长满了青春痘，她心仪的男生也对她有些冷淡，于是她经常对着镜子流泪，对爸爸妈妈发脾气。妈妈心里很焦虑，怕美玲考不上大学，还怕她没有前途，就带她来找张教授咨询。她妈妈说："就是脸上的青春痘让美玲抬不起头来。"张教授说："她的压力并不在于小小的青春痘上，而是担心心仪的男生的看法。青春痘会消失的，而青春也会消失的，她明白这个道理后，压力就会转移到学业上了。"

在这里，我们看到这位少女遇到了两个生命礼物：青春痘和学业。这都是压力，当她着眼于前者时会有眼前的压力，而着眼于后者时，眼前的压力就消失了，对未来大学生活的渴望，使学业压力变成了动力。

第一节　送礼方式：暗示

人都会受到心理暗示，这是输送压力的最有效方式。例如，"你马上到我办公室里来"这句话经常被电话诈骗作为开头的第一句话。骗子为何使用这句话呢？因为这句话中有一个暗示：我是你领导，你要听我的安排！所以，下面骗子再说“顺便给我卡上转两百块钱”时，一般人就失去了警惕，被暗示为：按领导的要求办。

受暗示性是人的心理特性，它是人在漫长的进化过程中，形成的一种无意识的自我保护能力和学习能力。当人处于陌生、危险的境地时，人会根据以往形成的经验，捕捉环境中的蛛丝马迹，来迅速作出判断。

心理暗示有强弱之分，但是心理暗示效果的好坏（正负）无法由人的显意识控制，也就是不管你愿不愿意，不管你觉得这对你好不好，你已经受到心理暗示了，而且无时无刻不在接受心理暗示。它是人的一种本能，就像动物对各种行为的学习、危险的躲避习惯等，也都是由于心理暗示的作用才得以实现。人们为了追求成功和逃避痛苦，会不自觉地使用各种自我暗示。

自我暗示大多是不自知的。比如，早年经历了某件挫折的事，再次遇到同类事情时就会觉得那是很难或无法完成的。当初带来挫折感的那个压力事件早就消失了，但现在还关注着它。

有一个小故事。国外的一家马戏团正在演出，人们看到一头大象被细细的绳索拴在一棵小树上，正在吃草，不远处就是大象梦寐以求的丛林。

人们问马戏团的首领，大象愿意表演吗？首领答道，大象做梦都想回到丛林。人们接着问，那大象为什么不跑呢？要知道，它的力气那么大，它真要跑，谁也拦不住它。首领说，是的，没有人能拦住大象，只要它想跑，谁都没办法。

人们不解，那大象为什么不跑呢？首领说，你们没看到那根绳子吗？它拴着大象呢！人们就笑了起来，说这根绳子怎能拴住大象呢？只要它一使劲，这么细的绳子马上就断了，大象就能回归丛林啊！首领说，你们说的不错。但是，大象永远不会去挣脱那根细细的绳子。它知道自己是无法挣脱这根绳子的。

大家万分不解，说您这根绳子是特殊材料制成的吗？看起来很普通啊！有人说着，还走到跟前，仔细地看了看绳子。的确，这是一根非常普通的绳子，别说是大象，就是一个强壮点的人，也能把这根绳子挣脱。首领说，不错，这就是一根普通的绳子。可是，你们要知道，它是从这头大象还是很小的小象的时候，就拴住它了。

人们还是不解，说这有什么关系呢？首领意味深长地说，症结就在这里。当这头大象还是小象的时候，它就被这根绳子拴住了。它无数次地想挣脱绳子，都失败了。久而久之，小象知道自己的努力是徒劳的，知道自己是无法挣脱这根绳子的，它就不再做这种无用的努力了。

人们惊呼，可是小象已经长大了啊，它只要再试一试，就能挣脱绳索回到丛林里去！首领说，大象并不知道这一点，它以为自己还是一头小象。

有的人对于负性的压力事件影响也是如此，虽然事情已经过去很久，但仍然心存疑虑，被过去的感觉控制着。

对于我们早年尤其是青少年时期遇到的各种压力，如在学校中遭受过霸凌的学生，如不及早清除负面影响，学生长大后会影响其对他人的评价能力，甚至会影响他的正常人际交往。这些实际不存在的所谓的压力，久而久之会变成他逃避现实、躲避困难的借口。

如何退掉这种早年遗留的礼物“暗示”？不妨在下次遇到此类压力时问问自己：到底是什么让我如此担心、如此害怕？它是过去发生的，还是眼下发生的，抑或是即将发生的？它真的跟我想象的一样可怕吗，像他人说得那样可怕吗？如果发现那个东西根本不存在，或存在于遥远的过去或将来，或存在的样子不是人们所说的那样，对个体而言，这发现本身就是一次解放，乃至是一种解救。一旦解脱，会感觉豁然开朗，会感觉无比轻松，也会觉悟自己以前多么冤枉——竟然没事自己找罪受！既然可以用暗示送来压力的礼物，也可以利用它送来动力的礼物。

积极暗示在突破压力、激发动力中起着决定性作用，就像“画龙点睛”。例如，如果一名运动员的成绩已经非常接近世界记录了，这时候，他非常敬佩的恩师在旁边轻轻暗示道：“你能行，你一定能得第一！”正是这一暗示，激发了他全部的潜能，使他在比赛中真的得了第一。相反，一个末流运动员，由于实力有限，即使暗示做得再完美、效果再佳，也难以创造奇迹。

第二节　礼物样式：选择

“选择”困境会带来压力。但是，人生就是在选择中成长的。

王小红要出席一个重要晚会，需要到百货大楼里挑选一件高档的衣服。那一天，百货大楼里人特别多，大家都在争先恐后地挑选着。王小红挑了这件挑那件，试着这身看那身，好不容易看中一件合身又漂亮的，却拿不定主意，于是打电话叫一个好姐妹过来帮忙参谋一下。在姐妹的鼓励下，王小红终于决定买下刚才看中的那件衣服，两人来到收银台结账。但刚一转身，看到另外一位女士手里捧着一件大衣，正在细细打量。王小红立马觉得那件大衣更漂亮，更适合自己，于是开始满心期待那位女士放下那件大衣去选其他的。“皇天不负有心人”，那位女士在思量一番之后，终于放下了大衣，王小红立即跑过去拿起大衣重新去结账。就在姐妹俩结账的同时，王小红发现那位女士选择的竟然是自己刚才放下的那件。王小红心情特别沮丧，觉得自己丢失了一件完美的衣服。

摆在人们面前有很多的选项时，选择其中一个，必然要放弃其他很多个。人总是觉得未得到的东西更好。

萧伯纳曾说：“你可曾知道，人类总是高估自己所没有的东西的价值。”因此人们才渴望拥有，而且害怕得不到，也经常羡慕别人。

上述事例中的王小红未必就选择了自己最喜欢的衣服，事实上，那两件衣服能让她们犹豫不决，说明两件都不错。选择伴随失去，或者选择必然要失去，而失去难免带来痛苦，于是选择难免痛苦。实际上，我们的痛苦不是事物本身，而是对失去这个事物的看法所产生的。

同样是失去，换个视角看问题，就不会再颓废，事故来袭时从容面对，压力便不能近身。

现代派画家尤利乌斯是个乐观的人，其画作中也充满乐趣，事实上画画对他来说本身就是一种乐趣。不过，愿意买他画的人很少，他对此偶尔感到失落。一天，路过一个彩票站，店主劝他买一注：“区区 2 元钱，有可能得到很多钱哦。”当时他的朋友们也在场，在他们的鼓动下，尤利乌斯买了一张彩票。真是无心之间有奇迹，他中了巨额奖金。

“你真幸运啊！怎么样，如今还经常画画吗？”朋友们经常带着羡慕的口吻这么问他。“画啊，不过是画支票上的数字。”尤利乌斯总是乐呵呵地回答。他用中奖的钱买了一栋别墅，并配备了名牌家具、器具。当然也没有忘记给自己配备一间画室。他以前在石头画室创作的时候，习惯没有灵感就吸一口烟，如今，在全新的画室里，在全新的画架前，他依然如故。

有一天，他苦于没有思绪，于是点燃一支烟，却还是一筹莫展。他决定出门转转，就痛快地一撇烟头，去找朋友们聊天了。可是，他却忘了自己的画室铺着华美的阿富汗地毯，等他接到消息回来时，整栋别墅已烧成一片火海。

朋友们纷纷安慰尤利乌斯，一个个说道：“我们对你的不幸十分难过。”谁知尤利乌斯反问道：“我有什么难过？”

“你的损失啊，好好的一栋别墅，现在全没了。”

“不，我只是损失了 2 元钱而已。”尤利乌斯反而笑着叫朋友们不必太过遗憾。

人总是有身在福中不知福、这山望着那山高的毛病，即夸大失去并忽视所得。原因可能是这样的：远古时期，人类经常受到各种死亡的威胁，而平安喜乐的时光少之又少，痛苦与快乐感受比率的失调，让人类对痛苦的感受记忆深刻，却对幸福快乐的感受记忆模糊。在人类进化的长河中，这种选择性记忆作为基因流传下来，于是今天的人们总是感觉不到快乐就在身边，哪怕是一丁点的失去也能触发痛苦的基因，并不自觉地偏好造成痛苦感受的事件或事物。但是，今天人类的理性也已充分发展，我们不应该再看重痛苦而无视快乐，也不应该再注重失去而忽视所得。

人生就是在不断地选择。除了我们对自己的父母无法选择之外，其他的都是在不断地选择，每一阶段的生活状态，每一个小小的进步或人生精华，都是我们在多年前的某一选择而产生的结果。

不管我们是有意的还是无意的，我们一直在进行着各个层次的选择。我们的身体状况、健康程度、美观程度等是第一层次的选择，属于身体选择。我们现在的生活圈子，我们的朋友与家人，是我们自己选择的，是第二层次的选择，属于生活选择。我们的价值观，现在及将来可能实现的人生价值，是第三层次的选择，属于人生选择，也称为事业选择。

第三节 送礼来源：权威

中国人讲礼数，顺从心理严重。小时候听家长的话、老师的话；进入社会后听老板的话、领导的话。服从权威人物的命令，总能给我们带来一些实际的好处。哪怕权威人物说的完全没有道理，人们也会照做。因此，压力中“权威”成为社会共有压力源，有人从中找到了“顺从”的便利，有人把它当成创造人生价值的动力。

有这样一个例子，2003 年，国内许多媒体报道了曾经是文科状元的北京大学中文系毕业生陆步轩街头卖肉的故事。但卖肉的生意也不容易做，每天起早贪黑，一年忙到头，交了水电费、房租后也就所剩无几了。随着年龄的增长，曾经的理想被现实的生活负担所代替。

陆步轩成为媒体关注的焦点人物。有家企业投资陆步轩的“眼镜肉店”。几年后，陆步轩成为“有钱的老板”了。即使这样，2013 年 4 月受邀回母校演讲时，他依然几近哽咽地说：“我给母校丢了脸、抹了黑，我是反面教材。”彼时的北大老校长许智宏回应称：“北大学生可以做国家主席，可以做科学家，也可以卖猪肉。”这样的表态，让台下学子感触良多。

有多少人能理解陆步轩的内心压力呢？国家主席、科学家与卖猪肉的人，是同样的“成功人生”吗？如果当了科学家，或是老师，陆步轩还会哽咽吗？

许智宏机智的回应，也可能是发自内心的善良，期望减轻陆步轩的内心愧疚。但是，他说的话并不是社会共有的价值观，有的人相信，有的人不相信。而相信他的话还因为他曾是“北大校长”，他在一定程度上代表着权威。如果无名之辈说这话，会有多少人认同呢？

陆步轩的哽咽是对以前事业不成功的委屈与自责。北大请上讲台的是成功当了老板的陆步轩，是对他不气馁精神的表彰。走上了“北大讲坛”，是社会对陆步轩价值的再认定。

社会生活中，为了体现权威的尊严，我们经常能见到一些区别于一般化的“特殊符号”。如体现神权的高大教堂尖顶，表示国家尊严的巨大殿堂，西方一些国家的法官在开庭时必须戴假发等。这些权威符号的作用原理就在于施加心理压力，使民众服从。

在人们意识中，由于服从权威在大多数情况下是有好处的心理定势，所以生活中经常出现各种“权威符号”，使人们在意识上服从某种权威，常见的有以下几种形式。

第一，头衔。头衔是最难也最容易得到的权威象征。如电话诈骗，骗子给自己贴上一个标签，伪装成某警局警察、某法院法官，对当事人进行恐吓，有的人就自动顺从，被骗走钱财。广告商也经常运用“名人”等权威效应来做广告。

第二，衣着。军队、警察等都有特殊衣着标识，以统一的、严肃的形象，达到警告和震慑的目的。例如，在警方的诈骗犯罪档案里，有很多是以换装为行骗手段的例子。再如，领导者的“正装”，也能唤起下属的尊重与服从。

第三，饰品。如服装配饰、珠宝、手表等，都是一种身份标志。人们更容易对具有较高身份象征的人表示出顺从和尊重。

第四，环境。医生的权威既依靠医术、头衔，还受医院的设施环境影响，“手术室不得污染”就是环境警告。病人在治疗中遇到权威的时候，如病人耳朵疼，医生却对其他部位下药，病人对医生无丝毫的质疑，这就是对权威压力的顺从。

第四节　礼物包装：恐惧

恐惧是压力事物对人形成威胁而产生并伴随逃避愿望的情绪反应。“无知者无畏”“初生牛犊不怕虎”，人们完全不了解某一事物，是不会害怕它的。对某一事物有了足够的了解，也就不必再害怕它，因为它已在掌控之中。恐惧是处在对事物的无知与尽知之间，人们才有恐惧。富兰克林·罗斯福曾说：“真正让我们感到恐惧的，正是恐惧本身。”

恐惧是人们因害怕而躲避一切有关恐惧物的信息，是恐惧者不愿或者不敢面对的压力事物本身。例如，我们对狼并不恐惧，因为可以预防和直接斗争。但是如果狼披着羊皮是真的可怕啊。

战胜恐惧首要的一步就是面对自己的恐惧事物本身，并了解其中原因。

恐惧及恐惧症有先天和后天两种原因。简单来说，先天方面的原因，指的是对人类集体潜意识的唤醒，如对雷声的恐惧，原因是先天的。这种唤醒一般是有益的，它使人尽可能避免真正危险的事物。但是，在今天，大部分自然生物或自然环境已经被人类掌控，我们的集体潜意识再保留着危险记忆及相关事物，有时就显得不必要，因为那些“危险”可能永远只存在于潜意识中，不会再次发生而成为真正的危险。早期经历的危险事件，不发生的可能性更大。

对与危险相关事物记忆的程度是因人而异的，因而对它们的敏感程度也不同。那些过于敏感者，再次遇到那些事物时，就会表现出病态恐惧。在无明显外界创伤的前提下，某些恐惧症出现得越早，越可能是先天因素作用的结果。例如，广场恐惧症、旷野恐惧症或幽室恐惧症等，患者主要表现为不敢进入商店、公共汽车、剧院、教室等公共场所和人群聚集的地方，或者是黑暗空旷的场所，担心忍受不了那种场合下将要产生的极度焦虑，因而回避。甚至根本不敢出门，对配偶和亲属的依赖突出。这种表现形式在西方最常见，尤其是女性患者居多，多在20～30岁起病，恐惧发作时还可能伴有抑郁、强迫及人格解体等症状。

这也为预防恐惧症提供了一个方法，就是在别人的帮助下，尽可能早地避免恐惧情境或事物，并逐步建立对它们不可怕的信念。这个工作理应交给父母，父母在孩子成年之前，应尽量避免让孩子接触危险，当孩子足够理智，再接触危险，就不会再触发先天的危险记忆。有的家长为了让孩子听话而编一些恐怖故事，这是非常不可取的，会使孩子对某些事物形成错误认知，甚至酿成恐惧症。

但是，后天因素也能造成一些病态恐惧。此时的后天因素，指的是生活中创伤性事件，如交通事故。事故中的受害者、肇事者或目击者，都有可能患上恐惧症。在这些事件中，令人产生恐惧或恐惧感的根源都是伤害，而不是那个事物或情境，但人偏偏选择性记住了那个事物或情境。恐惧源其实是利用了大脑的贴标签机制：发生危险时，将危险标签贴在与危险相关的场景和事物上。这其实是对那些事物或情境的错误认知，即只要它们出现，就必定要发生创伤性事件，而事实上几乎不会再发生。

越是屈服于病态恐惧，恐惧就越会占据自我，最后使我们分不清自己的行为是自愿的还是恐惧所迫，也就说，恐惧可能使我们的大脑判断出错。因此病态恐惧是有害的。比如，我不去参加某一聚会，可能是因为我害怕，但社交恐惧者会认为那是因为聚会很无聊；其实他们是在给恐惧找借口，时间一长，借口就变成了正当理由。再者，恐惧反应是相当强烈的，会调动多种激素，而其中某些激素的大量分泌，对身体是有害的。最严重的情况，恐惧者忍无可忍时，可能会选择自杀。

战胜恐惧，需要跟恐惧打持久战和消耗战。其间哪怕一个极小的胜利，都会使人内心愉悦，以至于忘掉挑战恐惧的痛苦。有人可能会担心，过多克服恐惧，最终会丧失逃跑式自保能力，即在真正危险面前徒然等死。这种担心是多余的，因为那种恐惧是无法克服的。我们能够消除的，是那些无名恐惧。

第五节　有毒礼物：猜疑

猜疑，是压力中最没有打开价值的礼物，因为它“有毒”。猜疑带来的压力往往没有实际事件，只源自心中的某个想法，这个想法给我们带来了持续的压力感。不排除猜疑就是事实的可能性，但一般而言，猜疑就是“疑心生暗鬼”。

猜疑源于一个细小的疑惑，但猜疑者内心会不断推导，得出一个极为糟糕的结论。如猜疑有人要利用我、伤害我，或者是他人对我有成见，看不起我、讨厌我。

猜疑他人虽然能够带来压力，但可以轻而易举地化解，因为所猜疑的事情一般是没有事实支持的，只存在于想象中。因此，只要停止心里的逻辑推理，开始为猜疑内容寻找证据，很快就会发现猜疑是多么可笑。

有一个例子，小易在一个英国人家里做钟点工，那个家庭里有一个比较挑剔的老太太，孩子们都长年在外工作，一般只有她一个人在家。小易每次过去，都会被老太太指责这里纠正那里，当然，语气是有些刻薄。这使小易很不痛快，她甚至怀疑老太太有种族歧视。这天，小易正跟好朋友小张抱怨这位老人，怀疑她可能受过什么刺激或者精神不正常。

小张听到这里，劝道：“你可能误会她了。只有真正关心你的人才会指出你的毛病。我们还年轻，接受点批评教训是应该的。她不是英国人吗，你如果跟她相处得好了，还能提高你的英语口语呢。”

小易可听不进这些“长他人志气”的好话，态度强硬地说：“得了吧，我可不敢跟她学，其他地方刺激我的已经够多了。我是坚决要辞去这份工作了，没有商量。”

小张说道：“好吧，但你别说不干，能不能把这份工作让给我，你也知道，我只有职高毕业，英语水平有待提高。”

“不是吧，你何苦自己找罪受？”

“没事，我受得了，我觉得人家未必有你说的那么刻薄。”

“好吧好吧，你要去我也不多劝，反正我是待不下去了，你要是受不了，也可以再离开嘛。”

一年后，小张无论英语口语还是个人气质都超出了一个普通职高毕业生的水平，之后小张离开那个家庭来到一家国际宾馆应聘，结果面试经理对她相当满意，当场宣布她正式入职。

这个例子首先指明，胡乱猜疑非但无益，而且可能给自己带来损失。其次，小张的行为还给出了解除猜疑的办法，那就是亲自去证实；小张其实是代小易去证实小易的猜疑，尽管我们无法确定英国老太太是因为被小张感化，还是原本就很和蔼。

实事求是的人，就算会猜疑某人，也会尽快解除，因为他找不到证据。因此，当我们产生某个猜疑他人的想法时，一定要第一时间去找事实证据，而且要证据充足，找不到充足的证据，猜疑就会自行解除。

寻找证据的过程中，可以带着猜疑的想法私下进行，那是最有效的，因为人总是最相信自己亲眼所见和亲身经历，反而对他人的语言证据有所疑虑。

不过，主动与被怀疑者交谈也是一个可靠的办法，至少能避免许多弯路。因此应该打开心扉去交谈，多次打开心扉，猜疑的习惯也就破除了。此外，建立自信也能破除猜疑，事实上，有的猜疑就是因为对自己不自信而产生的；因为不自信，我们就容易怀疑他人的所作所为是针对自己的缺点。

从被猜疑者的角度来说，也要尽量解除他人的猜疑。可以热情大胆地跟猜疑自己的人沟通。人之所以被猜疑，可能是因为自己性格冷淡，让人敬而远之。如果不希望别人猜疑自己，自己就先要真诚。

然而，他人再怎么帮忙，关键还在于猜疑者自己接受不接受。爱猜疑的人，往往性格敏感、心思细腻，有的还不喜欢交谈；他们习惯于沉浸在主观设定中，自我封闭，就算交流起来也固执己见。因此，自我解惑比他人帮忙更重要。

第六节　珍贵礼物：明智

“明智地选择”，是我们人生中最需要接受的礼物。但是实际上，我们遇到了许多压力感受，会让我们放弃明智，屈服“惯性”。

“明智”就是勇于面对压力。有这样一个故事：一位睿智的国王，带领 3 个儿子在后花园中赏花，看见对面有个老人，他说：“你们谁能把老人请来，我有奖赏。”王子们各自行动了。但是，通往对面的唯一一条路被巨石封死了，两边都是湖面，要想把老人请来困难不小。

大王子从石头上爬过去请老人，但是老人无法爬过巨石，只好停在路上。二王子从湖面划船过去请老人，但是老人行动不便还怕水，根本不愿意上船。三王子走到巨石前进行观察，他尝试着用力推开巨石，巨石终于被推开，他就把老人请了过来。

国王问三王子：“巨石那么重，你怎么推得动呢?”三王子说：“我本来也以为推不动，但试了几次感觉能够晃动，结果就把巨石推到湖里了。”于是国王宣布：“你得奖”。原来，那块巨石是国王命人专门定做的，用的材料只是酷似石头而已。

面对压力，我们经常会先入为主，运用自己的思维模式下定义。结果，压力会被定义为困难、危险、痛苦等。而如果我们转变固有的非理性模式，压力就可能成为机会、奖赏、成长动力，这种转变的过程，就叫“明智”。

面对必须解决的困难，只有尝试接触并解决这个困难，才能知道其最初难度。敢于面对就是“明智”。如果只是站在困难的对面，凭空想象它，可能被它的外表所迷惑，作出错误判断，而且，这种判断带来的对困难的畏惧，还会增加困难，这就是不明智了。

《为学一首示子侄》一文中有一句名言“天下事有难易乎？为之，则难者亦易矣；不为，则易者亦难矣”。大胆的尝试和全身心的投入，就是“为之”。其实，事情的难易仅存在于事情发生之初，没有亲临解决前一直存在，只有投入其中，才能忘记困难，与压力共成长。

“明智”就是明知压力源。社会上有许多共同压力源，可能谁都不能全部掌握和了解，只有事到临头才会发现。我们要做的是尽多尽快地完成“个人社会化”，才能不被当成“边缘人”，减少社会对自己的压力。

“明智”在于深度探索。在众多压力源中，人际压力是重要内容。许多关系的破裂，是因为误会而产生的。而每个误会的背后，都有“自我观点”。我们听他人的话，也会出现“选择自己喜欢的、想听的内容”。明智地破除人际压力，需要对自我压力源有深知，同时站在他人立场上，对比自己的观点，才能知己知彼，密切关系。

想象或猜疑出来的“压力源”，在恋爱的例子中经常出现，如执意认为“对方不喜欢自己了”。打破这个压力，最容易的办法是主动跟对方进行一场内心沟通。如果没有深入沟通，结果就可能导致分手。

打破幻象，有时候需要突破我们内心对沟通的恐惧，会发现真实的困难比想象中小得多。很多时候，人害怕沟通只是源于自我设限，产生“人际关系”难搞的幻象，人与人的交流只有接触与沟通后，才会发现它没有那么难，没有那么可怕。如果再能够以饱满的激情对待，全身心投入其中，许多敌人也可以成为朋友。

第七章

待人如同待己

中国古代思想家、教育家孔子有一句名言："己所不欲，勿施于人。"从人际关系的角度讲，可以理解为如果自己都不希望被人此般对待，推己及人，自己也不要那般待人。

心理学上还有一种规律：你看到的风景别人也会看到；你希望达到的目的别人也会有这个想法。

这些道理告诉我们，要减轻自己的压力，有时候可以通过减轻别人的压力来获得。

第二次世界大战期间，英国首相丘吉尔前往美国白宫请求军事援助。他有一个习惯，就是洗完澡喜欢在浴室里裸身踱步。这次在白宫也没能例外，此时，听到有人敲门，他便随意请人进来。谁知来人是罗斯福总统，尽管丘吉尔本人可能不介意，但罗斯福总统反而不好意思了，他正要转身退出浴室，丘吉尔展开双臂喊道："进来吧，进来吧，大不列颠的首相不会有什么东西好隐瞒美国总统的。"尴尬场面顿时因两人的大笑声而打破。

第一节 对手成朋友

我们同意一种说法：人与人的关系很复杂。但也有一个道理：朋友多总比敌人多要好。现代社会竞争无处不在，竞争对手往往成为我们的压力。减少对手总比增强对手有利。那么，如何把对手变成朋友呢？

妖魔化对手只会使自己变虚弱。苏联解体后，戈尔巴乔夫为了减轻分裂苏联责任的压力，配合后来的掌权者丑化苏联已故领导人的形象，就在一些文化作品中把斯大林描绘成暴君和拦路抢劫的强盗。俄罗斯报刊接连不断地发表材料，重复着一个“众所周知的真理”，即痛苦的童年使斯大林变得冷酷无情，决定了他的“很坏的”性格。斯大林参加革命党后主要进行抢劫和搞恐怖活动。为沙皇警察效劳，向他们出卖了同属布尔什维克党的同志。斯大林与领导苏联的同事们相比，显得缺乏学识、爱妒忌和贪权，善于掩盖自己令人讨厌的性格特点，骗取了列宁的信任。“谁都知道”斯大林用阴谋诡计除掉了党的所有最有才能和最出色的领导人，一个人掌握了无限的权力。

戈尔巴乔夫对斯大林的妖魔化，并没有为自己带来好处。全俄舆论中心在2011年戈尔巴乔夫80岁生日前夕的民意调查部分显示，对戈尔巴乔夫表示愤慨的人有20%，表示厌恶的人有5%，表示好感和同情的人有5%，而对戈尔巴乔夫表示冷淡和漠不关心的人高达47%。对于戈尔巴乔夫在苏联解体中的作用，42%的被调查者认为戈尔巴乔夫起了主要作用。对戈尔巴乔夫最激烈的批评来自俄罗斯共产党，他们一直把戈尔巴乔夫作为社会主义的背叛者、苏联解体的罪魁祸首。

放弃“零和游戏”。零和游戏，是指一项游戏中，每局结果都是1+(－1)＝0（一胜一负）或者0+0＝0（和棋），一方所赢正是另一方所输，游戏的总成绩永远为零。

“零和游戏”原理之所以广受关注，主要是因为人们在社会的各方面都能发现与零和游戏类似的局面，胜利者的光荣后面往往隐藏着失败者的辛酸和苦涩。

从个人到国家，从政治到经济，世界似乎成了一个巨大的零和游戏场，变成弱肉强食的进化程式。因为财富、资源、机遇都是有限的，个别人、个别地区和个别国家财富的增加必然意味着对其他人、其他地区和国家的掠夺。美国研究生产了大量的转基因产品大量输出，使世界其他国家豆农收入减少，大量土地荒废，优良谷物受到病毒威胁。这种依靠高科技农业的竞争，将会严重影响人类生存安全，最终也会让美国人民遭殃。

中国提出“一带一路”倡议，就是用“双赢”观念所取代“零和游戏”。在竞争中“利己”不一定要建立在“损人”的基础上，要寻找能够实现“双赢”的机遇和突破口。

人与人之间，也要防止负面评价抵消正面成绩，开展竞争使自己胜出而不让对方受到伤害。许多企业合并后实力大增，收益显著，得到的是皆大欢喜的结局。从零和走向正和，要求各方要有真诚合作的精神和勇气，遵守游戏规则，否则“双赢”的局面就不会出现，最终吃亏的还是合作者自己。

永远不走邪门歪道。使用邪门歪道的不正当手段竞争走不通。

竞争的真正目的是使自身更加完善，这种对抗和挑战才是充满乐趣的。也就是说，竞争的目的不是一定要胜利，而是通过竞争发挥自己的优势，收获内心深层次的满足及长久的幸福感。刘翔平教授在其著作《当代积极心理学》一书中说：竞争性活动充满刺激与乐趣，但如果把击败对手作为唯一目标，只会乐趣全无。

现代竞争中很少有战争时期你死我活的生存压力。平日里公平公开的竞争，属于慢性压力。因为已经比较过各自实力，竞争结果基本在预料之中，各自施展本领后，赢者赢得舒心，输者输得心服。一旦引入非法手段，成功者或许得意，失败者一定一时难以承受。双方都不再讲究竞争之道，一场公平的竞争变成了恶性斗狠，而且会缠斗不休，最终会陷入没有赢家的深渊。

先秦时期墨家提出“兼爱”。强调“非攻、节用、节葬、非乐”等主张，反对主动攻战，即“大不攻小也，强不侮弱也，众不贼寡也，诈不欺愚也，贵不傲贱也，富不骄贫也，壮不夺老也。是以天下之庶国，莫以水火、毒药、兵刃以相害也”。当然，非攻并不等于非战，而是反对侵略战争，注重自卫战争。兼爱是大到国家之间，小到人与人之间要兼相爱，交相利。“兼爱”是个方针，竞争中退让不等于怯懦，是一种智慧，能够避免不必要的压力，防止陷入恶性缠斗的循环。它其实是理智处理竞争，有效避免情感和欲望的冲动，留下把对手变朋友的机会。

第二节　宽恕和感恩

为了推翻南非白人种族主义统治，曼德拉进行了长达50年（包括入狱27年）艰苦卓绝的斗争，最终成为南非总统。因为脸上常带有笑容，被南非人民称为“微笑大使”。他用自身的行动，诠释着宽恕的高度。

1964年6月的一天，随着法官重重地敲下那一锤，曼德拉被无期徒刑的宣判打入人间地狱。

罗本岛，那是一座与世隔绝的小岛，冬天狂风呼啸，海浪翻滚；夏天酷暑难耐，日夜蒸熏，素有“死亡岛”之称。它最初被英国人用来流放麻风病人，但自荷兰裔白人接手这里以后，就成了流放南非当局“看不顺眼”的犯人的绝佳场所。虽然仅距离开普敦西北方向约11千米，但来到岛内监狱的人，却可能一生都再也无法到达近在咫尺的非洲大陆。

从监狱两根生锈的铁栅栏中间望出去，是黑沉沉的夜。曼德拉知道，那些人就是想消磨掉他的意志，直到自己如其他犯人那般，干枯在这间狭窄而闷热的斗室，再也扛不动旗帜，再也发不出呐喊。这便是那些把自己关在这里的白人的期望。他们越是高高在上，越是惧怕反抗！越是充满优越，越是体现出他们的懦弱和胆怯！想到这，他内心所坚持的信念越发坚定。

他的黑人同胞们为争取黑人解放，营救他出狱，开始呼喊“把白人赶入大海”。在那些对立情绪一触即燃的日子中，他站出来说：“把长矛扔进大海。”他还说过：“让黑人和白人成为兄弟，南非才能繁荣和发展！”在黑人同胞们怒吼着要复仇的日子里，他用宽恕去化解所有仇恨，他的冷静与包容感动了世界！

曼德拉从阶下囚成为南非第一任黑人总统。他没有“以牙还牙，以眼还眼”，而是宽恕罪恶、放弃复仇、禁止暴力，给予罪行的制造者机会。他曾说：“当我走出囚室迈向通往自由的大门时，我已经清楚，自己若不能把痛苦与怨恨留在身后，那么其实我仍在狱中。”只有爱和宽容才能化解仇恨，复仇只会加剧流血冲突，只会把自己的国家和人民带入更大的灾难中。曼德拉主张只有从内心的愧疚、愤怒和耻辱中解脱出来，才能开创新的局面。

还有另外一个例子：安徽桐城有一条六尺巷，《桐城县志》记载了它名字的由来。

康熙年间，文华殿大学士兼礼部尚书张英的老家在桐城。一日，老家人飞书京城，让张英通过朝廷的关系“摆平”老家的邻居吴家。原来，老家人与邻居吴家在宅基地的问题上发生了解不开的纠纷。两家大院的宅基地，都是祖上留传下来的，具体是怎么划分的双方都不清楚了，因为时间太过久远。吴家想占便宜，张家人不相让，双方又算不清楚，就这么僵持下来了。

张英看完信，若无其事地笑了笑，拿起大笔写下一首诗并火速寄回老家：“千里来书只为墙，让人三尺又何妨。长城万里今犹在，不见当年秦始皇。”家人开始看到这样的回复，兴奋的表情一扫而光，过了几天才想明白，明白这是唯一可行的办法。于是，张家人立即折了垣墙，让出三尺的地方。此举得到了街坊四邻的交口称赞，邻居吴家人也感动得热泪盈眶，并同样把自家围墙后迁了三尺。就这样，两家人的争端很快化解了。六尺巷便由此而来。

张英的宽恕，不仅仅是一种胸怀，更是一种睿智。张家和吴家的事表明，一味僵持也无济于事，而张英的做法不但解决了争端，还缓解了两家矛盾，原因在哪里？因为宽恕这种高尚的品行具有感化力。相反地，恶意相向的行为也有传染力。不管张英有意还是无意，他已经利用了人们心理上的这种共性。

把宅基地的事情放在今天来讲，这是莫大的利益，恐怕很少有人甘愿主动退让，因为担心自己一旦先让步，对方反而得寸进尺。也就是说，高尚品行的感染力如今的效力可能是比古代低下的，不过，利益的争夺无可厚非，只从心理健康上来讲，我们是应该学会让步的。或者，我们可以退而求其次，学学三国时期蜀国的蒋琬，虽不能在利益上做出实质让步，但可以在言谈举止上宽以待人。也许，坚持心平气和宽以待人，跟他人的许多纠纷将不会发生。

生活中，不只是跟他人关系的失和所带来的消极感受，其他毫无用处的、不愉快的、痛苦的想法，也都是我们脑海中的垃圾，而宽恕的巨大价值在于把这些垃圾清除。如果我们的思想被愤怒、怨恨等负面情绪所笼罩，正面的思想就无法发挥作用，此时，宽恕正是一个一扫阴霾的清洁工。宽恕别人就是在解脱自己。

一个家境贫寒的男孩为了给自己积攒学费而挨家挨户做推销。一天傍晚，疲惫饥渴却一无所获的他敲开一户人家的门，请求房屋主人给他一杯水喝。主人是一位年轻美丽的女子，给了男孩一杯热牛奶。多年后，这个男孩成了一位著名的外科大夫，而当年给他牛奶的女子，如今身患重症，恰巧几经辗转来到他所在的医院。当这位大夫惊喜地发现她正是当年的女子时，开出的手术费依然是一杯牛奶。

如果说宽恕与发怒相对，那么感恩与记恨相对。宽恕扫除心里的垃圾，感恩则让心里充满美好的东西。感恩的好处，绝不仅限于让心里充满美好，它还有助于应对压力和伤痛，提升自身价值，增强自信心，培养善良仁德的品行等。

学会感恩的方法有很多，比较有效的有两个，一个是写感恩日记，另一个是直接向所感激的人表达感恩之情。把感恩的人和事写在日记里，不同于记在心里，记在心里容易日渐褪色，写在纸上则可以时时刷新；表达感恩之情，一来确认值得感恩，二来肯定并鼓舞对方，促使对方制造更多美好。

懂得宽恕，自己就能够化解别人所给的压力；懂得感恩，让他人的恩慈占据心灵，不给消极压力留下空间，而且还有了生活的动力。

第三节　让自己合群

冷漠的关系成为慢性压力的重要来源，如果两个人之间有误解或仇恨，还会因彼此冷漠而加重。

互相隔绝封闭的生活方式使人们变得冷漠。住在同一小区的人天天见面却不打招呼，楼上的人从来不知道楼下住的是谁。这种生活方式不仅将人隔离开来，而且给原本就倾向于自我保护的心加上藩篱，使人越来越不敢交往，终于各自变得孤独压抑。还有，自我感觉压力大的人，倾向于自己承受和处理，过着比较“宅”的生活，这也是一种冷漠。

冷漠的人际关系和生活方式加重了我们的心理压力。调节生活中的压力感，必须打破人与人之间的冷漠。这里有逐渐递进的三个步骤，可以有效缓解冷漠生活的压力。一是强制扩大自己的交际圈子，二是学会与人交谈，三是学会帮助他人。

扩大自己的交际圈子，不是漫无目的随便找人搭讪，应以适应他人为准。适应他人的人，有良好的人际关系和广阔的交友圈子，而自我封闭、冷漠待人的人，常常把“朋友不必太多”作为自己孤僻性格的借口，难以获得快乐和进步。

孤僻的人，只在自己狭小的圈子里生活，虽然具备交际的能力，但打心底反感交际，因羞涩而不愿意展露自己，其实是自己孤立自己。这种害怕，可能会使人产生各种认知偏见，而这些偏见足以让我们凭空制造出许多不必要的压力。此外，可能因为听到了太多的负面消息，人们为防自己的利益受到侵害而变得谨小慎微，不让别人过界，否则自己就会紧张，这其实是给自己筑起了无形的藩篱，只在围墙之内看世界，而不走出去。无论害怕还是自我保护，我们的压力很多时候来自自我与外界的对抗，来自我对他人的排斥。如果包容世界，自我跟他人、跟外界就会达到平衡，很多压力也就消失了。

为此，我们应学会欣赏他人的长处，并与其互通有无，和开朗的人在一起，培养豁达心态；和稳健的人在一起，学会收获安全感和建立安全感的方法；和聪明的人在一起，学会更多知识和技巧。还需要时刻理解他人的行为动机，哪怕是给我们造成伤害的行为，这样才能避免心里的对抗。要理解他人，接受他人，继而可以与人交谈以缓解压力。

表达自己、渴望交流是人的天性，被关注是人的正常诉求。在火车上，即便是性格内向的人也愿意与陌生人聊天，可他们在现实生活中却不愿向身边的人倾诉。原因依然在于上面所说的害怕和自我保护。诚然，社会交往是压力的一个来源，但不能以偏概全，从社会关系中得到的压力，可能是自己认知错误，也有办法化解。事实上，只要有正确的认识和方式，社会交往更大的功用是缓解压力。再者，与人交谈的过程，在某种程度上是寻找心理认同，本身就能够缓解孤独无助的恐惧感。

人们之间的互动是以各种各样的符号为中介进行的。通过各种身份符号，理解他人的行为，评估自己的行为对他人的影响。为此，我们应该养成一种习惯，打破藩篱，最起码先建立起无论是麻烦事还是好主意、好心情都可以与人交谈的观念。至于交谈的对象，一定要是自己已经有充分认识并认为可以推心置腹的人，并注意不给对方添麻烦。选择倾听者，一般要选知性的、内向的人。这种人更为敏感，善于观察和分析，因而能够迅速了解别人的想法和情绪。他们自己也善于独处和深思，却不会给人孤僻冷漠的感觉，而且他们性情温和，在倾听的过程中，不会着急发表意见，更不会疾言厉色，诚实守信，也不会传小道消息，既有学识，又有亲和力，才成为最佳倾诉的对象。

交谈或倾诉的方式，越直接越能起到明显的效果，发短信、QQ 聊天、微信聊天都不如直接打电话的效果好。

第四节　助人者助己

现代高压力的生活方式，占用了人们大部分的心思和精力，使人总是关注着自己的问题，过着相对孤立的生活，甚至有点冷漠。其实，要解决自己的问题，很多人自身的力量是不足的，在改掉恶习的进程中，有时还难以克制自己，这时就需要寻求外界的帮助。反过来看，别人也需要“我”的帮助，而且，帮助别人比接受帮助的好处更多更大。

帮助他人可在心里给自己以力量，使人变得自信、乐观，而且特别有助于排除自卑、抑郁等压力情绪。具体说来，帮助他人在以下几个方面有很好的效果。

第一，建立自信，让人有成就感。美国心理学家约翰·杜威认为，人类本质里最深远的驱策力是“被认为是重要的”，而帮助他人的不同事件，能够在不同的程度上使他人觉得我们是重要的。

第二，改善人际关系、获得友情。帮助他人后，他人由于赞许和感激，从冷漠转向温和，从温和转向亲近。比如，在情感上给予支持这种帮助形式，可以提高对方催产素的分泌，而催产素是一种与幸福感有关的激素。帮助他人还能够获得被认同和感激的体验，使我们在交际中有安全感，从而更大程度地开放自己，还可以获得友情。也就是说，原先的冷漠，可能会让我们陷入越来越冷漠的负循环中，而一次或多次对他人施以援手，不但能够打破冷漠终止负循环，而且能够进入越来越融洽的正循环中。

第三，帮助别人，减轻自己的压力，收获快乐。这里面的原因在于，人的许多压力和痛苦，来自对自己的过多关注和思考，关心并帮助他人，则使我们暂时忘记自我，忘记个人的得失，因而也就没有那么多压力和痛苦了。况且，在帮助他人的过程中，可能会发现克服自己压力的方法。帮助他人既然有这么多转瞬即得的好处，我们何乐而不为呢？

但要注意，不是所有人的求助都是应该接受的。大多数人喜欢强大、健康、有爱心的人，而不喜欢依赖性强、脆弱、无助的人。有些人成长在一个能够理解并支持自己的家庭中，这是幸运的，但也有些人并没有那么幸运，很多家长处处手把手教孩子，养成了孩子依赖的性格。这是他们获得安全感的方式方法，通常连他们自己也不知道在做些什么。他们虽然需要帮助，但最大的帮助是帮助其改变认知模式和性格习惯，而不是他们需要什么就给什么，那将是一个“无底洞”。因此，对于这种人的求助，我们非但不应主动帮助，还应拒绝施以援手。不帮助才是真帮助，给他们泼一盆冷水，比无限制地送温暖要好得多。不过，这种帮助可能就没有快乐可言了，而且还要视这种人的精神承受力和身体状况而定。

不但应该助人为乐，而且应该主动寻求帮助。寻求帮助所达到的效果，一般只是解决难题，尽管如此，一个人的力量毕竟有限，而生活复杂多变，压力事件如此之多，人会在许多时候不得不需要他人的帮助。

他人所能提供的帮助中，有监督这一种。某种不好的行为习惯，如拖延，经常会给人带来烦恼和失败，这就需要果断改变。但是，既然已经成为习惯，就是不能够轻易改变的，必定有相当的纠结和痛苦，这时就需要他人的监督了。最好的方式，是向家人和朋友求助。

在选择支持者和帮助者时，不需要“挑肥拣瘦”，每个人都可能给予帮助。寻求帮助需要真诚，有时候需要隐瞒一些比较私密的事情，否则帮助就如同隔靴搔痒，白白浪费双方的时间。

但要注意，不是他人所有的帮助都是应该接受的，哪怕其用意是良善的，有时我们也要拒绝，尤其是劝告这种形式的帮助。比如，家人出于长远考虑劝阻你特别想做的一件事，而你已经深思熟虑过，认定那将有利于自己的成长和进步，需要去冒险，这时就需要拒绝别人的劝告，尽管他们真的是为你好。但是，拒绝劝告也需要注意说话方式。我们不能说“我爱怎么干，是我自己的事”，而应该说“谢谢你们的关心，不过我对自己充满信心。无论发生什么情况，我确信我都能应付。希望你们对我有更多的信心，那将会对我有很大帮助”。

帮助他人，寻求帮助，也就是互相帮助。这种互相帮助，不是偶尔的，是经常性的，发生在生活关系亲密的两个人之间，如夫妻。夫妻之间的彼此帮助，是一个减轻家庭压力的好方法。加利福尼亚大学的研究人员通过研究指出，夫妻会影响彼此的皮质醇分泌状况，一方情绪低落时，配偶的陪伴能够减轻消极情绪的激素分泌。

第五节 幽默与窘境

被别人一句带有圈套的话问住，自己做不雅观的事情被撞见，他人轻松办到一件事而自己却历尽艰辛，都可以概括为“窘境”。窘境无疑是一种压力，面对它，很多人会不知所措，脾气暴躁的人甚至会恼羞成怒，这些反应都不如用一句幽默的话来化解。幽默说明一个人胸怀大度，机智敏捷，平易近人。

当然，幽默不是随随便便就学得会的，古今中外有许多幽默的故事，他们的事迹或许能教给我们一点“门道”。

在英国，丘吉尔享有“快乐首相”的美名，他的幽默体现在每种场合，而且都恰到好处。在一次演讲中，有人给丘吉尔递来一张纸条，上面只写着“笨蛋”两个字。显然，这是反对他的人在搞鬼，想看丘吉尔当众出丑。不料，看了几秒钟后，丘吉尔对所有人说道：“刚才，我荣幸地收到一封信，不过可惜的是，信里只有署名，忘记写内容了。”

还有一例：在丘吉尔 75 岁生日的茶会上，有一位年轻的新闻记者，或许是感叹伟人风采，或许是语中带刺，他说道：“真希望明年还能来祝贺您的生日。”一般人都能从这话里听出“命不久矣”的味道，但丘吉尔毫不生气，拍着年轻人的肩膀说道：“我看你身体这么好，应该没有问题吧。”

幽默不是天生的本能，对智商正常的人来说，甚至不需要经过艰苦卓绝的训练，转变一下思考方式就可以做到。这种思维上的转变就是：从窘境中跳出来，不再承担受害方的角色，而是作为整个情境的观众，替受害方想一个对策。要跳出窘境，先需要冷静。一般来说，遭遇窘境，没有人能够习惯性地做到毫不慌张，但是，在情绪上稍加抑制或掩饰，并不是办不到的。

窘境中的双方，当一方幽默化解尴尬时，通常是开怀大笑，而笑这个动作对于缓解身体紧张有良好的作用。我们经常听说烟酒对身体有害，那么，既抽烟又喝酒的丘吉尔，应该身体多病，然而他却活到了 91 岁，这当然跟其他因素有关，但显然不能忽视他的幽默和大度给健康带来的益处。

自嘲也是一种幽默，它不但能化解尴尬，还能彰显自己的大度和文才，把他人看到“我”之窘境而产生的疑问、担心和同情，变成佩服。

清代有一个叫詹义的书生，他多次参加科举考试，但都没有考上。倔强的他一直坚持年年应试，终于，在他73岁那年科举考试中，成功考上秀才。詹义考上秀才的消息很快传开了，亲戚朋友都上门来祝贺。73岁高龄才考上秀才，虽然风光，但已是残灯余焰，没有几年风光了。众人心知这一点，所以开口只是道贺，不提年龄的事。偏偏在场一位朋友的孩子有口无心，问詹义今年多大了。场面一下子冷下来，那位友人急忙拉过孩子，斥责一番。众人都看着詹义不作声，只见詹义沉默了一会儿，取来纸笔，作了一首诗：“读尽诗书五六担，老来方得一青衫。逢人问我年多少，五十年前二十三。”写罢开怀一笑，众人也跟着笑了。

詹义的自嘲，是一种高级幽默，同样，达到这种幽默也不是难如登天的事，让自己从尴尬的感受中跳出来是可能的。不过有一点，这种颇有文采的自嘲，还是需要功底的，不然，想吟诗一首却容易“理不屈而词穷”，大白话表达出来吧，却也不怎么幽默，只剩辛酸了。

第八章

思路改变出路

思维局限性也称为思维固化，是指人们总是按照已有的规律、方法去思考、理解问题，阻碍思维发散，限制了思想。不同思维模式的人遇到压力时，寻找解压出路的办法各不相同。执拗的人会“一条道走到黑”，结果就是陷入“窄胡同”。而懂得变通的人，则是这个方法不行就换另一个方法。换个想法也许就能够换个活法。

经常有人问：如何突破思维局限？

有一个小故事。有位秀才进京赶考多次未中。这年考试前夜宿客栈后，他做了个梦：自己在墙上种白菜；还在下雨天戴了斗笠又打着伞；跟心爱的表妹躺在一起，却是背靠着背。

算命先生解梦说：“你还是回家吧。你想想，墙上种菜不是白费劲吗？戴斗笠打雨伞不是多此一举吗？跟表妹躺在一张床上了，却背靠背，不是没戏吗？”秀才听后心灰意冷，收拾包袱准备回家。

店老板非常奇怪，问：“明天不是考试吗，你怎么就回乡了？”

秀才如此这般说了一番，店老板乐了，说：“我也会解梦，你这次一定高中。墙上种菜不是高种吗？下雨天戴斗笠又打伞是万全之策。跟你表妹躺在一起背靠背，说明你该翻身了。”

秀才一听有道理，于是精神振奋地去参加考试了。

第一节　大道至简是良知

如何找到突破自我局限的出路？答案是：大道至简，按良知去做。

从古至今，人类都在不断追寻人生大道，不论是伟人圣贤的经典著作，还是宗教文化，都对人的思想精神的发展进行探索，但结果无非两种：一种是向内求索，另一种是向外发展。

以向内求索为例，向内是从人的内心中不断地去感悟探索生命，强调生命的过程。最具有代表性的是王阳明的《心学》思想：“无善无恶心之体，有善有恶意之动；知善知恶是良知，为善去恶是格物。”王阳明用“良知”一词为人生大道指明途径：致良知。一切学问、修养归结到一点，就是要为善去恶，即以良知为标准，按照自己的良知去行动。从自我内心的局限性出发，直接面对内心问题，解决心理困境。

突破始于修心。心者，身之主也。若要心胸宽广，先要修养其心。修心包括存养、自省、定性三个方面。

存养源于孟子所言：“存其心，养其性。”一个人在麻木的时候，或者说人在过于忙碌的时候，就不知道自己活着的真正意义是什么了，会迷失方向。“存其心”就是充分发挥人善良的本心，知道自己为什么而出发。

自省是对善良本心的检查过程。而且并不是不忘记即可，而是应当日日坚定，并让自省成为一种习惯。

定性是修心标准。定性表面含义是说人要处变不惊，无论出现什么样的突发事件或强大的压力，都能够保持内心世界的淡定，不受诱惑，乱了分寸。程颢写过一篇非常好的文章叫《定性书》，教育前人怎样做才能处变不惊。让自己保持在一种出入自如的状态，才能够做到定性。也就是世人常说的：“做人要善于放得下。”

修心要突破自我设限，做到放下利益思考感情，放下恩怨对待事情，放下好坏认识他人。

一个人一生经历的大事不多，更多的是小事。大事对人的品德是一种检验，众多的小事才会构成习惯，逐渐形成一个人的固化行为模式。因此，修身就在日常生活之中。如何修身？古人讲：守静、慎独。

守静。中国古代的士大夫从先秦到明清，都非常重视练习守静的功夫，花大量的时间去静坐，儒家学者也提出“半日读书，半日打坐”。很多学生的家长和老师们，从来只知道要求学生心动不如行动，行动才有成果，很少教学生如何静下来。而学会静坐，在守静中发现内心世界，才能知道生活与学习的美好，取得高效学习效果。

慎独。常人往往会受社会大众的影响，行为方式多是“人云亦云、不知所云”，或者生活在自己本能欲望的驱使之下，在没有外界监督时“从心而欲、为所欲为”。而慎独就是要求提升管理自己内心世界的能力，控制自己的内心欲望，谨慎管理内心世界中“人所不知、己所独知”之地，追求自己有价值、有意义的生命过程。

第二节 改变环境和自己

有的人期望改变“另一个世界”，其实是指社会环境。社会环境主要由人与人的各种关系组成。社会环境的改变需要自己和他人共同努力才能做到，自己不改变而期望改变他人，其收效甚微。

比如，路人之间的关系。随着中国汽车数量增多，“路怒症”这一心理问题越来越多。胡乱变线、强行超车、闯红灯等情况时有发生。开车压力与挫折会导致的愤怒情绪，发作时甚至会袭击他人的汽车，有时无辜的同车乘客也会遭殃。不少司机经常会摇下车窗，对着外面的车大喊大叫：“你怎么开的车?”又转过身来对车内的人吼：“他这样的人，就是欠揍!”同车乘客则会说：“你管得着吗!”

这话说的对：你又不是交通警察。即使是交通警察也管理不好糟糕的交通状况，这是社会发展带来的附产品，不是哪一个人、哪个部门的责任。

对此，专家调研指出，司机们表现出来的“路躁”情绪虽然来源于路况，更多的是个人心理素质和情绪积累的结果。解决的方式也有很多，如听音乐、嚼口香糖、及时休息等都是可以排解烦躁心情的方法。

因此，要想改变社会环境，就必须从自己做起。通过改变自己，让自己的行为习惯影响他人，从而促使环境的改变。也许自己的改变对环境而言是微不足道的，但它具有极大的诱导性，会让身边的人做出相应改变，最后令所处的整个环境发生改变，微不足道变成了举足轻重。

有这样一个故事。穷孩子凯莉所在的街区又脏又乱，住在这里的人也穿得脏兮兮的。整条街也很破败无序，没有路灯，没有人行横道，两侧没有绿化带，到处堆着垃圾。

11岁的小凯莉在上学时，穿着脏旧的冬衣，蓬头垢面。老师问她：“你这样不注意卫生，觉得好吗?”凯莉说：“这里都是这样的。”于是老师就和凯莉说：“请你明天上学之前为我洗一次脸，可以吗?”

第二天，凯莉照做了，还把头发梳得相当顺溜。老师见了惊奇地赞叹道：

“多美的一个姑娘啊！你漂亮极了！”

可是，凯莉的脏衣服跟美丽的外表不搭。老师知道凯莉家境贫穷，于是给她买了一件裙子。凯莉回家后，妈妈看见身穿裙子的凯莉时，感叹道：“原来我的女儿这么漂亮！”晚上吃饭时，妈妈破天荒地铺上了桌布：“咱们的女儿这么干净漂亮，而咱们家这么脏，这太不相称了，以后我们要干净起来。”于是，晚饭后母女俩着手擦地板，打扫房间，爸爸则到后院修理栅栏去了。再过了一天，一家人在后院开辟出了一个小花园。两个星期后，邻居们经过凯莉家时，都留意到了这些变化，也开始打理自己的房屋和后院。

后来，政府收到热心人的呼吁，对整条街、整个街区进行整顿，几个月以后，整个街区脏乱差的面貌变得焕然一新了。

人与人之间的关系改变存在主动与被动，改善关系要从自己的问题着手，这就掌握了改变事件走向的主动权。比如，妻子抱怨丈夫经常在外面吃饭，晚上不回家。那么，抱怨和批评只会把丈夫推得更远，如果从改变自己开始，做好美食或者营造温馨的生活环境，更容易留住丈夫的胃，留下丈夫的人。

第三节　调换视角看风景

笔者曾经每天开着车上班，从住地到工作单位仅有 10 千米，按照一般行驶速度每小时 60 千米计算，最多是 10 分钟的路程。但是，行驶的路段中有 9 千米在北京长安街上，每小时平均时速也就 30 千米。但是，在早晚高峰期，车辆的行驶速度会下降到每小时 10 千米，这就足够让人焦虑的了。还有一个经常出现的问题：长安街是一条国事活动使用的道路，遇到各国政要来京、举行重大集会活动都要封闭。一年 200 多个上班日中，会有 100 多次被堵在长安街上。

如何应对这个堵车的烦恼呢？

笔者就想，京外的朋友来北京旅游，要花很多时间和金钱才能看一下长安街、天安门，而自己每天都能看到，这是一种福气。坐在车里，可以看到路边四季不同的花、故宫的红墙，想起宫墙内发生的诸多故事，心情会好了许多，时间也过得很快。

过了几年后，笔者就放弃了开车出行，改乘地铁上下班了。地铁中每时每刻都是前胸贴后背的人。车程不长，乘客之间总会有小摩擦，开始时觉得很烦，觉得人们太吵了。但是，冷静之后，笔者听到各种话语的内容和语调，为自己提供了许多个性化研究对象，每天见到的人确是几百之众，这是多么充足的社会研究对象啊。尤其是听到两个吵架的人风马牛不相及的对话时，悟出了人与人关系中的一个重要原理：立场不同，看问题也不一样，沟通就会出现冲突。

人都有一个自己的站立点，即所谓的立场。从自己的立场出发理解对方很难做到。如果转换一下视角，从对方的角度看问题，就能够知道对方是怎么想的，以及为什么要这么做。这就是人与人经常沟通失败或者沟通成功的秘密吧。

生活中处处存在转换视角看问题，取得成功和收获快乐的事例。

有一位老太太有两个女儿，大女儿嫁给了卖雨伞的商人，小女儿嫁给了开染坊的人家。从此以后，晴天时，老太太为大女儿卖雨伞生意不好而发愁、难过。雨天时，小女儿的布无法晾晒，老太太就茶饭不思。自从女儿出嫁后，她就病倒了。

后来，一位医生告诉老太太：晴天小女儿能够晒布，你要高兴；雨天大女儿能够卖伞，你也要快乐。

老太太这么一想，果然感觉很不一样。以后看到太阳出来了，想着小女儿，下雨了，想着大女儿。每天都要很开心，身体也很快好转起来。

这个广为人知的故事体现了转换视角的好处。一件事情，在某一个视角看是令人痛苦的压力，从另一个视角看反而会让自己充满动力。

汤姆去看心理医生，他坦诚地说："我最近情绪十分低落，我看不惯周围的人，觉得一切都不顺心。"

心理医生给他纸笔，让他把自己觉得心烦的事情都写出来。汤姆想了一会儿，写出了四件让他心烦的事。一是老板经常大声吼我；二是今年要缴的税比去年多了 2 000 美元；三是我想给女朋友买件像样的礼物，却没有多余的钱；四是做事情总是功败垂成。

医生拿过纸来，看了第一条后，续写道："太好了，老板虽然生气，但没有开除我，说明他还是看重我的。"然后让汤姆以同样的方式续写，都要以"太好了"开头。汤姆思索了好一阵才把后面三条写出来：太好了，这说明我的收入增加了；太好了，我可以发挥想象力，送她一件特别的礼物；太好了，意识到这一点，我可以进一步寻找失败的原因，然后再改进。

生活中有许多不愉快的遭遇，我们每个人也都能像汤姆一样，轻易举出几个具体的或概括性的压力事件。但是，压力事件所带来的感受未必全是痛苦，也可以是快乐。如把事件看成压力，则会感受到痛苦；如把事件看成动力之源，则会收获快乐。

人的本性是追求快乐。对大多数人而言，既看到悲观的一面又看到乐观的一面，快乐就已经战胜了痛苦，因为快乐如蜡烛一样，只需点燃就能够照亮黑暗的痛苦。这一“点燃”，就是转换视角“看到”事情的积极面。

转变看问题的视角，从悲观面看到积极面，收获快乐；如果从某一固定的方面看到更多、更深的方面，做事的思路和方法也会跟着改变。能够标新立异或另辟蹊径的人，就会在那件事情上取得成功。

一位摄影高手在某一大会结束后拍集体照，看到大家各种松散的形态，担心喊一二三的时候有的人没有精神，结果还要返工，他心生一计，说：“大家都闭目养神几分钟，我调一调镜头，待会我喊到三时，大家一起睁开眼睛。”照片洗出来时，所有与会者无一不神采奕奕。

假设这位摄影高手不以拍出好照片为目的，而是看到众人懒散的样子心生不悦，如果强行让大家打起精神，极有可能拍不出理想的照片。这个事例同时还说明，看待问题的视角或思路变了，行为方式也会跟着改变。下面的事例更明显地体现了这一点。

19世纪中叶，美国加州传出有金矿的消息，许多人纷纷赶去淘金，亚默尔亦在其列。可惜，到了加州金矿处，人们发现金子难淘，而且环境恶劣，很多人放弃了，不肯放弃的甚至死在异乡。亚默尔认真考察了当地环境，发现最紧缺的是水源，于是想到了一条生财之道。他挖了一条水渠，将最近的河水引入矿藏所在地，过滤之后卖起饮用水来。就这样，别人淘金挣到的钱不多，亚默尔却在短短半年内收入了几千美元。

如何看待人生境遇，很大程度上可以决定你快乐或不快乐。面对复杂的世界，走一条人人都走的路是容易的，但是，改变思路和方式，就能够另辟蹊径，看到人生不同的风景。

第四节 从劣至优有条路

很多人的沮丧源于自己的劣势或不具备的优势。比如，出身贫寒、身材不好、才能不足、工作岗位低等。这种劣势会让人觉得低人一等，心理压抑。

但是，与其沉浸在自卑里怨天尤人，不如寻找新的出路，奋起直追。换句话说，绝不能徒然地愁苦，而是通过努力，将劣势转化为优势。比如，运动员身高不足，可以练习举重，成为一个举重能手。

身高只有 1.63 米的菲律宾前外长罗慕洛有一篇名为《愿生生世世为矮人》的著作，他在里面讲到，苏联代表团团长维辛斯基把所有轻蔑别人的天赋都向他发挥出来，说他“不过是一个小国家的小人罢了”。罗慕洛则引经据典自信地回道：“此时此地，把真理之石向狂妄的世俗眉心掷去——使他们的行为有些检点，是矮子的责任!”他给出了身为一个矮人但无比自信的理由：在年轻时，我也穿过厚底鞋，这种鞋子其实是剥夺了上天赋予我的一个大便宜。

有一年，在哥伦比亚大学，罗慕洛参加了辩论比赛，矮小的个子显得他像一个小学生。可是，在一开始的时候，鼓掌助威的声音就从听众席那边传来。最终，罗慕洛赢得了辩论比赛，一个处于劣势的人获胜，恐怕是大多数人愿意看到的吧。在他的一生中，经常发生此类事情。

矮个子的人，特别会交朋友，这是他们的另一个优势。罗慕洛相信，比起高个子的人，矮个子的人“人情味”更足，更平易近人，并且绝对不能自大，这也是矮个子的人从小就懂得的道理。还有，一个身材高大的人端起矜持的态度时，别人会认为那是“威严”；而换成矮个子的人就成了“自大”。

我们知道，盲人虽然失明，耳朵却特别灵；腿有残疾的人，手就特别灵巧。我们当然可以说这背后是“用进废退”的规律在支配着，但也可以说是一种补偿。这种补偿的优厚程度，一般高于某个功能丧失的程度，因为除了生理上的补偿，更有心灵上的补偿——人之伟大，是心灵上的伟大，头脑空虚者只是空有躯壳而已，一个内心世界丰富的残疾人，正如阴暗背景的光亮，更显得耀目，更能得到人们的爱戴。也正是这个原因，我们经常看到生理有缺陷的人反而比四肢健全者更乐观、更成功。

由劣势转为优势，除特殊生理原因外，还有我们的主观努力，主动寻找从劣势走向成功的道路。

第九章

别活在他人嘴里

语言有力量。力量能够达到什么程度？大可以兴邦或亡国，小仅是几十分贝的杂音。

但是，日常生活中“同样一句话”的影响力，有的人可能内心翻江倒海、抓狂发怒，而有的人可以一笑而过。如果问你：听别人批评两句，你会纠结吗？听别人否定你时，你会恼怒吗？面对流言蜚语，你能够坦言面对吗？如果有，那个“别人”是无辜的，但你更无辜，因为你本不必活在别人嘴里。

阮玲玉（1910.4.26—1935.3.8），中国无声电影时期著名影星，民国四大美女之一，生于上海，祖籍广东香山。由于父亲早逝，阮玲玉随母亲生活，在一家大户人家里做女佣，之后邂逅张达民并成婚。1926 年阮玲玉考入上海明星影片公司，随后在电影《挂名夫妻》中担任主演，从此踏入影坛，代表作有《野草闲花》《神女》《新女性》等。阮玲玉成名后，唐季珊乘机追求阮玲玉。随后，张达民勒索阮玲玉和唐季珊，把他们一起告上了法院。小报记者获讯，舆论纷纭，轰动沪上，谁料唐季珊对此事却置之不理。阮玲玉孤立无援，竟服安眠药自尽，临终遗书：“人言可畏。”

第一节　善待批评之人

每个人都有做错事情的时候，也都有别人不满意的地方，因此会遇到各种批评和负面评价。事实上，负面评价都会带来一些消极体验，这就是一种压力感。

应对批评和指责，情绪化的反驳并不能减轻压力，也显得没有涵养。而是应该进行理智地分析，看看他人的批评、指责仅是情绪化的表达，还是客观合理的陈述，而后才能在坚持己见或改正之中作出选择，压力就会转化，甚至成为改进工作、提升能力的动力。

一般而言，给他人提出批评意见都是有原因的。或者是对方确实做错了，并且与自己有关或者有影响，给予批评以促使对方消除影响，改进工作，这是积极和善良地帮助。

有的人在小事上喜欢苛责别人，对这种人需要有清醒地认识，他们可能仅是习惯，善待他们，就是尽量远离。

喜欢批评他人的人往往活的很累，不允许自己犯错，也不原谅别人犯错，这好像就是他们活着的全部意义。

这样的人很可能是你的亲人、同学、同事。与他们在一起，会让别人觉得很累，甚至遭受慢性压力，成为生活压力源。许多这样人的子女，长大以后多是谨小慎微。因此，我们可以远离他们，把不良的指责、批评当成杂音，进行心理隔离。

还有些人的批评是值得听的，那是进步的重要推动力。但是，接受他人合理的批评和指正，也不能完全没有主见或者放弃初衷。自己的人生需要自己把握，不能因他人的评论或论断而放弃对梦想的追求，停止前进的步伐。在确定自己职业的时候，坚持自己的决定显得更有必要。

一个年轻的文学爱好者，写了一篇小说，几经辗转找到一位知名作家家里求教。

作家想听听青年的作品的内容。青年兴致勃勃地给作家朗读起自己的小说，读了一段时间后，作家问道："结束了吗?"青年答道："没有，下面还有更精彩的。"于是接着读。又过了一会儿作家又问："结束了吗?"青年还是同样的回答，继续往下读。

当青年朗读完自己的整个作品后，作家对青年说："我反复问你结束了吗?其实是想说你早就该结束了。写好一篇小说，根本在于对情节的决断，而你写的太过拖泥带水了，你离把握好情节脉络还有相当的距离呢。"

回到家里，青年认真反思着作家的意见，把评价写在墙上，作为创作的座右铭。再写文章时，能一句话说清楚的决不用两句。最后，他发表的作品都以精炼著称。当他获得小说奖的时候，第一个感谢的人就是对他提出批评意见的作家。

这位青年作家能够成长，就是具备了能够接受别人批评的精神。我们不能期待只有当智慧和经验都丰满之后才接受批评，那时，他可能已经到中年、老年了。在青年阶段，就要勇于接受别人的批评，而不是厌恶别人的批评，具有了这种精神，才会避免成长中的陷阱和弯路，走向成功成才的道路。

法国 18 世纪启蒙思想家、哲学家卢梭曾说：“自尊是一件宝贵的工具，是驱动一个人不断向上发展的原动力。它将全然地激励一个人体面地去追求赞美、声誉，创造成就，把他带向他人生的最高点。”尊严是人的一种可贵品质，但不是人的全部品质。对待自身尊重的态度，决定了胸怀的宽度。如果听到别人批评的声音，就认为自己的尊严受到了伤害，那就是胸怀太窄，成不了大的事业。

那位成功的青年作家获奖后，有媒体采访了他的恩人：批评他的作家。作家在感叹中又讲了另外一个故事。作家说：“我曾经批评过另外一名青年文学爱好者，因为没有注意到对方是敏感人格，我把隐藏在他的作品中的人格拉到了亮处批评，结果使他放弃了文学道路，他现在做销售工作了，每当想到他，我也很懊恼。”

巧妙地置疑和批评是一个优秀批评家的事，我们不能要求对方具备高超水平的批评艺术，我们只能反思自己的不足与错误。如果对了，接受批评但不改初衷，坚持自己的道路；如果错了，主动改正，其实也是一种自尊。

当然，我们每个人会以他人为镜来认识自己，根据他人对自己的评价为自己定义，这是人之常态。如果他人对自己作出较低的评价，特别是来自较有权威的人的评价，就会影响自信，即低估自己。在遇到困难时，思考他人评价的动机是什么，是关心、嘲笑，还是纯粹的指责。同时可以多听赞扬的话，以增强自信心理。如果是取得重大成绩，得到新的提升等得意之时，还是要多听批评的声音。

第二节　担起负面意见

人的社会性中，具有趋同与顺从的共同心理潜意识。大到文化、身份，小到对一件事、一个事物的观点，都需要被认同，得不到认同则感觉不安。不被认同就是冲突，不安感就是压力感。当被别人批评，尤其是别人提出负面意见时，对我们来说就是一种压力。此时，要有清醒的认识，到底这个压力源是不是触发了自己的痛点？如果是，就必须及时调适。

生活中，不能盲目听从他人的意见。因为这样会让我们陷入更深的困境之中。

每个人都有显示出来的意识，表现为思想、观点和价值观，言行都在其支配下行动。但个人“潜意识”中预防危险的本能时刻发挥着作用，推动着思想和认识改变。一个已经形成核心价值观体系的人，在与他人思想相互影响上会坚守本位。但是，一些人本来的价值观不完善、意志不坚定、自信心不足，就会特别容易受他人负面意见的影响，盲目地修正和改变自己原有的思想。

有人害怕被提意见，因为意见意味着冲突，冲突即压力。结果，为了避免压力，就别人说东是东，别人说西是西，什么意见都听，最后搞得左摇右摆。

对于提意见，尤其是那些提出非建设性负面意见的人，要先看他的立场，这是明智的选择。来自同一立场的负面意见，要认真对待，常言说“忠言逆耳”，这些不一样的看法和想法甚至是批评，因为其具有“忠”的本质，所以应该认真听取。一个主要领导或事件决定者，一定要多听来自本方阵营的反对意见。

对于中间立场的负面意见要善于分析，吸取有益“成分”，扔掉加带的“私货”，化负性为正性。毛泽东同志在延安时期对于来自各方面的意见就很重视，专门提出：“团结加上分析，对各种矛盾的意见、不对头的意见，对每个人的意见，都加以分析：或者全部是对的，只是句把话不好；或者一部分是对的，一部分是不对的；或者全部是不对的。分清是非，然后落在一个地方，就是团结。”

有的人征求意见，往往只在自己单位或者小圈子里进行，害怕不相关的人提出意见造成不痛快。对于这种情况，毛泽东同志也提出了自己的看法，“世界上的事，往往是这样，就是为了痛快，往往反倒不痛快，而准备了不痛快，不痛快或者可以少一点。所以我们要下决心不怕麻烦，下决心和犯过错误的同志合作。你不大来，我就去；你口里有许多闲话，我长了耳朵，这个耳朵听不完那个耳朵听。”

对于来自敌人或者反对集团阵营的负面意见，要反面意见正面听。有这样一个例子：中国援助非洲却遭美国指责，时任美国国务卿的蒂勒森前往非洲访问，想以“援助”非洲的方式，缓和美国与非洲之间的关系。让人不可理解的是这位国务卿还未出行就把矛头直指中国，说中国协助非洲搞基建只是借口，根本目的是让非洲国家“越来越贫困”，然后获取以能源为主的核心资源和控制港口等重要基础设施。中非合作好不好，非洲国家和人民最有发言权。西非国家塞拉利昂总统说：“不同于美国，中国才是非洲的真正朋友”，中国为非洲的贫困国家修桥铺路，还慷慨解囊为他们提供了大量的贷款并帮助他们发展，这几年非洲地区的进步也是有目共睹的，中国的建筑公司对改善非洲大多数国家长期忽视的基础设施作出了重要贡献，而美国抹黑中国的言论简直就是“睁眼说瞎话”！

人要有主见，而后才能建立自己的人生观和价值观。没有主见、摇摆不定的人生，痛苦多于快乐。盲从他人的人，其认知水平和情绪总是无法稳定下来，人们常说，“一千个读者有一千个哈姆雷特。”换句话说，人要有“定性”，不能活在别人的口中。

定性是指处变不惊，强调个人在各种环境和利益诱惑下，能够放得开、放得下。《菜根谭》里讲“定性”：“大烈鸿猷，常出悠闲镇定之士，不必忙忙；休征景福，多集宽洪长厚之家，何须琐琐。”这句话是说真正能够成就大业的人，往往都是悠闲镇定之人；真正能够得到福气的，交了好运的人，往往是那些宽宏大量、为人厚道的人，而不是那些斤斤计较之辈。大烈，就是伟大的、轰轰烈烈的成就；鸿猷，就是宏大的谋略，如诸葛亮的“隆中对”；邓小平同志提出的改革开放的设计思路也可以说是鸿猷，它能够改变一个国家的命运。

这些伟大的事业、伟大的谋略，恰恰是那些淡定之士、悠闲镇定之人所为。这些人做到了两个方面，一方面是拎得起，而且能够放得下，也可以说能够以出世之心来做入世之事，不急功近利或过于在乎当下的利益和成就。另一方面是这些人找到了生命的真正意义，有了坚定的信仰。因为他们找到了生命的终极意义和信仰，所以对其信仰不一致的东西，能够坚定地加以排斥，对那些外部的诱惑和压力能够看轻、看淡。

第三节　学会理性比较

生活中有一个常见压力源：比较。

与竞争不同，这种非对抗性关系，会产生“闷在心里的压力”，如果不会理性比较，就会出现“人比人，气死人”的情绪压力。

比较压力有两种，一种是合理压力。在对比之前，能够知己知彼，对存在的差距有正确认识，努力完善自己，赶上并超越他人，这种压力可以转化为动力。另一种则比较糟糕，是非理性化压力。有的只看表面不看实质，片面比较；有的拿自己的优势跟他人的不足比，是一种自欺比较；有的仅看结果不看付出，错位比较。这些不合理的比较都会造成“不合理”的结果，使心理平衡被打破，出现负性情绪化，轻则自怨自艾，重则造成人生或者事业失败。例如，一位员工收到通知，单位给员工分别加薪了，他加薪5%，心里很高兴。但又听说有的同事加薪10%，于是他把加薪的兴奋和快乐，变成了“失去某种东西”的猜疑、嫉妒，认为领导待人不公正，感到愤怒与痛苦，在负性情绪主导下工作更加消极，最后因不称职被公司辞退。

在这个案例中，那位员工应该先要了解一下领导这样安排的原因，任何加薪都不是无缘无故的，需要经过平日考勤、业绩审定等，这是职业评价的结果，不是人品或关系的比较。在他了解加薪原因后，就可以放开心胸，通过自己的努力争取到同样的待遇，把压力变成动力。然而，他却自设了困局，这种压力是自找的，必须加以纠正才能缓解。

人生在世，征服他人并不难，难的是征服自己，难上加难的是征服自己的欲望。

人的欲望往往会出现扭曲比较，这种扭曲是很容易发生的。因为生活中方方面面都会出现差距，学习成绩、家庭出身、个人长相、工作收入等不胜枚举。时时处处的比较很容易出现“不如别人”这个念头，就会造成幸福感下降。

小艾和小秦是大学同学，二人住在同一间宿舍。小秦来自省城，小艾来自山村。小秦人长得漂亮，又会打扮自己；小艾长相一般，不会化妆，更买不起香水。小秦英语流利、普通话标准；小艾英语蹩脚，普通话中夹着家乡味。小秦见识多，性格大方善于言谈；小艾几乎没有出过大山，内向寡言。小秦所到之处，经常有男生跟随或回头注目；小艾即便昂首挺胸走路，也很少有男生注视，甚至被人背地嘲笑土里土气。这一切的一切，都使小艾无比自卑，她觉得自己一辈子也赶不上小秦了。

一次班级聚会，同学们各自讲述自己最有成就的一件事。小艾羞怯地讲述了自己八岁时翻山越岭独自赶一头牛回家的经历，同学们纷纷投来佩服的目光。这使小艾开始有了自信，她告诉自己“至少我在勇气上不输给小秦。”在后来的共同经历中，小艾又发现自己比小秦动手能力强、善于理财，于是越来越觉得自己并不比小秦差了。

小艾遇到了一个不必“以己之无，比人之有”的契机，而这是一般人很少遇到的，因此可以说她是幸运的。为避免压力，就不能拿自己缺少的或没有的跟别人已经拥有的相比。拥有虚荣心的人更爱比，从长相到家庭，从父母到儿女，从收入到生活用品，一切都想要比，把心灵变成一个永远不知道满足的“黑洞”。自卑与虚荣是一对孪生姐妹，自卑者大多渴望虚荣，虚荣是对自卑心理的补偿。

合理的比较会看到双方的共同价值，在共同价值上作比较。一个人跟他人能够比的价值，在于各自的创造能力，而不是已经拥有的东西。创造能力是一个根本的方面，每个人特有的优点和缺点，都属于这一方面。人贵在有自知之明，与人相比的目的应该是认清自己和他人，找到进步的方向和动力，而不仅仅是看到不足，更不是沉溺在不如他人的自怨自艾中。

有比较才有鉴别，慎重比较才不至于盲目地迷失在他人的评价里和对自己的失望中。把自己摆到一个客观公正的位置，实事求是地进行比较，比出自知者贵，比出知人者明，越比心胸越开阔。

另外，理性与人比较，能够避免一些不必要的压力，而与自己比较则能够在心理上减压。要想到，自己永远不是最悲剧的一个，永远不必夸大自己的缺陷所带来的痛苦。事实上，许多不富裕的人心境是豁达的。

第四节　直面流言蜚语

研究发现，相对于积极信息，人类大脑中更容易受消极信息的影响。流言蜚语原指没有根据的话，指在别人背后散布诬蔑中伤的说法。而受到流言蜚语中伤的人都会心里不开心。

何以如此？因为消极信息通常意味着威胁，人类大脑将大部分时间分配给消极信息，即眼前威胁，并通过进化形成了对消极信息的高度敏感性。

流言蜚语一般具有两个特点。一是流言蜚语性质是恶劣的造谣中伤，目的是诬蔑，是语言毒箭，还是暗箭，一定会伤人。造谣生事能够通过攻击他人，拿别人的痛处说事，来展示自我优越感，从而满足造谣者内心的快慰感。二是制造流言蜚语者的心态是臆测，是众人出于猎奇心理，打探别人的隐私，以讹传讹。

流言蜚语对女性的消极倾向强于男性，女性患抑郁症和各种焦虑症的比例也高于男性。这可能缘于社会角色的差异：男性一般主外，需要经常面对外界的人和事物，女性一般主内，很少经历场面上的人和事物。在面对同一事物或事件时，较为成熟的男性往往看得更多更远，而女性则更多注重眼前，对眼前的生存威胁关注思考太多，容易陷入穷思竭虑的旋涡。

在流言蜚语的中伤面前，人往往产生消极、畏难情绪，觉得一人难敌众口，消极承受攻击。但是，人都有好奇心，还特别想知道流言蜚语都说了些什么？因此，会有源源不断的消极信息反复输入，还会造成心理暗示，改变人的行为。其效果相当于心理催眠，引导消极信息进入潜意识。

对抗流言蜚语，主动反击是一种选择，可以主动辟谣，公开宣布事实真相。泰国有一个视频被上传至社交网站上，一位女老板在农贸市场里“指手画脚地训斥顾客”，视频引起社会轩然大波。网友们看到后，义愤填膺，纷纷揭“键”而起，肆意的谩骂与诅咒女老板，甚至威胁再也不去她那里买东西，让老板娘的农贸市场倒闭。然而后来，市场监控视频公开了所有事件过程，老板娘训斥的对象是一个无赖，她是为了保护旁边一位受到欺负的顾客，原视频只截取了一个片段。新视频上网后，许多网友进行了反思：耳听为虚，眼见也不一定为实。永远不要仅凭一面之词而去评价任何人。

很多时候，别人的误解，我们可以不在意，泰然处之，不急着去争辩。谣言总有不攻自破的那一天，只要将其留给时间就好。我们太多的焦虑和着急，根本就无济于事。但若是干扰到我们的正常生活，那就要思考一下，是否有人故意为之，这个时候就要在心理有所防范。

有人敢去恶意中伤我们，也许是因为我们还不够强大，还没有变得更好。所以，对抗流言蜚语的攻击，需要增强心理预防能力，要活在当下，努力让自己越来越不能令人忽视，这样即便有人想要再侮辱我们，也要掂量一下自己。

如果流言蜚语的恶意中伤已经到了一种非常糟糕的地步，这个时候的我们就要学会运用法律的武器来保护自己了。要想办法努力搜集证据，然后拿起法律武器来保护自己。

很多时候流言蜚语有可能是别人对你嫉妒了，打击你一下，报复你一下，这样他们的内心才会平衡。对待这样的人，我们可以直接一笑置之。

如果你的身边还存在着一些流言蜚语，说明你离真正的智者还有差距，要努力让自己积极向上，在更广阔的蓝天下让阳光驱除身边的阴影。

第五节　预防言语敏感

言语敏感是对别人的语言行为过分敏感，总觉得别人话中有话，并把矛头指向自己，这会带来虚妄的压力。称其虚妄，因为压力只是自己预感，不是真实发生的事件，尤其是语言压力只存在于感知层面。

言语敏感的人，一般是由人格特征决定的。性格偏内向、自尊心强的人，在与人交往时，会不自觉地特别留意眼前人的神色、动作、话语，哪怕是一点小的变化，也能在他们心里激起不小的波澜。如果见到别人贬斥、批评自己身边的人，他们就会与自己联系起来，并认为那是在表达对自己的厌恶。相反地，如果有人在夸奖什么，他们则不会想到有可能是在夸奖自己。

要弄清为什么有的人会对言语敏感，这需要从人对声音的敏感性入手。

远古人在早期狩猎中并没有明确的警报语言，多以呼叫或动作表示野兽种类、多少、危险性质。所以，人类遗传基因中对声音的敏感一直存在。人类为了自己的安全考虑，把危险警报的声音记忆世代遗传下来，这种记忆可在接触没有明确含义的语言时被唤醒，进而作出战斗、逃跑或僵化的反应。所以，在现代生活中遇到危险发生，如火灾会通过火灾警报器发出尖锐的声音，向人们发出紧急报警信号，完成报警目的。

需要指出一点，声音警报多为潜在危险性，给人造成精神紧张、提醒危险意识。对不明含义的危险警觉，不但为个别人暂时性独有，也为一般人一生所有。

由于个人早期经历中，受到语言方面的不良刺激，或者父母不在身边等因素造成了人的安全感不够。

如果一个人在早期经历了某件危险或极其痛苦的事，就会形成相关记忆，当下次再经历同样的事时，就会唤起这记忆，当场逃跑或惊恐发作。甚至不必再次经历同样的事件或相关情境，也会产生这种唤醒作用。如汽车喇叭声音敏感，有可能是缘于早期经历“汽车是危险的”而形成。这个“早期”，不全是婴儿或童年时期，泛指初次经历某一重大压力事件。如有的人在儿童时期父母过早离开自己，就会产生被抛弃的恐慌感。

当然，就算同样有早期痛苦的经历，也不是所有人都会有语言敏感的问题。因为我们可能得到了及时支持，如两岁的孩子被大人锁在家里，刚开始大哭，大人及时回来，得到了安慰，消弭了早期的痛苦记忆。因此，得不到及时支持的早期经历，越是在婴幼儿时期发生，就越容易形成相关的恐惧症。一般而言，大脑发育成熟后，理性思维开始占上风，哪怕经历早期痛苦事件，也不会轻易惊恐发作，更不要说再次经历时发作了，最多只是焦虑。如果理性思维特别强大，还可以高度降低焦虑水平。

对于各种敏感症，最好的应对措施是脱敏训练，言语敏感也可以如此。

语言脱敏训练是一种常见的心理治疗技术，对特定的事件、声音和泛化对象造成的恐惧和焦虑效果显著。其基本的原理是将刺激暴露在求助者面前，求助者用全身放松的状态去对抗，最终该刺激不会对求助者造成刺激作用。如对接触陌生人、接触重要社交讲话紧张的人，为了消除声音恐惧，可以在心理咨询室内进行想象脱敏，也可以使用满灌训练，找不同的陌生人与他讲话，反复训练后，可以消除讲话恐惧。

另一种训练方式是正性认知训练。有的人会存在“被他人议论”“有人背后说我坏话”等担忧，随时表现出恐惧、敏感、消极逃避，这可能与儿童时期，在心智尚未成熟时经常被灌输要小心谨慎的信息有关，相当于积累了负性记忆，甚至养成畏首畏尾、瞻前顾后的习惯，过早形成敏感、内向的性格。认知能力训练针对人的认知能力进行科学测评，采用认知神经科学的标准化实验范式，设计训练项目，实现了对注意力、感知觉、记忆力、思维力、情绪能力、认知灵活性等多种认知能力的测评和训练功能，并通过精心设计的不同训练课程来指导使用者根据自身情况进行针对性训练。

还有一种训练方式是自信心训练。一个人觉得会被嘲笑和鄙视，害怕别人说三道四，说到底是自信心不足。增强对别人语言的脱敏，可以从训练自己说话能力做起，增强对语言控制力的自信心。如可以参加演讲能力培训，也可以到人多的地方去说话，在人流中把自己事先准备好的讲话内容大声讲出来，可以是一个小故事，也可以是自己的一段经历。面对人来人往，一双双陌生的眼睛会用各样的眼光注视自己，第一次可能根本讲不下去，但慢慢地就会发现，最后能很流利、很有感情的讲完了。再回到一些公众场合就会发现，自己连在大街上都能讲好，这个舞台也不算什么，心态就会比以前从容很多。

第十章

从过去中找到出路

2019 年英国《自然·神经科学》杂志发布：研究对比分析了超过 200 万人的健康和基因信息，找到了 269 个与抑郁相关的基因，其中神经过敏的脱氧核糖核酸片段，容易导致人们患上抑郁症。

抑郁的人有生理原理，更多的是无法从“糟糕至极的过去”中走出来。

乔任梁出生于上海，中国内地影视男演员、流行乐歌手，毕业于上海电机学院。曾是全国跳高冠军，国家二级运动员。他主演了时尚都市爱情剧《放弃我，抓紧我》，发行了歌曲专辑《乔任梁》。但是，他成绩斐然的同时，对自我才智能力估计过低，对周围困难估计过高，最终于 2016 年 9 月 16 日晚因抑郁症自杀去世，年仅 28 岁。

不让昨天犯下的错误危害到今天的正常生活，我们就不能让它们以一种罪恶感的形式，沉淀在心底，造成持久地伤害。

有智慧的人还会从过去的失败中提取经验，不让昨天危害到今天，不刻意把种种消极情绪沉淀在心底，让过去压力事件平静沉默下来，转化成面向未来的心理动力。

第一节　忏悔是自罪的解药

中国人有一种怪圈：犯错—自罪—生病。

谁都会犯错。如同失败是成功之母一样，犯错也是进步之母，犯错后如果知错能改，就可以从懊悔的情绪中解脱出来，继续自己的生活。但如果犯错后陷入自罪的情绪中，不知悔改，就会导致心理疾病。

李小姐患全身性的类风湿性关节炎，导致全身骨节异常的肿痛，让她痛苦不堪，尤其是膝盖关节的酸痛，已到了举步维艰的地步，对于她，任何的行动，都是一种负担，上下楼梯更是一种折磨。

原来，李小姐作为过继到叔叔名下的子女，在叔叔去世后，使用多种手段欺压叔叔的遗孀交出了房产，使寡妇婶婶流落街头。

虽然她得到了财产，但是，寡妇婶婶所受的痛苦，每天都会浮现在她的面前，让李小姐觉得自己做下了伤天害理的事，这种自罪之心，让她倍受煎熬。“我真的很对不起婶婶”，李小姐向婶婶道歉，并痛切的忏悔。

这样的忏悔像是一种“心灵的甘露”，不只清洗了心灵上的种种污垢，也浇熄了由怨恨而生的怒火，化怨恨成宽容！

数月后，当李小姐再度露面时，众人都惊叹于她的转变，因为她秀丽高雅、容光焕发的外貌，和以前憔悴、瘦弱、病苦的外貌相比，简直判若两人！

所有人世间的苦难和困厄，恩怨和情仇，都可以在真切的忏悔中得到升华和超越！

在中国社会背景中，人们能够忏悔是极少的。那是一种以灵魂直面过错的行为，在错误的忏悔中感觉自己的卑微与渺小，把自己“灵魂深处的小”榨出来，拷问灵魂深处的卑污。在宗教背景的文化氛围中，佛教徒极为常见，而常人较为少见。所以，人们普遍以悔恨代替忏悔，而这会使人自罪感沉重并无法解脱。

第二节　羞愧后知耻而后勇

陶渊明在《归去来兮辞》中讲：“悟已往之不谏，知来者之可追”，或可这样翻译：昨天犯下的错误已经无法挽回，所以悔恨无益，但是我们还可以补救，补救的办法就是从昨天中吸取教训，充满希望地迎接明天。

一般而言，过去的压力事件只回想才造成压力源。在回想中依然是把自己当作事件进行时，把自己当下的生活浸泡在过去的压力中，感到羞愧万分。只有敢于反思、面对错误的过去，才能冷静地剖析“自己”，从羞愧中解脱出来，知耻而后勇。

“知耻而后勇”的意思是说一个人只有懂得羞耻，才能自省自勉，奋发图强。有羞耻心的人，勇敢地反思自己的失误，面对自己的错误，战胜自我，这是“勇”的表现。常怀一颗羞耻之心，不仅可正身，养浩然之气，而且知进取，从错误中获得行为动力，成就事业。孟子曰："人不可以无耻，无耻之耻，无耻矣。"

古往今来，无论个人还是群体，知耻与不知耻的情形大不一样。历代圣人贤士，哪一位不是知耻惜荣的人杰？孟子"仰不愧于天，俯不怍于人"，庄子"视死若生者，烈士之勇也"，屈原"闭心自慎，终不失过也"，司马迁"君子盛德，容貌若愚"，诸葛亮"鞠躬尽瘁，死而后已"，无一不以知耻为良德。反之，那些少廉寡耻之人，贪赃枉法之徒，只会遗臭万年。

知人者智，自知者明。自知不仅要知己优点，还要了解曾经的耻辱，这对于个人来说是至关重要的。

第三节　失败不能否定过去

真正失败的人，就是在成功之前放弃的人。

面对失败，悲观者与乐观者有一个重要区别：悲观者总是沉浸在失败的挫折感中，并否定自己的能力，动摇自己求胜的信念，还可能从此一蹶不振；而乐观者虽然承认失败但不否认努力过程，在一次又一次挫折面前，总是对自己说这只是暂时的，不能证明我能力低下，只要我不放弃，最终会成功的。

1954 年，在国际足联世界杯比赛上，信心满满的巴西队却意外输给了法国队。球员们虽然懊悔悲痛，但最终决定去接受巴西球迷们的嘲笑、辱骂甚至抛物攻击。可是，当飞机降落在机场的时候，他们看到总统和两万多名球迷默默地站在机场迎接他们，而且，总统和球迷们一起举着一个大条幅，条幅上写着"失败了也要昂首挺胸"。之后的四年中，巴西队刻苦训练，并在 1958 年的世界杯比赛中得冠，捧回了国家的第一个世界足球冠军奖杯。

说"足球是巴西国魂"应该不过分，不过，这个事实告诉我们，巴西足球的辉煌不只归功于巴西队员的努力和高超的球技，更应归功于球迷给球员树立的坚强信念：失败未必说明你不优秀。

不过，在这里有必要明确提出"一时失败"这个概念。一时失败不等于最终失败，放弃才是失败。最终完成任务、实现目标和理想就是成功，中间可以经历几次挫折，如果遇到挫折就放弃目标、任务或理想，确实是失败。一时失败的另一个说法是挫折，挫折是从不成功到成功的中间状态，也是从不成功到失败的中间状态，而放弃或坚持是走向失败或成功的关键一步。通往成功的路上，挫折会延缓或暂停进程，但只是波折而已，不能决定性地终止人的行为。唯一能够一次性使人失败的挫折，就是这个人的死亡。有没有最终失败，不能从表面的停滞或倒退来判断。

因此，巴西球迷们的条幅可以这样改进："一时失败也要昂首挺胸"，我们还可以狗尾续貂，"只因未曾放弃，你们依然是优秀的"。一个人的优秀，只体现在他的坚持不懈中，甚至因半路放弃而真正失败的人也不见得是不优秀的，最多只能说他没有坚强的意志。

挫折会让人变得更优秀，道理很简单，人的进步需要挫折所造成的压力，这种压力可以转化成动力。只要没有放弃，也必将转化成动力。在自己能力范围之内或预料之内的事情，几乎没有意义：既不能丰富一个人的经验，也不能提升能力，即便其过程和结果充满痛快和愉悦，一旦事情结束，痛快便立即消失，愉悦难以持久，也不值得回味，换句话说，这种痛快和愉悦是可消费的，一旦消费完毕，价值立即为零。

事实上，极少有人的成功是一帆风顺的。莎莉·拉菲尔现在是美国的一位知名电台播音员，她在 30 年的职业生涯中被辞退了 18 次。当她回忆起这 18 次糟糕的经历时说："我被人辞退了 18 次，本来可能被这些厄运吓退，做不成我想做的事情。结果相反，它们鞭策我勇往直前。"美国前总统尼克松曾说："逆境能打败弱者，也能造就强者。"可见，挫折面前，成功与失败只在一瞬，对强者而言，挫折只会让他们更强。

一位因金融危机而破产的制造商，主动离开妻子和儿子，成为一个流浪汉。耿耿于巨大损失的他，决定跳湖自杀。那天，他偶然看到一本名为《自信心》的书，内心的勇气再度被书中的言语激发出来。他决定找到作者，请他帮自己东山再起。流浪汉找到了作者，作者听这位流浪汉讲完了他全部的故事后，说："我很希望能够帮助你，但是抱歉，我没有那个能力。"流浪汉再度陷入了沮丧，作者又说："不过，我知道有一个人绝对可以帮你重新站起来。"他把流浪汉带到一面高大的镜子面前，手指镜中的流浪汉说道："在这个世界上，只有这个人能够使你东山再起。如果你不想跳进湖里，最好坐下来彻底认识这个人。"

大哲学家尼采说："受苦的人，没有悲观的权利。"可现实中总有些人把眼光拘泥在挫折的痛苦之上，没有任何思绪去想下一步该如何努力。此例中的制造商就是这样一位，不过他幸运地遇到了一本改变心境的书，和一个帮他认清自己的人。

一位拳击运动员曾说："就算你的左眼被打伤，还是要睁大右眼，除非认输下台，只要还在台上，就应该继续搏击，冷静观察对手，因为这样才能够看清敌人，才能看到反击的机会。”

第四节　微笑面对悲伤挫折

泰戈尔曾说：“世上的事情最好一笑了之，不必用眼泪去冲洗。”

在挫折与失败面前，就算我们不是原本乐观的人，也可以强行让自己保持微笑。在一开始，强制微笑或许显得有点傻，自己心里也觉得那是无谓的苦中作乐，其实不然，笑可以分为由衷的和强制的两种，只要坚持后一种笑容，就逐渐会习惯成自然。在逆境中保持笑容，也是在加速使身体从压力反应中恢复到正常水平。

遭遇挫折或失败时，心理和生理都是紧张的，在生理方面的紧张表现为压力激素大量分泌，肌肉紧绷，严重者还会出现呼吸急促的现象。压力情境一过去，身体开始恢复常态，在副交感神经系统的指挥下，压力激素开始下降，呼吸开始平缓，肌肉开始松弛。而强行让自己微笑，是在引导并加速这一恢复过程，也就是说，微笑可以减压。

从生理角度来讲，微笑可以促进内啡肽和血清素的释放。内啡肽也称安多芬或脑内啡，是脑下垂体和脊椎动物的丘脑下部分泌的一种氨基化合物，跟吗啡受体结合起来，有止痛的作用，还会让人产生快感。血清素是一种神经递质，学名为5一羟色胺，血清素不足时，会产生忧郁症、恐慌症、厌食症等与精神有关的疾病，而微笑会活化副主管分泌血清素的神经，可以说，微笑是一种天然的药物。

如果说微笑对压力承受者的这一奇妙作用，不是一个人保持微笑的充分理由，那么，微笑还有以下两点好处，足以让我们“见利而动”，时常注意保持微笑。

第一，微笑增加个人魅力。微笑具有传染力和吸引力，传达给人的信息有自身放松、不会给人威胁、信心十足、满足等。当一个房间气氛冷淡时，某人的一声笑会打破沉闷的寂静，立即吸引其他人的关注。而且人是追求幸福和快乐的，幸福快乐的人总会时常保持微笑。当别人看到我们微笑时，会产生想知道我们为什么笑的好奇心，如果别人不知道某人为什么发笑，也不会当众追问，而是跟着笑——不管他为什么而笑，先分享了对方的快乐再说。相反，愁眉苦脸只会把人推开。

第二，微笑让人变得更健康。首先，微笑提高免疫力。微笑会导致自律神经被频繁地切换，形成对脑的刺激。人体细胞中有一种NK细胞，它被称为“自然杀手”，能够杀死癌细胞。NK细胞的活化，需要神经缩氨酸来活性化荷尔蒙。而当大脑的杏仁核部位一旦接收到身处安全的信息，就会把这种荷尔蒙分泌到全身，而微笑就传达了这样的信息。因此，微笑能活化免疫细胞，提高免疫力。其次，微笑还能降低血糖值。压力反应是一个消耗能量即糖分的过程，经常压力很大的人，血糖值也比较高。有研究报告指出，糖尿病患者的血糖值，会在他们听无聊演讲时提高，而在发笑时下降到正常水平。打个比方，微笑就是一个开关，开启了体内胰岛素的分泌，促进了血糖的正常代谢和运化。最后，微笑还能活化右脑。我们的右脑，掌管着情绪的变化，而左脑的作用更多是负责平衡、运算等，所谓用脑过度，一般指对左脑使用过度。对整个大脑而言，微笑活化右脑的同时，也在使左脑放松，能够让人从工作压力中暂时转移出来。

第三篇

压力陪伴着生命成长

第十一章

摆脱抱怨陷阱

纵观古今中外，很多奇迹都是那些最初拿了一手坏牌的人创造的。

然而当下，抱怨却已成为某些人的生活习惯，成为他们对抗现实困难的一种手段。遇到不顺心的事情时，抱怨成为发泄不满情绪的一种方式。喜欢抱怨的人，不但自己不快乐，也经常给周围的人带来烦恼和压力。

有个中年人来找心理咨询师。他一进门就不停地报怨：单位老板刻薄、妻子不够体贴、孩子不让人省心，说自己如何有才能却没有得到发挥。

听完中年人的话，咨询师拉他到窗前，问："透过窗户你看到了什么？"

"我看见了宽阔的大街、很多的树木，还有远方的山。"中年人说。

"很好。"咨询师又拉着他走到墙上挂着的一面镜子前，问道："告诉我，你在镜子里看到了什么？""当然是我自己了，你咨询水平不怎么样啊。"中年人抱怨道。

"有意思。"咨询师意味深长地说，"窗户是玻璃做的，镜子也是玻璃做的，唯一的区别是镜子的玻璃上加了薄薄的一层银。仅因为多了这银层，你就看不到别人，只能看到自己了，然后情绪就变化了。"中年人恍然大悟："对不起，我知道自己错在哪里了。"

只看到自己的人，总会有许多烦恼。其实，他们只是被眼前怨气挡住了外界的风光。

第一节　抱怨于事无补

星期天，我在院子里写作。一个孩子来到我面前，并在桌子上敲打起来。他妈妈抱怨道：“真不懂事，没有看见伯伯在写字吗?”

我也觉得孩子太吵了，但是没有权力批评孩子，也不能与他妈妈一起抱怨孩子不懂事啊。

我对孩子说：“刚才敲的声音真有节奏感，学过打鼓吗?”

孩子马上高兴起来，说：“我是学校乐队的。”

孩子的妈妈却对他说：“可是你学习不好啊，打鼓好有什么用?”

孩子马上说：“这个伯伯都喜欢我，说我打鼓好听。”

我问孩子：“怎么样才能打得好听呢？可惜桌子不是鼓啊。”

孩子回答说：“老师说曲不离口鼓不离手。我今天还没有练习呢。”

说完，马上跑回家了。

我实际上害怕孩子一直吵着我，但我不能赶走他。我也看到了孩子妈妈的抱怨与歉意，并没有让孩子离开。最好的方式是让孩子转移兴奋点，转到他喜欢的地方去。

幽默大师卓别林说：“用特写镜头看生活，生活是一个悲剧；用长镜头看生活，生活则是一个喜剧。”抱怨者所采用的，就是一个特写镜头，而拉远距离反思自己的抱怨，则是一个长镜头。

抱怨有一个先由外向里，再由里向外的过程。它先影响人的心理，再是情绪，最后是言行，使压力不断扩散。

由外向里的过程是压力源的启动程序。大小事件作为压力感使人内心产生冲突，压力感得不到释放或缓解就产生了抱怨情绪，抱怨情绪是有压力感受而无宣泄对象。

由于人们都懂得一些人际交往的礼节，不会轻易把内心的抱怨表达出来。但是，如果压力过重，抱怨就会加重，开始由里向外地发泄出来。依旧限于礼节，开始冷战式的对待，只要看一眼抱怨者的神色，就知道他有多么不痛快。就像上述案件中那个孩子的妈妈，对孩子不爱学习而喜爱打鼓，本身是有报怨情绪的，只是没有找到宣泄对象。当孩子打鼓影响别人时，她就可以说出抱怨的话了，因为孩子打鼓的“过错”已经坐实。妈妈再也憋不住了，一般通过语言的方式发泄其抱怨情绪。

压力感是遭到困难或挫折时的紧张状态，在心理防御机制下，人会自觉或不自觉地倾向于心绪与情绪的平复或报偿。无论心里埋怨还是嘴上抱怨，均是这样一种平复。一般而言，产生抱怨心理的原因有以下几种情况。

第一，遇到挫折。失去或者未得到，即只看到自己的劣势，也归为挫折一类，因为它同样让人觉得自己不幸。生活是个未知数，人人都会遇到挫折，看似平坦的路也未必会风平浪静，我们再怎么计算也算不出自己会遇到什么样的考验。不过，如果没有一路的艰难困苦，就很难体验到收获的快乐，因此，遇到挫折时非但不应抱怨，反而应该庆幸。

第二，人与人的摩擦。有人的地方就有人事及情感的纠葛，除非一个人与世隔绝，不需要与人交往，否则就有可能承受他人所给的压力。对同一个人，生活中的事有大有小；对不同的人，同一件事可大可小。在这些大大小小的纠葛中，受损的一方就会心情烦躁，产生各种抱怨。

第三，自己跟他人的比较。比较之后的抱怨，可能是一种悲观心态。拿自己跟他人比较，容易使人有一种自己命不好的感觉。工作稳定，却惦记着更优厚的待遇，更高的薪资；家庭温馨，却对豪华别墅艳羡不已。比较而来的不幸感，依然需要通过比较来解决。没有绝对的苦，只有相对的甜。没有绝对的多，只有相对的少。也许，让自怨自艾的人经历更大更深的苦痛，他才会知道原先的生活多么幸福。

第四，源于内心的不满足或贪念。比较是自然的，也可以是有益的，但一味比较就会滋生贪念。控制抱怨心理的一个方法，就是控制自己的贪念。幸福不可量化，不是一个现实的目标，而是一种即时性的内心感受，这一秒知足，则这一秒收获幸福。他人的幸福感与自己的幸福感，并没有差别。

无论抱怨某个具体的人，还是抱怨命运不公，总之都是遇到了压力。应对压力，有赖于积极的态度，而抱怨是消极态度。抱怨有可能快速恢复心理平衡，因为它释放了压力带来的痛苦，尤其是嘴上抱怨时就把压力释放出来了，但是，那不是真正的救赎，压力并没有消除。对于比较和挫折所带来的压力而言，只要事实上的差距一直存在，只要还没有成功，压力就一直存在。有的抱怨是在给自己意志上的退缩找借口，借口可以让自己尽可能获得短时间的舒服，但是，我们一般借口逃避的事情，也一定是经常出现或心里经常回想的事情。

一般而言，即便是最轻度的抱怨，或者所抱怨的事情没有那么严重，又或者真有一个严重的压力事件，抱怨也根本不是解决压力的办法。

如果压力事件是抱怨者自己造成的，比如，由于自己努力不够或考虑不周而失败、犯错，那么他的抱怨是纯粹自私的，是在推卸责任或自我安慰。在抱怨者看来，他自己总是贫苦困顿的，而别人总是富足安逸的，并归结为上天的不公平。殊不知，上天的不公平，也许原本不是他抱怨的结果，但如果持续抱怨下去，肯定会遭受更多不公和不幸。

抱怨对人更大的损害是，丧失与积极向上的人的人际关系，因为他们不愿意整天听别人抱怨的话或看埋怨的神情。对抵制力差的人来说，抱怨还会传染，原因很简单，每个人都有烦恼的事，一听到抱怨就会唤起他们“不幸”的感觉。

总之，抱怨的平复或报偿时效极短，而对抱怨者自己生活和工作的危害则是严重且长久的。

改掉自怨自艾或抱怨他人的毛病，首先，要停止这种抱怨。也许有些抱怨的内容是事实，但我们不妨视而不见，不去看不去想那些。其次，我们应该重燃生命的活力，积极进取、乐于助人，乐观地面对生活。

第二节　糟糕绝非至极

所谓糟糕境遇，不限于指自己最亲近人的悲惨遭遇，更应包括自己本人的灾难性事件。我们永远想不到一个人有多么悲惨，当我们自我感觉眼下是最悲惨的时候，那也一定是最悲惨的。因此，我们就应该坦然接受，更何况世上有许多人可以成为我们的榜样。

在一次乘船旅途中，由于遇到风暴，演员拉莎·贝诺不幸滚落到甲板上时受了重伤，不得不把腿锯掉。手术之前，她忽然大声念起自己电影作品中的一段台词，“命运是上帝的旨意，如果给我不幸，就是上帝眷顾于我，这是我的幸运。”她说那是为自己找到了不哭泣的理由，也给紧张的医生和护士打气。如此重大的灾难，抱怨甚至起不到它唯一的暂时平复内心痛苦的作用，那么不如选择坦然接受。

接受命运降临给自己的糟糕情况，是最崇高的勇气和乐观。而且，一旦接受，是新的成功的开始，对常人来说，那简直就是奇迹。成功学大师卡耐基说：“我们若已接受最坏的，就再也没有什么损失。”

46岁时，曾为海军陆战队队员的米契尔，因意外导致全身65%的部位被烧伤。经过16次手术，米契尔发现自己拿不起刀叉和电话，连上厕所也需要人照顾。但是，6个月后，他竟创造了一个奇迹，又能开飞机了。后来，他与朋友经营了一家公司，发展颇快。谁知不幸再次降临，在一次飞行中，飞机失控坠向跑道，导致米契尔的12节脊椎被压碎。自此，他腰部以下完全瘫痪。面目吓人、行动不便的米契尔，继续创造着奇迹。他用后半生的时间，完成了镇长和国会议员的竞选、组建家庭、考取公共行政硕士学位、坚持飞行、接受采访、发表演说等诸多大事。他曾说过这样的话：“瘫痪之前，我可以做一万件事，现在只能做九千件。我既可以把注意力放在我无法再做的一千件事情上，也可以放在我还能做的九千件事情上，我选择了后者。我曾遭受两次重大挫折，却没有借口因挫折而放弃努力。我想说，既然我能够做出这样的选择，你们也可以重新审视那些一直让你们裹足不前的经历，可以退一步，想开一点，或许就会发现，那也没什么大不了的。”

中国也不乏这样的感人事例：

台湾棉纸撕画家温弘，因儿时患重度脑性麻痹而丧失了许多正常的生理功能，尤其是无法直立行走和语言发音困难。但他没有放弃自学，并付出超常的努力，终于成为一位棉纸撕画家。他在演讲时经常这样鼓励年轻人：“永远不要放弃自己，不要放弃热爱生命，我爬行 14 年（14 岁时才拥有一辆轮椅，之前一直爬着走）都没有放弃生命，你们碰到一点挫折算什么？我可以做到的，你们一定也可以做到。”

以上几例中的灾难，无疑是极大的压力，当事者也无疑忍受了极大的痛苦，甚至可以断定，最初遭遇时，是近乎绝望的痛苦。然而，他们没有与常人所不能忍受的压力事件对抗，而是坦然接受了，并把自己作为最有力的证明去感化别人，让我们懂得日常的痛苦根本不值一提，更不值得抱怨和堕落。

抛开这种榜样作用不提，痛苦本身似乎也具有使人坚强的作用。罗曼·罗兰就说过：“痛苦像一把犁，它一面犁破了你的心，一面掘开了生命的新起源。”而尼采也有类似的话：“极度的痛苦才是精神的最后解放者，唯有此种痛苦，才能强迫我们大彻大悟。”看来，痛苦具有相反的两面，一面使人堕落，另一面使人奋进，而且痛苦越是严重，使人彻悟而重获新生的积极作用也越大。痛苦的积极作用，还可以细分为两点，一是磨砺人的心志，帮助人成长；二是反衬幸福的甜蜜，让人对幸福有更深的领悟。台湾著名的杂文作家柏杨有言：“生命中遭遇到的一些可怖的风暴、挫折、磨难，只能使人不快乐，却没有力量使人不幸福，只看你怎么面对这些风暴、挫折和磨难。”

其实，与其说这是痛苦本身的作用，不如说人本身就有化痛苦的压力为奋进动力的潜能。每个人都没有自己想象的那么脆弱，当真的遭遇残疾这样的极大不幸时，几乎都能坚强面对。我们经常被教导要百折不挠，要坚韧不拔，要永不言败，要愈挫愈勇，诸如此类，其实我们本来就是那样的，怨天尤人、一蹶不振、自甘堕落者才是例外。

除极度悲惨而痛苦的事情外，生活中等而次之的无法改变的事，也是糟糕的。因为我们已经拥有了上述那种“势必坚强”的潜能，就不必再执意遇到糟糕事件时用“必须坚强”来给自己打气。因为这种打气，反而是一种对抗，对抗则让我们没有多余心思反思事件和自己。只有真正坦然地接受，我们才能尽快对糟糕事件作出积极的回应。全面反思之后的回应，也就不再是执着，而是偶尔或暂时的低头。暂时低头没有什么丢人的，我们不必非要表现得坚强无比。

第三节　逆境孕育生机

英国哲学家培根说过：“超越自然的奇迹多是在对逆境的征服中出现的。”我们也可以理解为：逆境孕育生机。

每年的春季，马哈鱼在交配、产卵过程中停止进食，在皮质激素和绝食的双重因素下，进入繁殖期的马哈鱼拖着臃肿的身体逆流而上、长途跋涉，最终到达土质疏松的地带，然后挖洞产卵。科学家研究发现，只有经历这段逆流搏击的马哈鱼才能找到合适的河床，培养出良好的后代。

逆境会给人带来极大的压力，而在逆境中生存下来就会出现新的生机。逆境由于持续时间相当长，所造成的结果也因人而异：有人奋勇而起，有人一蹶不振，两者的结果会截然不同。

笔者曾经在工作中见到几位九十多岁的参加过长征的老红军。特别好奇，他们在雪山草地面前是如何活下来的？他们说：“信念，相信自己能够活下来，才有机会活下来。自信，经历了多少次死亡边缘都死不了，还有什么可担心的?”说得太好了，信念！自信！才是人生战胜逆境的法宝。

人生都会遇到困难。接受逆境现实，就要主动而直接地解决逆境这个压力事件，而不能被动地感受和排斥。

接受是在逆境中保持清醒和理智，而不是一味地沉迷在痛苦的感受中。只有保持清醒和理智，才能把逆境当成一个“事物”，以一个全能的视角来观察与反思，进而想出解决办法。清醒和理智，是面对逆境奋勇而起的前提，顺从或屈从反而会让自己越陷越深。

还有的人可能会认为自己是个特别感性的人，遭遇逆境时几乎不可能保持理智。这是对自己的错误认识。人类进化到今天，理性远远强于感性，即便痛苦至极，理性依然在操控着感性。这种自我否定，只是在为上面说的那种“临时解脱法”辩护。即便自杀的情况也是如此，很少有人迫于逆境而自杀，自杀一般都不是理性思考的结果（当某人决心要自杀时，这个“决心”就说明其理性思维依然没有丧失，只是在有意放纵冲动的感情而已。）总之，只要还有“身处逆境”的意识，就有可能挽回冲动之念，并用理性解决问题。

接受逆境，先要看到逆境的积极意义。厄运具有一定的积极意义，比如帮助人们驱走惰性，激发潜能。生活丢给我们一个难题的同时，也会赋予我们解决问题的能力，因为办法是随着问题的出现而想出来的。一个贫穷的妈妈带着儿子经过一家照相馆，孩子想照相，妈妈叹息一声说：“不照了，你的衣服太旧了。”孩子却说：“可是我仍然会面带微笑。”这说明，要解决问题，就要以问题为思考中心，而不是以对问题的消极感受为中心。

除此之外，还可以让自己破釜沉舟以接受逆境。破釜沉舟则无路可退，无路可退则只能奋起前进。罗素说：“遇到不幸的威胁时，认真而仔细地考虑一下最糟糕的情况可能是什么？正视这种不幸，找到充分的理由使自己相信，这毕竟不是那么可怕的灾难。”当我们面临忧虑的问题时，要问问自己“可能发生的最坏的情况是什么”。想到最坏的情况，如果能够承受就大胆去做，如果承受不了，至少有了心理准备，就不那么焦虑了。

在逆境中煎熬和抱怨的人，还需要榜样的力量。因为榜样会给人以心理支持。我们看到或听到榜样的事迹时，会有意无意地告诉自己“别人能够做到的，我同样也可以”。

美国的“琼斯乳猪香肠”是以威斯康星州的农场主琼斯命名的，也是他发明的。一次意外使琼斯瘫痪了，但他勇敢地告诉家人说：“从此以后，我要用大脑来养活你们，你们代替我的双手就可以了。”之后，他在家人的配合下进行市场调研和观察，搜集结果作出判断后，果断地将整个农场都改种玉米，并用玉米养猪，再把乳猪做成香肠，结果这种香肠卖得跟蛋糕一样火，成了家喻户晓的美食。

琼斯所利用的“大脑”，不是其感性部分，而是其理性部分。他冷静地看到痛苦无益，而后利用自己的聪明智慧，终于变逆境为通途。可见，要处理好逆境的压力，先决条件是冷静接受。走出逆境，始于对逆境的冷静思考，而不是始于抱怨。

第四节　化解而非对抗

中国的太极拳有一个重要原则：决不以硬碰硬、与对方做强力对抗，而是借助对方力量顺势化解，再借力打力，控制对方打击方向，引导对方力量到空的地方。

许多现实生活的压力事件对我们形成直接或间接压力，直接抗压也许无法解决问题，接受压力事件的现实，是我们应对压力的重要方法。

有许多压力事件其本质也是变化，或者是从这样到那样的变化，或者是从无到有、从有到无的变化。苏格兰农民诗人罗伯特·彭斯曾说："再完美的计划也时常遭遇不测。"我们自己也说计划赶不上变化。计划尚且会有变化，何况不计划的情况。生活中充满了变数和变化，在处理各类压力问题时，本质上是在应对各种变化以及变化带来的压力。

无论应对办法如何千变万化，第一步都是一样的，那就是接受，对抗是无益的。外界变化一般具有不可控性，只能接受。不甘愿的接受，就是承受，承受则有对抗，对抗几乎不能缓解压力。既然对抗几乎不能缓解压力，那就要接受。接受就是不使用对抗方式处理压力事件。

太极拳把外家拳中的硬对抗化解于无形，就是使用非对抗方式。对方迎面打来一拳，太极拳师使用抄手，先拨后引，让对方拳头落空，而对方因为控制不住身体，会迎面扑来，太极拳师顺势把对方摁倒在身边。整个过程，四两拨千斤，毫不费力气。当我们以一个观众的视角看这次拳法比拼时，心情是轻松的。而我们看两个硬功夫拳手对抗两败俱伤时，感受到的是激烈甚至是悲惨。

接受现实，就有了解决压力的勇气。

2008年5月，笔者在四川为地震伤残儿童做心理调适时，遇到一位截肢的少女。她因为被倒塌的房屋砸伤，被迫截去了手臂的上半肢。之后的一段时间里，她一直处在恶劣的心境里，每天做噩梦，不吃也不睡，导致她伤残的手臂化脓，又做了两次截肢手术。

在给她作心理疏导时，消除她的恶劣感受就成为心理疏导的重点。笔者就带她看其他的病友，许多人失去了双下肢，还保持着一脸阳光，病友们告诉小女孩，好多同学都死了，我们要为活着庆幸。那个小女孩喜欢画画，笔者给她买来画笔，让她画未来的理想，她画出一棵大树，开了好多花，结了很多果。她告诉笔者说，她长大了想当画家。多年后，这个小女孩真的考上大学，并画出了许多美术作品。

压力感是一种情绪，绝大多数不良感受都是短期的，没有人会一个星期、一个月持续快乐或悲伤。因此，有痛苦悲伤事件压力时，不要跟它对抗，多使用接受与宣泄的方式处理，否则它可能发展为愤怒或恐惧的情绪。

大胆接受变化，还要能够事先预测变化，随着变化而变化，即适应变化。做到这一点，坏事也会向着好的方向变化。人生充满变化，对悲观的人来说，已经发生的改变是坎坷、变故，未曾发生的又有一定的危险性。乐观的人会把变化当作经验的来源，当作机遇和挑战，走向成功。

第五节 失衡产生动力

天地之间、万事万物，静止是相对的，运动是绝对的。一般运动来源于动力的驱使，如果动力与阻力是对等的，运动就不会存在了。所以中国古代发明的阴阳鱼图，说明了动与静、阴与阳相辅相成、互相转化的道理。这个道理，为我们处理不公平压力事件提供了解决方案。

有的人处在不公平的环境中、受到了不公平的待遇，心理产生了失衡；也有的人遇到事事都平等、好坏一个样，这种看似平等，实际上却失去了不同个人才能的价值感，也不能体现效益优先，会使有能力、有才华的人更不满意，甚至更无耐。

失衡之后，平静、平凡的生活就会被打破，人就必须调动心理动力，创造新的机会，实现新的平衡。

谈起遭遇的不公平，许多人恐怕会满腹牢骚。但是，公平只是相对的，只是不愿意醒来的美梦，不公平却是绝对的，才是无法逃避的现实。比尔·盖茨的名言“世界是不公平的，你要去适应它”，直截了当地粉碎了我们渴望公平的美梦，给我们泼了一盆冷水。这冷水泼得好，它同时也给出了解决不公平的办法，那就是接受现实，在不公平失衡后，创造新的公正平衡。

我们不要总是抱怨不公平，而应该把不公平变成前进的动力。

无论是怎样导致的不公平，抱怨只是对不公平的低级接受，我们应该学会积极正向地面对不公平，促使自己产生动力，这样才能解决问题，建立新的平衡。

几个年轻人来到一位老船长家里，向他讨教航海经验。老船长问他们：“如果你们发现前方有一个强风暴团，会怎么应对?”几个青年思考之后，互视一圈，似乎得到了一致的答案，其中一个率先回答：“当然是侧转船头绕过去。”老船长大笑道：“这是 个愚蠢的做法。”青年们不解。老船长解释说：“侧过船身，只会以更大的面积迎接风暴，极可能被风暴吹翻。正确的做法是握紧船舵，加快速度直冲上去。因为那样是以最小的面积接触风暴，而且由于纵向长度大，船体只是受阻，而没有被吹翻的危险。”

遭遇不公平时也应如此，应该直面不公平带来的压力，同时也有了将压力转化成动力的信心和勇气。天平一端翘起一端下沉，是因为两端的重量不同，这种不公平是天生的，但看到这种不平衡后，可以人为增加轻的一端的重量。见到不公平，就开始作出改变以追求后来的公平，公平的动力源自不公平的压力。同理，人在遇到不公平时，只需要把自己当成内心天平一端的配重，通过改变和努力让自己分量变重，最终会获得公平，甚至让天平偏向自己这边。人的进步，就是内心不断平衡与不平衡周而复始的过程。

第六节　不如意有八九

所谓如意，就是事情按照自己的意愿发展并完成。可人生不如意之事十有八九，这是我们都知道的道理，也会拿来劝慰他人，但是，当不如意发生在自己头上时，我们却往往不知道自我劝解。

不如意使人不愉快，因而谁都想避免它。但是，不如意多有发生，又有一定的意外性，因此避免起来并不容易。于是，我们经常为此苦恼。那么，不如意之事可以逃避吗？短时间内可以，但从长远来看，脑子里积攒的不如意之事多了，会让人产生“生活一团糟”的想法，到那时压力已经相当严重了，处理起来就比较棘手。既然如此，我们可以尝试接受生活中的每个不如意之事。

不如意的事情有两类，也是压力的两类。一类是与意愿方向正相反的阻力，即由于事情或任务本身的难度，它所带来的畏难情绪可能导致任务最终无法完成。换句话说，这种不如意是本身就有特性，不过只要肯努力，未必结果是不如意的。另一类是突发意外，它未必与意愿中的方向相反，只是作用于行为者本人，使事情中止或终止。

前一种不如意可不予考虑，因为要避免它，除非不再去做那件事。认识到这一点，就是对它最诚恳地接受了，因为它使我们更清醒、更全面地认识了整个事件，剔除了多余的冲动，让我们再分析之后做出更详尽的计划，采取更稳妥的措施。对于后一种不如意，需要的是勇敢并坦然地接受。这种意外事件，或者让行为主体身体受到伤害，或者令其情感失落、精神萎靡。那我们不如坦然接受它，一来能够及时走出情绪低落期，避免了压力困扰，二来可以提升人生的境界，有了更强的适应能力。

一天下午，我去探望祖母，她用一种自然平静的语气说：“孩子，你知道吗，我就要走了。我这一辈子活得很好，有过欢乐，也有过痛苦。现在，我终于可以了无牵挂地上路了，我在等待着那一刻。”但祖母即将亡故的消息对我来说是个噩耗，我听得目瞪口呆、不知所措。过了一会儿，我开始说她说的是傻话、她还会活很长时间、要好好地活下去之类的话。没过多久，祖母真的去世了。这是法国心理学家克里斯托夫·安德烈讲述的他自己在 12 岁时经历的一件事。

死亡可以称得上是人生中最大的意外了，几乎所有人都不愿接受它，但这个故事却告诉我们也有境界超凡的例外。当意识到死亡是一个必然结果，并看到它来临时，安德烈的祖母选择了平静地迎接，这种豁达的境界，高于高中生对高考落榜的接受，高于农民对小麦颗粒无收的接受，高于职员对被裁员的接受。勉强与之同级的，是诸如患者家属对亲人在医院死亡的接受。对一般人而言，没有必要追求这种超凡脱俗的境界，但学会一份坦然是有必要的。我们可以退而求其次，作为学生接受成绩失准，作为农民接受粮食歉收。原因只在于，不如意之事已然发生，抱怨无益，而坦然面对则可以避免让自己困扰其中。

只有不跟不如意之事所带来的消极感受对抗，才能冷静地思考为何会出现意外，如何在日后的行为中纠正自己，以更有效地规避困扰。

此外，通过改变自己的某种观念，生活中有些不如意之事也可以变得如意。接纳不愉快的情感，而后才能认清自己；接纳不如意的生活，而后才能认清生活。千万不要放纵自己跟不如意之事对抗，那于己有害无益。

第十二章

接受不完美

完美主义有两个方向，一个是苛求面面俱到，另一个是苛求达到期待的目标。这都常见，但很难实现，在尚未实现的忍受过程中，人就会焦虑。退一步说，即便达到了完美，也有“高处不胜寒”的危险。

一个男人来到一家婚姻介绍所，在选择心目中的对象时，他被要求来到两扇门前，一扇门上写着“漂亮”，一扇门上写着“不太漂亮”；他推开写着“漂亮”的门，走进去，又看到两扇门，一扇门上写着“年轻”，一扇门上写着“不太年轻”；他推开写着“年轻”的门，走进去，又看到两扇门，一扇门上写着“富贵”，一扇门上写着“不太富贵”；……如此反复多次之后，他最后来到唯一的一扇门前，没有写字。他推开门进去，里面只有一堵墙，墙上画着向上的一个箭头，并写着：“您追求的对象过于完美了，到天上去找吧！”

第一节　人生没有完美

追求完美所带来的压力，既有难以都求得的焦虑，也有侥幸求得之后开始失望的苦闷。

在从事音乐、美术、服装等行业的工作中，追求完美是好事，它给人奋斗的力量和灵感，但是，一旦追求变成苛求，即在外在形式上力求完美，那么整个人和工作都会每况愈下。

这是因为，完美永远只能是人们内心的追求，不会是可见的现实，是人们的一种努力方向，不会是一件可以发生的事实。心里的完美不会变成外在的现实，原因之一是随着时间的推移和事情的进展，人们的要求会发生变化，一般是越来越高，因而完美始终是无法到达的。

许多人在择偶上有力求完美的倾向，他们称为遇到那个“最合适的人”。且不说这个最合适的人能否真的找到，就算找到，很快将会不再是最合适的。这个道理可以用“人不可能两次踏进同一条河流”来解释。我们在这一时间点想象出一个最合适的对象，并在另一个时间点遇到他或她，当然要加以追求，然而，追求的过程以及追求到的结果，都会对理想对象有一定的影响，理想对象也会随着时间发生改变，一变，就不再是想象中完美的样子了。从另一个角度讲，想象中的东西永远存在于想象中，现实世界中的东西虽然能够无限与之接近，但永远不会等同。

另外一个原因是，万事万物都必定有好的一面和坏的一面，我们要接受一件事物，只能好坏同时接受。真正的完美是建立在有残缺的基础上的，或者说不完美才显得真实。人活于世，不只有笑声与荣耀，还有挣扎与绝望。苛求片面的完美，简直是对生命以及全部人类体验的背弃。一个人不完美，让人更容易亲近，因为人有缺点显得更真实。进一步说，勇于承认自己的缺点才显得更真诚，对完美主义者来说，同时也是解救自己。

完美还意味着进步的终结，中国古代就有邯郸学步的典故，同样，外国也有一个类似的寓言故事：

迪奥是非洲大草原上的一头年幼的狮子，它从小就梦想着成为最优秀最完美的草原之王。可是，迪奥发现狮子有一个弱点，就是在中跑或长跑中，经常跑不过羚羊。迪奥通过对羚羊的观察，发现羚羊之所以耐力好是因为吃草。于是迪奥也转而吃草，没过多久，身体就瘦下来了，连原来短跑的暴发力也丧失了。迪奥的母亲见了孩子这一举动，语重心长地说道：“狮子之所以成为草原之王，不是因为没有缺点，而是因为有突出的优点，比如观察力、暴发力、利齿等，而且，我们也能够尽力避免缺陷，发挥优点。”

这则寓言告诉我们，对缺点的填补，可能会导致对优点的抹杀。我们所能够追求的完美，或许只是尽量避免缺点所带来的消极影响，并将优点发挥到极致，而不是弥补所有缺点并变成优点。

完美主义者心里有以下几个信念，并当成了自己的信条：平庸是一件低能的事，让人看不起；真正优秀的人，不怎么需要付出努力，他们就可以轻松做到任何事；必须独立完成每件事情；求助他人等于展示自己的软弱无能；遇到问题时，我有责任找到一个正确的解决办法，一定有这样一个办法；输给别人是可耻的，为了不输给别人，我甚至可以放弃；有一点不好，就是整个坏了，完美是绝对的。

美国心理学家戴维·伯恩斯指出，那些取得很高成就的人并不是完美主义者。那些取得非凡商业成绩的人、诺贝尔奖得主、世界级运动员，都对自己的缺点和失败心知肚明，因此在经受挫折时也不会持久地难过，而是继续为远大的目标而奋斗。或许，包容自己以及生活中的缺失，才算得上是一种完美。

第二节　面面无法俱到

追求面面俱到的人有两种：一种人总是想让他人满意；另一种人总想让他人满足自己。事实上，两者都难以做到。

一位画家希望自己创作一幅令所有人都无可挑剔的画，经过多年的潜心研究和努力，终于创作出一幅他自认为无可挑剔的画作，于是，他带着画作和一支笔来到市场中，请每位经过的人把他最不满意的地方圈出来，结果那幅他认为满意的画作被圈得乱七八糟，画家顿时大失所望，一度想弃行。

苛求面面俱到也称为细节完美主义。所有细节都符合自己的期待固然很好，但那是不可能的。这种不可能，源于人的注意力和精力的有限性。注意力有限，则不能照看到事物的所有方面，事情越大越不能顾全；精力有限，时间久了，则会出现哪怕在一个或几个方面上也会力有不逮。把不可能变成可能，一个办法是尽量选择容易的和细小的事情，另一个办法是发挥团队的力量，俗话说人多力量大，再大的事情，只要人足够多就能够照看过来，轮番上阵完成任务。

都符合他人期待确实很好，那样会收到无数佩服的眼光，获得极大的自信，然而这也是不可能的。这种不可能是因为众口难调，有人喜欢某个人，就有人讨厌某个人。由于每个人的立场和价值观不同，有人认同某人的某一行为，就有人讨厌这种行为。而且他人的观点也不是一成不变的。他人对某人的作品或言行千差万别的要求或期待，既不可能满足，也不可能调和。

有心理学家分析，追求细节完美主义的人，极可能有一个苛求完美的母亲，而母亲的教育方式是近乎神经质的，这是最常见的原因。苛求面面俱到，也可能是对内心不安的外在补偿，因为极度不自信，甚至已经到了惶恐不安的地步，所以亟需一些可见的“成就”来补偿。可惜，这种补偿几乎不可能实现，完美主义者真正应该做的是转变观念，认识到完美是不存在的。

在生活中，我们如果有朋友是细节完美主义者，最好不要当面指出其缺点，否则将是一个巨大的错误。那样做，可能引起朋友严重的焦虑，因为朋友心里已经很清楚自己的缺点，正是害怕才苛求面面俱到。我们要做的是：多赞扬、少挑刺，最终朋友会意识到自己的问题。

第三节 期待不宜过高

每个人都对自己的生活有一套设计，这就是人生期待，是我们生活动力的源泉。但是，自古成大事者向来命途多舛，在遭遇重大挫折时，没有提前学到应变方法，巨大的动力瞬间变成了严重的压力，稍有处理不当，就会走上不归路。

期望过高者，不会在遇到挫折时才有压力，而往往是在期待过程中就会产生压力，他们的身体和精神都承受着较大的痛苦。而且普通愿望的实现，也无法给他们带来轻松感、成就感和满足感。

以学校的教育为例，有的学生从小就成绩良好，因此被家长和老师寄予厚望。如果再加上家境贫寒，这种期待就会变得更高，说一些“将来一定有出息”“一定能考上名牌大学”之类的话。但就是不告诉他“也有可能考不上”的事实，以及落榜时怎么办。这使学生自己也有了如此期待，非要那样不可，于是平添了压力。

有的学校，总是把成绩作为唯一衡量标准，学生在平时考试失利，也只是尽快分析错题。以学生的感受为中心所进行的开导和教育，远远少于知识的传授。在这种环境下，学生的学习压力会增大，如果考得不理想，不甘心的学生可能会选择复读，想不开的学生会觉得人生无望，甚至轻生。值得指出一点，在此类学生学习的过程中，过高的期待给他们带来的压力本身就很大，让他们难以体验到学习的快乐。其实，生活中很多无奈和艰辛都是过度期待埋下的种子。

有的人在跟别人学本领时，自己预先已经有了过高的期待。期待越高，就蒙蔽了事物的真实面貌，当真实面貌展现出来时，学习者一旦发现不能实现预想的期待，就会过度失望，结果丧失了学习的趣味和动力，以至于一无所成。

中国古代有一个故事：春秋时期，楚国有一个神射手，叫养由基。有一天，一位少年前来拜师，三番五次之后，养由基被其诚意感动，收下了他。养由基传授射艺的方法令这个弟子大为不解。他白天让这个弟子练习盯着几尺外的细针，晚上让他伸直手臂，在手掌上压一块石头。少年终于不耐烦了，气愤地说道：“我是来向你学习射箭本领的，你天天叫我盯着绣花针看，还叫我用手掌压一块大石头，有什么用?”养由基告诉他这就是在学习射术，但少年不听，离开了。之后少年又去拜了几位射艺不错的射手学习，但都没有留下来，最后也没有学会射术。这个故事也说明了：期待过高时，一旦不能如愿，也会使人失去动力。

有过高的期待，也是完美主义者的心理现象，故而可将此类人称为“高期待完美主义者”。他们的期待，或者符合实际，或者超出实际，但结果都可能是失望，原因就是现实生活中充满变数。高期待完美主义者表面上很自负，内心深处其实很自卑，因为他们几乎看不到自己的优点，只关注自己的失败和缺点，就像当初只关注自己所期待东西的表象一样。

但是，期待高一点未必全是有害的。高目标、高标准，也是一种工作态度。在此要将期待与目标区分开。一般而言，目标是根据实际情况制定出来的，而期待只是心里的想法，合不合实际需要验证。

期待是内心设想的目标，目标是经过调整符合实际的期待。

真正合理的期待，是理性地从遵从现实的角度做出改变，在适应生活的前提下改变生活。英国作家阿兰·德波顿曾说：“幸福的本义是降低期待值。”这一点被心理学中的一个公式更直白地展现出来了，那就是：快乐＝成就/期望。一旦期待过度，对生活索求过高，人的行为和心理就会混乱，甚至会变形，因为期待虽然是生活的动力，但本身也是压力。

因此，无论对什么有所期待，还是制订什么目标，都要有一个尊重现实的态度。尊重现实就不会产生过高的期待，也不会一直沉浸在过高的期待中没有实际行动。也就是说，我们可以在一定程度上好高骛远，但是必须从基本的做起，还要考虑可行性。无论什么东西，一味想着它看着它，它反而会渐行渐远。我们在有所期待时，要想到“不是我的再怎么期待也没有用”，也要反思期待是否符合实际，还要用“尽人事，听天命”劝诫自己尽快付诸行动，付出而不奢求回报。那么，我们事成收到回报时，就能最大限度地收获喜悦。

切合实际的期待，会使人心情放松，行事有信心，创造力和工作成效也会自然而然地形成，快乐也会常伴身边。

第十三章

能够放下即解脱

人总想得到些什么，得不到时，就会产生压力。而且，这种压力会膨胀，如同在镜子中看到的皮肤上的坑点，越看越觉得不可忍受。无论针对前者还是针对后者，放下都是一个即时生效的好方法。

有一个年轻人失恋后整天烦恼，他想寻求解脱，于是四处走访，请教高人教他消除烦恼的方法，但按照他们的方法尝试均宣告无效。最后，年轻人遇到一个老和尚，求和尚帮他解脱，和尚反而问道："有绳子在捆着你吗?"

"没有"

"有谁束缚着你吗?"

"没有"

"那叫我如何帮你解脱?"

"生活中的琐事令我烦恼，我说的是从这烦恼中解脱出来。"

"不是事情烦恼你，而是你自己过于执着，是自己在束缚自己而已。"

第一节　不必自我封闭

自我封闭是指个人将自己与外界隔绝，给自己思想和行为加上层层防备和束缚，这本质上是一种心理防御机制。自我封闭者都很孤独，没有或缺少朋友，甚至害怕社交活动，因而是一种环境不适的病态心理现象。但是，人是社会化动物，天生具有群居性，任何人离群索居都会内心痛苦，只有在大自然和社会中才能顺利成长。当我们面临困境和障碍时，要培养自信心，乐于接受自己，多发掘自己的优点，才能从自我封闭中解脱出来。

自卑感是产生自我封闭心理的根源，而且是在青少年时代埋藏的祸根。

父母是孩子的第一任老师，学校是学生心目中的权威。因此，父母与教师对孩子有巨大的影响，一些贬损性评价：如“饭桶”“笨蛋”等都会挫伤孩子的自尊心，使孩子的自卑感渐渐地蔓延，从而产生错误的心理定势，引发人际关系障碍和许多行为上的困扰，妨碍学习、生活和人际交往的正常进行，可能会危害终身。

消除孩子的自卑感就要多给予褒扬和鼓励，使他们有“我能行”的信念，恰到好处地自我暗示，就是在自己的心田上播种自信。

放下自卑就能消除自我封闭的根源，要不断提升自信，把每次成功都当作是对自己的一种激励，以宽容、豁达的态度来对待挫折，并进行恰当的“挫折归因”，然后想办法去克服困难。

在工作和生活中，将关注自我的精力转移到其他事物上以减轻心理压力，如练字、作画、唱歌、练琴等。要正确看待交往挫折，不要因为交往中的一两次失败，而否定了所有人，其实大多数人还是十分友好坦诚的。

如果自我封闭心理现象严重，应该及时求助，并进行自我心理调适。同时，主动开展社会交往，开放自我，学习交往技巧，真诚坦率地对待他人。要敢于与别人交往，虚心听取别人的意见，同时要有与任何人成为朋友的愿望，在社会交往中确认自己的价值，实现人生的目标。

作为成年人的心理封闭，大多由于自我保护心理过重。为阻挡来自外界的伤害，人可以进行自我保护，这并不可耻，但是，过于爱护自己就变成了自我封闭。如果被敌人利用了这种自我封闭，原先追求的安全反而变成了危险。例如，非洲有一种红脸猴，它们为了躲避狮子、野狗等猛兽的攻击，夜晚睡觉时会躲进长满倒刺的灌木丛里。这些刺又尖又硬，固然能够令天敌望而生畏，但也容易伤到自己。如果大量天敌把红脸猴包围起来，灌木丛反而成了它们的墓场。因此，要打开自我保护圈给自己进步的机会，除勇气外，更重要的是养成理性分析的习惯，辨别真正的恶意和欺骗，有选择地从外界吸收“营养”，这样才能从自我封闭的环境中走出来。

第二节　想得越多越焦虑

当我们渴望得到一个东西或实现某个目标时，焦虑已经开始了。这种渴望本身也是动力，越早行动起来就越早忘记压力，最后达成愿望收获快乐或幸福。

反之，自己只有渴望而没有行动，它们就是纯粹的压力，只会让人越来越焦虑，时间久了焦虑还会扩大。即便有朝一日美梦成真了，却没有轻松的感觉，甚至没有快乐的感觉了，反而会有点不知所以。

对渴望的重视程度决定了焦虑的严重程度。徒然想着自己渴望的东西，人就像着了迷一样，有时竟显得贪婪。这种贪婪一般与人品无涉，反倒与懒惰一样成为人的共性。下面这则寓言很能说明问题。

一只小鸟和一只老鸟（它的父亲），在枝头对话。

小鸟先问："我们是世上最高级的物种吗?"

老鸟回答说："我们不是，人类才是。"

小鸟若有所悟地说："哦，那么人类是最优秀的动物，也应该是最快乐的吧。"

父亲否定地说："不，人类虽然比我们优越，却远远不如我们快乐。事实上，人类是最不幸的一种动物。"

"可是为什么呢？人类本领最高，无所不能，为什么反而不快乐呢?"

"因为人类的脑袋里有一种东西，它经常像一根刺一样折磨人类。"

"什么东西?"

"贪婪。"

"那是什么，我能看看它吗?"

"当然可以，你看那边正有个人走过来，等它走近了我落到他肩膀上让他抓住我，你只管待在这里看着就行，我会顺利脱身的。"

很快，老鸟真的飞到那个人的肩头，那人疾速一抓就将它抓住了，并乐呵呵地说："真是个傻瓜，竟然主动落在我手里。今天有口福了，我要把你烤了吃。"

老鸟作哀求状说："求你不要吃我，我的肉太少，还不够你塞牙缝的。"

那人说："少是少了点，不过你的味道可鲜美得不得了，我吃过。"

"既然吃过，就不必非吃第二次。我倒是能够给你更宝贵的东西。"

"什么东西?"

"三句格言。"

"格言有什么用，我不要。"

"格言当然有用。许多人就是因为按照某一格言才办成事发大财的。而我给你的每一条格言都保证你发大财。"

听到这里，那人动心了："哦，你不妨说说。"

“说出来也可以，不过我有条件。”

“什么条件？”

“我说出第一、第二句时，你就放开我；然后我离你远点再说第三句。”

“好吧，今天就不吃你，看看你能说出什么好话来。”

“听好了，第一句是不要惋惜已经失去的东西。第二句是不要相信不可能存在的事情。”

“这没什么呀，第三句呢？”

“第三句最重要了，但按照约定，你现在应该放开我了。”

于是那人将老鸟放开。刚一放开，老鸟瞬间飞到远处，并讥笑地说：“你这个傻瓜，如果刚才就杀了我，现在就从我肚子里得到30克拉的大钻石了。”

那人后悔地跺着脚，大呼上当，不一会儿又为没有吃到鸟肉而懊恼。但终于没有办法，只好悻悻地离开。这一幕都被远处树上那只小鸟看在眼睛里。小鸟不明白，问道：“为什么会这样？”

老鸟说：“他之所以没有杀我，我之所以能够逃脱，都是因为相信我说可以让他发财。最可悲的是，他现在还蒙在鼓里，真以为我肚子里有30克拉的钻石呢！现在的他，只想着发财，完全忘记我前面说的两句格言了。”

如果把人的关注点比喻为心灵之眼，那么寓言中的这个人一定是因为目不转睛地盯着“发大财”的愿望才上当的。哪怕他把注意力稍微分一部分给其他问题，比如这只鸟是从哪里得到这三大格言的；得到之后如何践行。他就不再是一个贪婪的人，而是理性的头脑重新占据主导地位。因此，人的贪婪，与道德无关，与人品无涉，加以指责或自责也是徒然的，不如想想渴求之物以外的东西，想想为什么会变得贪婪。

首先，贪求过多，并非人本质有问题，只是人的一种表象，即对渴望的东西或结果的痴迷。其次，贪婪是因为欲望经常得不到满足，心里为了弥补这种缺憾而不停想要某个东西，想要更多东西，这也是贪婪最常用的一个含义。清朝文人钱德苍写的《解人颐》颇有讽刺意味：终日奔波只为饥，方才一饱便思衣。衣食两般皆具足，又想娇容美貌妻。娶得美妻生下子，恨无田地少根基。买到田园多广阔，出入无船少马骑。槽头扣了骡和马，叹无官职被人欺。县丞主薄还嫌小，又要朝中挂紫衣。……

可是，贪求得多并不是贪婪的本质，欲望太大才是本质。托尔斯泰说：“欲望越小，人生就越幸福。”减小欲望的方法，并不是压缩欲望，而是心目不再盯着它看，或者看到诸如满足欲望的实际能力、可以向谁求助等更多方面，然后付诸行动。这样一来，在达成自己愿望的过程中，就不会索求过多或急于求成，也就不会产生过大压力。

第三节　放下就会轻松

世事总不能万般如意，有舍才有得。

有这样一个故事：师父问弟子们：“如果你要烧壶开水，生火到一半时发现柴不够，你该怎么办?”有的弟子说赶快去找柴，有的说去借柴，还有的说去买柴。师父说：“为什么不把壶里的水倒掉一些呢?”

我们的心如同一个杯子，里面装的东西很多，有些是堆积日久的垃圾，我们却没能清理掉。

人很容易因事情未达到预期标准而有负罪感。以减肥为例，减肥失败了，就有了焦虑和失败感，吃东西的时候会带着愧疚感，丝毫感受不到食物的美妙。然而，愧疚也好，负罪也罢，事情已经发生，都是无益的，不如放下。就减肥而言，心理压力是肥胖的一个诱因，带着愧疚的压力，减肥当然容易失败。

只有学会关照自己，才能真正关照他人，用佛家的话说，人必先自渡，然后才渡他人。如果继续批判和批评自己，却努力善待他人，就会人为地划出一条界线，从而隔离和孤立自己。越是在窘迫的时候，就越要对自己好一些。

居里夫人说：“荣誉就像玩具，只能玩玩而已，绝不能永远守着它，否则将一事无成。”1903 年，居里夫妇因发现镭而获得了诺贝尔物理学奖。此后，他们夫妇二人接连不断地收到世界各地的来信，内容都是索求提炼镭的方法。如此一来，他们就有了两个选择，一是毫无保留地把制镭方法告诉全世界，二是以发明镭为由取得提炼铀沥青矿的技术专利，并占有在制镭业上的某些权利。某个星期日的早晨，皮埃尔·居里跟夫人讨论如何选择，居里夫人果断赞同第一种做法。居里夫人的话说出了荣誉不值得固守的本质，原因在于，某项荣誉容易给人贴上标签，成为一个人进步的阻碍。

在日本明治时代，有一位著名的南隐禅师。一天，一位学者前来问禅，南隐禅师与他共同饮茶。禅师将茶水不断倒进学者杯子里，杯子满了也不停下，学者忍不住制止道：“不要再倒了，已经溢出来了。”禅师却说：“你的心就像这只杯子，里面装满了自己的成见，如果你不把自己的杯子倒空，我无法对你说禅。”人的思想毕竟容量有限，应该装进更多好的思维习惯，而不是思维的内容。如果凡事以成见来看待，那是一个坏的思维习惯。

因为一些东西是辛苦得来的，所以很多人不愿放下。但是，让人觉得轻松快乐的是追求它们的过程，而不是对它们的占有。在获得它们的那一刻，那种快乐已经迅速消失了，让自己长期有满足感的，是自己有能力获得它们的事实，而不是这些东西本身。而且，占有着它们恐怕有一天还是会失去，成就所带来的快乐反而变成了压力。如果把这些东西看成是利益，那么可以这么说：无论放弃或博取，都是在取利，“两利相权取其重，两弊相衡取其轻”而已。

美国作家梭罗说：“简单点，再简单点！奢侈与舒适的生活，实际上妨碍了人类进步。”人的大脑好比一台计算机，其内存是一定的，安装的软件越多，电脑的运行速度就越慢，运行时产生的垃圾也越多。我们应该及时清理，只留基本的软件，为此应放下已经得到的东西，极端地说，有时还要放下并拒绝未曾得到的东西。现代人压力大，就是因为让自己承担太多了，我们受到各方面的压力影响，越来越把事情全部包揽过来，最后不能全部办好，压力反而增加。这些担子偶尔也可以放下。

放下也是创新的开始。以吃西瓜为例，大块吃得多，小块吃得快，吃完一块又一块，同样的时间，吃两块小瓜的总和大于一块大瓜，这是一种全新的思路，但要求放下手中的大块西瓜。相反，固执于已经拥有的，目光和思维会越来越狭窄。

生长在中南美洲的蜘蛛猿，体形小巧，动作敏捷，极难捕捉。多年以来，人们想尽方法都不能捉到它们。后来，人们终于想到了一个绝妙的办法，其实，这个方法也很简单，就是在一个相当重的细口瓶内部的近口处放一粒花生，等蜘蛛猿来采食，只要它伸手去拿花生，就肯定能捉到。因为蜘蛛猿握紧花生的手无法再伸出，而它又无力拖动瓶子。有的时候，为了更大的目标，比如此例中蜘蛛猿的生存，比如人们想获得生活的幸福，必须先放下一些看似重要的东西。失败也许只因有太多不愿放下。放弃一些东西，等于放掉了一些压力，也就收获了轻松与快乐。

与放下相对的，是执着，而不是坚持。我们需要知道自己在坚持着什么。如果坚持的梦想根本不可能实现，或坚持的信念是子虚乌有，那么坚持只会不堪其累，并距离坚持的东西越来越远。懂得了这一点，也就正确理解了坚持，放下了执着。

当然，不是什么都能放下。应该放下的，是难言的负荷，是无尽的牢骚，是虚伪，是已经得到的东西。如果是共同患难走过来的爱情就不应轻言放弃，无论外界的诱惑多么大，如果放弃，那么放弃的是责任和一生的幸福。

第四节　知足者常乐

知足这个观念，从反面来说是不贪求。从正面来说是适可而止和珍惜已经拥有。

贪欲不可能通过自己的努力得到满足，除非一次性给他世上的一切。但是，罗马不是一天建成的，况且，没有管理能力，得到的东西也会失去。有一个奴隶，他想得到一块土地，地主让他清早开始就在自己的土地上跑，并随时插旗子，如果天黑之前能够返回地主眼前，插着旗子的地方就都是他的。结果，奴隶卖命地圈下了地主所有的土地，然而他不懂得打理，只好雇用地主，没过几年，所有土地又归地主所有了，奴隶也挥霍光了已得的财富。

从正面而言，知足使人快乐。伊壁鸠鲁说："谁不知足，谁就不会幸福，即便他是世界的主宰也不例外。"

我们之所以不快乐，一是因为我们渴望拥有的东西太多了，再者是因为太执着于已经拥有的东西了。无论渴望中的，还是死守不放的，想要的东西不等于需要的东西。现代人所追求的东西，其符号意义超过了实用意义，越来越被名誉、身份、脸面等外在条件所驱使。余秋雨先生在《相约星期二》的序言中说："人真实的需要被掩盖了，'需要'变成了'想要'，而'想要'的则来自左顾右盼后与别人的盲目比赛。"就拿吃饭来说，保证营养就足够了，可偏偏有人把它与尊荣、富贵等绑在一起。由于外界信息无穷无尽，很多人被迷惑以致于无法自主做出判断。许多压力就是源自"想要"而不是"需要"。

心里不去想那些眼下遥不可及的东西，把握已经拥有的，是一种适可而止，也是知足。

知足意味着从烦恼痛苦的情绪中走出来。换句话说，知足是缓解压力的一味良药。快乐或幸福并非一个遥不可及的目标，它只是一种即时性的内心体验，不需要经过拼死拼活的努力也能感受到。我们的眼睛总是注视着那些幸福快乐的人的身外之物，并将那些东西确立为幸福的标准，其实，他们快乐未必是因为得到了某些东西，可能只是听到孩子说了一句好话，或者回想起当年一起求学的情景。更多被我们忽略的是，有许多人根本没有豪宅名车，没有高薪，没有美满的家庭，但他们也很快乐。

我们还忽略了一种人，他们拥有很多，但当他放弃我们视之为幸福保障的东西时，他们依然快乐。

1936年，好莱坞影星利奥·罗斯顿紧急入住汤普森急救中心，原因是心肌衰竭。遗憾的是，尽管用上了最好的药物和设备，抢救还是失败了。罗斯顿是有名的胖子，他临终前说道："你空有一个庞大的身躯，而你的生命只需要一颗心脏。"医院被这句话深深打动，同时为了警醒肥胖者，把这句遗言刻在了医院大楼上。

1983年，美国石油大亨默尔因同一病症入住这里。幸运的是，由于默尔身体底子好，手术很成功，一个月后就出院了。奇怪的是，默尔出院后卖掉了公司，并到十年前在苏格兰买下的别墅居住。后来，人们通过他的一本传记中的一句话解开了疑问，他在里面说："富裕和肥胖其实是一样的，都不过是所得超过了需要而已。"

默尔的做法就可以称为适可而止，他看到了生命中比财富和荣誉更重要的东西——生命。不得不说，许多生活压力大的人，心里已经将生命跟金钱、房子等其他东西本末倒置了。自然不必说"身体是革命的本钱"的大道理，事实上，能够把自己的身体保养好，更是一件值得夸耀和感觉幸福的事。然而，这要求先看到身体为本，其他为末，这就要说到知足的另外一个表现：珍惜。

人所拥有的一切都是财富，而最宝贵的财富是知足的心态。人们总是在羡慕别人的美丽和富有，却忽略自己眼下拥有的稳定的工作、和睦的家庭、健康的身体、知心的朋友。许多人抱怨自己根本没有这些，这抱怨并非事实。他们可能没有理解珍惜的本质，珍惜不要求紧紧把握住，而要求看到已经拥有的美好的东西，或者看到不美好事物好的一面。只要看到，自然会接近并加以珍惜，因为趋利避害是人的共性和本性。退一步讲，就算我们已经拥有的东西的美好一面难以被看到，总有一些是能够轻易看到的，我们珍惜那些即可，而后提升自己，努力获得更多能力范围之内的东西。

但是，人们经常将知足与不思进取混为一谈并加以嘲笑。知足不是放弃追求或安于现状，而是在无尽的追求面前懂得取舍，懂得适可而止。知足是自我的解脱，而不是像阿Q那样自我蒙骗。

第十四章

与自卑和谐共生

自卑是指一个人对自己的能力、品质等作出偏低的评价，总觉得自己不如他人，产生悲观、失望等情绪，也是一种“比较—评价—刺激”连锁机制所产生的情结，与此对应的有自满、自信等心理状态。

自卑人人有之，时常会呈现，只是每个人的表现不同。

有人在自卑心理下，对自身有了正确认识，加快对自身缺点的弥补，对自身的成长有一定的进步意义。而有的人产生自卑情绪后，会对这些事物产生排斥、厌恶的状态，不利于自身的进步。

因此，自卑并不是压力，而是一种自我评价，并由此产生不同的结果。

著名歌星王菲说，自己也曾经自卑过，因为她觉得自己不够聪明，18 岁时勉强考上一所不出名的大学，但没有去上，到现在也没有一个正经学历。她还觉得自己没有毅力，减肥通常不超过一周就打退堂鼓；明知抽烟不好，却总也戒不掉；她觉得自己不擅长交际，尤其不会讲话，不善于和媒体沟通，因此总给人耍大牌的感觉。

第一节　自卑与生相随

奥地利心理学家阿弗雷德·阿德勒一生都在研究人的自卑问题。他开创了个体心理学，撰写了《自卑与超越》一书，认为人类的一切行为都受“向上意志”支配。一个人生来就有一种内驱力，力图做一个没有缺陷的、完善的人。因此羡慕别人、胜过别人、征服别人等都是出于追求优越人格，即追求高人一等、出人头地。

追求优越人格的结果却有两重性。它既可以激励人追求更大的成就，也可能因为有缺陷（包括身体缺陷）产生自卑。而自卑一方面能摧毁一个人，使人自暴自弃或发生精神疾病；另一方面它能够使人发愤图强，振作精神迎头赶上，解决原始缺陷和追求优越人格之间的矛盾。

在原始社会时期，自然界中各种动物依靠丛林法则，弱肉强食，所以人类始终面临各种猛兽的攻击，不得不在战斗与逃跑中选择。而每一次受到猛兽攻击时，人类都会对自身各种缺陷产生自卑，期望能长出有力的翅膀、锋利的牙齿、坚硬的外壳等，而这些人类自身都不具备，从而向外部世界寻求武器，制作尖锐的长矛、锐利的石器，这是自卑下抗争的结果。那么，人类打不败猛兽怎么办呢？人类会塑造各种神明，来帮助人类、保护人类，或者是渴望英雄的出现，带领人类集体战斗，因此神和英雄成为人类自卑感中自我安慰的力量。直到今天，世界各地的神话故事中，都有描写野兽如何凶猛，人类塑造的神或英雄带领他们如何经过牺牲与斗争，取得最后的胜利。

人类既自卑于自身在自然界中的渺小，又骄傲于具有创造无所不能的力量。自卑与自信，主导着人类社会不断创造和创新的精神，这就是人类生存发展的原始动力。

人生本来就不是完美无缺的，但它能够使人发愤图强，振作精神迎头赶上，解决原始缺陷和追求优越之间的矛盾。如果有人以自卑感为借口逃避，就会被认为是胆小鬼，用他们的自卑和失败来衬托创造丰功伟业的人。

自卑人格大多源于童年经历。所有人在开始生活的时候，都具有自卑感。

襁褓中的婴儿是最弱小的生命，只有依靠外部供给才能活下来。与那些强壮的成年人相比，婴儿也会感到自身的无助、虚弱，自卑的情感也会激起婴儿追求力量的强烈愿望，因此，婴儿会通过挣扎来体现自己的力量。婴儿的养护者有不同的对待婴儿的方式，婴儿每天就是在与养护者的这种相互作用中形成了对成人的预期，这种预期渐渐发展为一种“内部工作模式”，这种模式内化了对依恋对象和自己以及两者关系的内在表征，最后转变为一种无意识、自动化的运作。到了6岁，孩子便形成了一种相对稳定的生活态度，并以自己特有的方式来处理问题。不同的成长环境，也会造就不同性格的孩子。

第一种是被宠坏的孩子。他们从小受到娇惯，自己的愿望都会被无条件地满足，甚至认为不需要努力就可以受到重视。这样的孩子长大后，一旦发现自己不再是注意的焦点，就会惊慌失措、患得患失。

第二种是被忽视的孩子。这样的孩子缺少对爱的感受与对合作的理解，所以他们一旦面临生活中的困境，就会全力以赴，可能会忽略别人的善意，甚至不信任别人可以帮助自己。这样的人常认为世态炎凉、社会无情，所以认为自己面对社会的应对办法也是相应的无情。但是到最后，由于个人的力量在大自然面前是弱小的，于是他们总是既怀疑别人，又难以相信自己。

第三种是遭遇某些身体缺陷的孩子。对于这样的孩子，除非有亲密的人对他们进行引导，使他们的关注重心由自身转移到外界，包括对他人产生兴趣，才可以避免他们走向歧途。而且在未来的生活里，还有可能受到同龄人的怜悯、挖苦或对他们避而远之，他们的自卑感会继续加深。这些环境都会使这些孩子变得孤僻内向，甚至觉得自己不可能对社会有用。他们还会觉得这个世界羞辱了自己，以致对社会产生了冷漠之心。

以上三种模式分别会形成三种人格类型：

安全型：发现与别人亲密并不难，能安心地依赖别人和让别人依赖。不担心被别人抛弃，也不担心别人与自己关系太亲密。这类人在人群中约占60%。

焦虑一矛盾型：发现别人不愿意如预想中的那样与自己亲密。经常担心自己的伴侣并不真爱自己或不想与自己在一起。想与伴侣关系非常亲密，而这有时会吓跑别人。这类人在人群中约占20%。

回避型：与别人亲密令自己感到有些不舒服，发现自己很难完全相信和依靠别人。当别人与自己太亲密时会紧张，如果别人想更加亲密一点，则会感到不自在。这类人在人群中约占20%。

自卑感是产生自我封闭心理的根源，而且是在人的青少年时期埋藏的祸根。父母是孩子第一任老师和心目中的权威。因此，父母对孩子的评价会对其产生巨大的影响，特别是贬抑性的评价会严重挫伤孩子的自尊心，使他们产生自卑感。渐渐地蔓延、扩散，从而产生错误的心理定势，导致人际关系障碍和许多行为上的困扰，妨碍学习、生活和人际交往等活动的正常进行。这种病态心理如果不能及时止确地治疗，可能会危害终身。

曾经有一则新闻，一个孩了考试考了60分，孩子的爸爸就放礼炮庆祝，因为孩子上次考了40分。这样的事情，让人很佩服这位爸爸的勇气。他的孩子一定会从爸爸的骄傲中慢慢地找到白信，逐步取得更好的学习成绩。我们并不是说要给成绩比较差的孩子放礼炮，而是说父母必须注意到孩了的进步，而不能一味地批评孩子“你怎么这么差”，更应该做的是鼓励孩子：“下次你会更好的”。

有一位记者采访著名演员姜文，问道：“您人生中最大的挫败感是什么?”姜文表示：“我和我妈的关系怎么都处不好。”原因在于自己追逐梦想的时候，总是得不到妈妈的支持。就算是考上中央戏剧学院这样的事情，妈妈也无动于衷。因为在她的心里，没有走上她为姜文规划的道路。很多父母喜欢用“我是为你好”这样的方式来绑架孩子，其实对孩子是一种束缚。

我们每个人都有不同程度的自卑感，因为我们都想让自己更优秀，让自己和家人过上更好的生活，这是人类共有的价值观，也是每一个人都有的原始自卑感。当它不影响我们的生活时，仅以内在感受存在于社会适应方式中，但是，当它外显为情感或行为时，就需要认真对待了。

第二节 松开自卑结节

尽管自卑对具有积极人格的人起到激励作用，但是它也会使有消极人格的人产生消极情绪，甚至在身体上造成一些变化，如被称为情绪积累物的“结节”，一般会在皮肤下产生突起的脂肪瘤。一个人若被自卑弄得心灰意冷，以致达到万念俱灭，百事皆休的地步，就离抑郁症不远了。在这种情况下，自卑是一种人生进步的阻碍因素，对人的现实生活具有闭锁作用，积郁成疾以致形成结节。

人都会感到自卑，在有的人身上会产生对成就的需求，激发斗争精神，如男性中的“英雄气”。但在一些人身上则会引起精神病症。也就是说，容易发生自卑情结的人，是没有勇气战胜自卑的。

如《红楼梦》中的林黛玉就是一个具有鲜明自卑情结的人。她喜欢贾宝玉，但是因她家道中落，只是寄住贾府，想爱而不敢爱，在遇到强大的对手薛宝钗时，只能用葬花的方式表达对爱情的失望、对自己身世的无奈，对世态炎凉的哀怨，最后抑郁成疾而亡。可以说这是自卑的人中最悲惨的结果了。

自卑的人通常都会面对一个强大的参照物，并且不得不进行被动比较。甚至必须拿自己的缺点和别人的优点相比，这是一个自动化过程。封建社会婚姻非常看重门当户对，林黛玉想嫁给贾宝玉，必须与家庭富有的薛宝钗比家世地位，这是被动的、自动化的过程，以一种世俗的状态出现，体现在不言而喻的生活中。在封建社会看重家世的思想影响下，林黛玉完全被压垮了，从而产生了一种悲观厌世的情绪，找不到自己生存的价值所在，对生活失去希望，她只能用死来表达对爱情不幸的控诉，这就是自卑情结的结果。

在现代社会里，人们对自身的状态与素质都会以所受到的教育情况、社会经验和工作实践进行评价。这种评价由两部分构成，一部分是社会或者团体，一部分是自己的自我评价。

人在进行自我评价时，要选定一个参照物，通常选定的是某个最亲近、最现实、具有最大利益相关性的人或社会平均水平作为参照物，即把自身的价值与他人（或社会一般人）的价值进行比较，从而产生自我情感。

人的自我评价虽然在其形式上是对某种具体特性（如相貌、身份、气质、特长、地位等）的自我评价，但在价值本质上是对自身劳动能力及其发展前途的自我评价。人对自身价值特性的评价构成了自我情感。由于人的素质能力越强，其活动的价值率就越高，对于自己的评价就较高，自我情感的强度就越高，就会形成“自我感觉良好”的情况。

自我情感分为自卑感和自豪感两种。当自己的价值小于社会的价值（或比较对象的价值）时，人就会产生自卑感；当自己的价值大于社会的价值（或比较对象的价值）时，人就会产生自豪感。自卑感的极端形式是自暴自弃，自豪感的极端形式是目空一切、不可一世，这些极端的自我情感都容易使人产生极端的思想或极端的行为而走向毁灭。

自卑也并不是完全无用的情感，了解自己的自卑，对于人生的发展具有重要的价值。

自卑感的客观作用在于引导人主动地与他人进行合作，并自觉地服从他人的管理，虚心听取他人的建议或忠告，努力学习他人的长处；自豪感的客观作用在于引导人被动地等待或消极地应付与他人的合作，尽可能地要求他人服从自己的管理，千方百计地说服他人听从自己的建议或忠告。我们以被宠坏的孩子为例：他们极少有自卑感，只对自己感兴趣，对他人则明显地缺乏兴趣，而且在上学后，他们会把这种态度带到学校。在学校他们只对功课感兴趣，这是因为他们觉得，学习成绩好了，老师就会喜欢自己。对于他人的意见，只有他们对自己有利时，才能听得进去。在他们的成长过程中，这种缺乏社会合作感的结果会愈加明显。久而久之，他们就会难以应付生活中的各种考验和挫折。

适当的自卑感与自豪感将有助于引导人正确处理与他人的利益关系，有利于维护自己的正当利益。在口常的人际交往中，人应该善于以正常的、健康的心理状态与精神面貌正视自己所取得的成绩和面临的困难，客观而准确地看待他人的能力、地位及财富，既不能因自己一时的幸运而狂妄自大，也不要因自己一时的失败而悲观失望；既不能因为他人一时的落魄而低眼看人，也不能因为他人一时的得意而低三下四，应该使自己时刻保持不亢不卑、不骄不躁、平衡而稳定的心理状态和精神面貌，真正做到“贫贱不能移、富贵不能淫、威武不能屈”。

人只有正确地评价自己和他人，树立正确的自我情感，才能正确认识自己在社会中的地位和作用，才能正确处理与他人的利益关系，才能迅速有效地发展自己的能力。所以古人云："人贵有自知之明。"知道自己的自卑内容之后，就找到了克服自卑的道路，使自卑成为一种人生价值。如身体缺陷会对一个人的行动造成很多障碍，但这些障碍并不代表无能为力，如果这个人努力克服这些障碍，那么他们会和健康的人一样走向成功。

第三节　决不向自卑妥协

每一个自卑的人都曾受"向上意志"的支配，不断使用内驱力让自己"出人头地"。但是，有的人遇到了无法克服的困难，并且困难一直存在，不断重复，使人向着自卑的深渊一步步走去。

这里有两种困难。第一种是遇到严重外在挫折事件时，如遭受重大身体创伤后导致残疾或亲人离世使家庭出现重大变故等而产生的自卑情绪。第二种是自己比较参照物后失去自信，如受到冷嘲热讽等，致使每一次自卑体验逐渐汇聚成自卑情结。

就现代社会条件下看来，自卑情结的形成都不是一次完成的，许多人都是经过了"向命运抗争"后，仍久久不能成功时，就可能开始怀疑自己的能力，开始自卑了。许多女性心中也会有一个成功梦、成才梦，但在平凡的、经常性的挫折下，从轻微自卑感到经常性的自卑情绪，一点点地磨去了奋斗意志，直到丧失生命的热情，屈服于"命运的安排"。

与自卑心理妥协并非没有可取之处，可以利用"拉平效应"，即用每个人都可以利用自卑来安慰自己。事实上，每个人都有自卑的一面，因为每个人都有缺陷，都与他人有差距，或都经历过失败，只是程度各异。正确地比较和每一次降低欲望与需求，都是在一定程度上减轻自卑的感受，最终达到心态平和。

人对自身状态与素质的认知构成了自我意识，对自身价值特性的评价构成了自我情感。人的自我评价虽然在其形式上是对某种具体特性（如相貌、身份、气质、特长、地位等）的自我评价。但在自卑群体中，许多人以生理方面的缺陷作为天生自卑的借口，实际上是缺少内心的驱动力。

海伦是美国著名作家、教育家，她在出生后第 19 个月时因患急性胃充血、脑充血而被夺去视力和听力。由于失去听觉，不能矫正发音的正误，她说话也含糊不清。对一个残疾人来说，世界是一片黑暗和寂静，在这样的情况下要学会读书、写字、说话，没有强大的毅力是不可能的事。但是，海伦没有向命运屈服。她为了能清楚地发音，用一根小绳系在一个金属棒上，叼在口中，另一端拿在手上，练习手口一心，写一个字，念一声。为了使写出来的字不至于歪歪扭扭，她还自制了一个木框，装配了一个滑轮练习写字。海伦的老师对她帮助也很大，她让海伦将手放在自己的喉咙上，感受发声时震动的感觉。成年后，海伦开始尝试撰写文章。1902—1903 年，她出版了《我的一生》（有的译作《我生活的故事》）。1904 年 6 月，她以优等成绩大学毕业。1908—1913 年，出版《我的天地》（又译作《我生活中的世界》）、《石墙之歌》、《冲出黑暗》。1916 年，遭受婚姻变故。1919 年，应邀去好莱坞主演电影。1924 年，成为美国盲人基金会的主要领导人。从她的故事中我们可以看到，有缺陷的身体也可以产生巨大的优势，但有个前提，那就是残疾者必须找到克服缺陷的正确途径，决不向自卑妥协。

与海伦相比，我们还会抱怨五官不够端正、过胖、过瘦、口吃等情况吗？还会比较自身条件跟别人的差距吗，如出身农村，工资低，学历低等。还会害怕当众出丑、被人嘲弄、情场失意、事业失败吗？

这些使人产生挫折感的失败、缺陷和差距，抱怨都于事无补，相反，接受失败是冷静的开始，从而才有可能分析并看清失败的原因并去改正原因，以提高下次的成功率。缺陷本身抑制了自己天性和能力的发挥，尤其是先天有缺陷者，他们往往承受着非常严重的精神压力，常怀疑或担心自己被人耻笑，因此而离群索居，不敢主动交往或接受友谊。但是，已经有了缺陷，我们应该怎样去面对呢？与其在对抗中抱怨，不如坦然接受。有缺陷，只是不能做某些事情，并不意味着丧失了所有的行为能力。

自卑的成因包括客观因素和主观因素，但是在自卑的形成中，主观因素起着决定作用，客观因素只有通过主观因素才能影响自卑的形成。

在形成自卑的主观因素中，负性的核心信念相对而言是一种静态的累积过程，而归因方式则是动态的促进过程。核心信念的建立是一个漫长的过程，积淀了每一次的自我评价和自我信念，而自我评价和自我信念的获得则来源于个体对每次事件结果的归因，而归因方式在自卑的形成中起到了枢纽的作用。

如果总是把失败归因于内在稳定因素（能力），把成功归因于外在因素（运气好、任务容易），那么这种负性的心理就会成为自卑最深刻的根源，强烈影响个体的思维。

自卑者在活动前常有一种“我很难成功”的负性核心信念的自我预言。这种强化加深“自己不行”的印象，为下次活动设置了更大的障碍。于是就有了这样的模式，“我可能不行—失败—我的确不行（强化）—失败”，结果构成一个恶性循环，使人陷入自卑的深渊。这种表现导致与人接触或处理事件时缺乏勇气和信心，做事没有魄力，畏首畏尾、优柔寡断，自己没有主见，总是随声附和。严重自卑者把自己一处不如别人的地方扩大到每个方面，把一时的失败看成一世的失败，因而更加自卑。还有，自卑者常会用某种不恰当的方法，比如自恋、嫉妒等压制着自卑倾向，因此，当周围的人们加以轻视、嘲笑或侮辱时，其自卑心理会被强烈唤醒，甚至用自欺欺人、发怒、哭喊等方式表现出来。这些过激表现更容易使他人疏远他们，导致严重自卑的人孤立、离群，甚至会抑制自己的自信心和荣誉感。

第四节　超越自卑之路

恰当的自卑是需要的。自卑不是谦虚，而是对自己存在缺陷的真切压力。所谓恰当的自卑，就是在压力下激发内驱力去积极补救，而不是在自卑中越陷越深。

自卑是自大者的清醒剂。法国科学家、诺贝尔化学奖的获得者维克多·格林尼亚，年轻时是个花花公子。他家境富裕，从小生活无忧，不务正业，性格自负，盛气凌人。出手阔气，再加上自己相貌英俊，因此他经常周旋于美女身边。在一次午宴上，格林尼亚看上了一位来自巴黎的女伯爵，于是上前放荡地搭讪。可是，他生平第一次被公然轻蔑地拒绝了：“请站远一点，我最讨厌被花花公子挡住视线。”格林尼亚羞愧不已，顿时发现自己是被人嫌弃的对象。慌乱之中，他逃离了宴会。

格林尼亚带着自卑的心理来到里昂，隐姓埋名做了里昂大学的插班生。他苦心孤诣地钻研学问，拒绝社交，整天就在图书馆和实验室里埋头工作。后来，在菲利普·马尔教授的指导下，他经过长期努力，终于有所成就：发明了格林试剂，发表了无数学术论文，于1912年和同事保罗·萨巴捷一起获得了“诺贝尔化学奖”。

格林尼亚的事例说明，自卑会打击一个人的自负，使“被宠坏的孩子”得到警醒。

对那些自以为是的人，这种打击就像一盆冷水使自负者清醒。格林尼亚遭到那位女伯爵冷遇时神情沮丧，使他认识到建立在外貌与金钱价值上的自豪感是令人讨厌的，在自卑中反思自己存在的真正缺陷，以及如何才能赢得真正的尊敬。

信念是自卑者的动力源。拿破仑的真实身高是1.68米，在高大的英国人面前经常被嘲笑。有一次他在军中训话，有一个个子高大的将领却根本不听，丝毫不把拿破仑当回事。这个将领比拿破仑高出一个头还不止，但拿破仑很傲然地对他说了一句话："我希望你明白一个道理，虽然你和我的身高有一个脑袋的差距，但如果你不听从我的命令，我随时可以消灭这个差距！"这位将领马上收敛，再也不敢轻视拿破仑！

拿破仑10岁时进入法国布里埃纳军校接受教育。但作为一个从偏远且又是殖民地科西嘉来的"外来者"，身材矮小的拿破仑经常遭受其他本土学员的欺辱，但他没有自卑，十分坚韧且顽强，通过自己的不懈努力，最终赢得了许多本土学员的尊重。在进入军队担任指挥官后依靠卓越的军事指挥才能，从"土伦战役"到"滑铁卢战役"的23年期间，拿破仑亲自指挥各大战役近60次，其中50余次胜仗，小战役数不胜数。他多次在国内外击退反法联盟的入侵和镇压反动势力的叛乱，进行了7次与反法联盟的战争，在军事史上有着重要的意义。他曾说："默认自己无能，无疑是给失败创造机会。只有坚定胜利的信念，才能永不被敌人打败。"

在成功的路上，坚定的信念使自卑毫无容身之处。信念具有非凡的力量，能创造奇迹。法国存在主义哲学大师让·保罗·萨特说："一个人想成为什么，他就会成为什么。"德国哲学家弗里德里希·威廉·尼采说："如果我们有信念，什么方法都能找到。"这些说法的哲理性在于：人类的一切思想和行为，都需要信念的指导和支撑；一个人所生活的环境，是他的思想、信仰、理想与哲学创造出来的。

信念越强烈，意味着把想法变成现实的冲动越强烈，换言之，一个人的外在行为跟内在信念是一致的，前者是后者无限壮大最终呈现出来的结果。行为的冲劲体现了一个人的自我效能。美国当代著名心理学家阿尔伯特·班杜拉于1977年提出自我能效的概念，他认为：自我能效是人们对自己能力的评估，以及对自己能否顺利完成某项任务或适用某一环境的自信程度。高自我能效者充满自信、奋勇前进，而低自我能效者则沦陷在自卑里，遇事容易选择逃避。

自卑者需要挣脱绳索。一般而言，自卑者是自我沮丧的、自我封闭的。多数人承受能力脆弱、经不起较强刺激、多愁善感、郁郁寡欢。对于重度自卑或多次自卑后形成习惯性自卑情结的人，一次次自卑叠加，长期屈从于压力，往往无法战胜自卑。比如，一匹总是围着木桩转的马，必须解开绳子，才会走出那个圈子。也就是说，有自卑情结的人需要冲破自己“吐丝”所织成的“茧”，才能“化蛹成蝶”。

自卑者如何挣脱自卑情结的锁链呢？

内心自卑者需要外部力量的加入或者他人的帮助，如通过心理咨询师调整认知，可以借助某次成功来增强信心，找到战胜自卑的可能性和具体方法。

伟大的文学家歌德，年轻时曾立志当一名画家。为此他努力了十年，结果却收效甚微，对自己失去了信心，经常自怨自艾。有人建议他，如果你觉得画画是前途，可以去意大利游览，看看绘画大师的杰作。

在意大利绘画杰作面前，歌德真是痛不欲生。即便自己穷尽一生，也难以创作出超出绘画名作的作品。

就在他痛苦彷徨的时候，他把自己的心情写成了诗歌，却偶然被一位作家看到，对他的诗歌大加赞赏。鼓励他放弃绘画，主攻文学，于是他扔下画笔，开始写作，从此一篇篇宏大意境的作品诞生了。

绘画对歌德来说是弱项，与这一领域有所成就的人比较，他必定自卑。但是，幸运的是歌德遇见了指路人，使其在诗歌中寻找突破，发挥自己的天赋。对许多遭遇挫折的自卑者而言，在陷入自卑中无法自拔时，可以向外求助，让长者或者亲人给予鼓励，指出另一条人生之路。

自卑犹如孤独的孪生姐妹，有自卑的存在，就摆脱不了孤独的阴霾。人人都可能有孤独的时候，但孤独并不意味着就是独来独往。自卑者必须从长期沉浸的孤独心理状态中走出来，自我挣脱锁链，学会与周围的人进行情感和思想的交流，获得外部动力。

有人说：自卑者是被自己的自卑臭味恶心死的。这真是很形象的比喻。每一个自卑者往往看不到自身的优势，只看到他人的长处，产生的嫉妒心理就是一味毒药。

自卑者总会看到自己某一方面不如他人，或者感到永远追不上他人，一时的感叹就可能会变成全盘自我否定和自暴自弃。要想放弃自卑，自卑者可以从自身优势找起，向自己的内心“花香”寻求安慰。

自信比成功更重要。一个人自信心的丧失往往是在持续失败的挫折下产生的，自信心的恢复和自卑感的消除也是从一连串小小的成功开始的。每一次成功都是对自信心的强化。自信恢复一分，自卑的消极体验就将减少一分。

如果自卑感已经产生，自信心正在丧失，可采用作业法。方法是，先寻找某件比较容易也很有把握完成的事情去做，成功后便会收获一份喜悦，然后再找另一个目标。在一个时期内，尽量避免承受失败的挫折，以后随着自信心的提高，再逐步向较难、意义较大的目标努力，通过不断取得成功，使自信心得以恢复和巩固。

有了信心，也就有了意志，就有了面对被他人贬低的勇气，最后还会颠覆他人的评论。爱默生说："伟大高贵的人物，最明显的标志是他坚定的意志，不管环境变化到何种地步，他的初衷与希望仍不会有丝毫的改变，而终将克服障碍，达到所企望的目的。"

帮助孩子们消除自卑感，父母和教师要注意不要轻率地随意贬低他们的能力或品质，以免损害他们的自尊心和自信心，而要多给予褒扬和鼓励。孩子自己也要有"我能行"的信念，恰到好处地自我暗示，就是在自己的心田上播种自信。平时不管做什么事情，不可操之过急，目标不可定得太大太高，否则就易于受挫。可将它分解为一个个小目标，这样就易于打胜仗，而每次成功都对自己是一种激励，这有利于提高自信心。要以宽容、豁达的态度来对待挫折，并进行恰当的"挫折归因"，即造成挫折的原因要分析得正确，然后想办法去克服困难。

人有了自信，就会逐渐走出自卑与无能的恶性循环，并走入自信与成功的良性循环。自信促进成功，成功增加自信，而这个突破口，就是一次实际的成功。任何一次实际的成功都能让人自信起来。一个人越是自卑，小小的成功就越会增加人的自信，这就好比一间终年黑暗的屋子，要将它照亮，不需要熊熊大火，只需一丝光线；心里的黑暗尤其如此，而且自卑的人只要经历了一次照亮，就会有无穷的向往，或者说对光明有了依赖，一点星火即可燎原。

一扇门关上，总有另一扇窗打开，新的窗户意味着新的心境。

第十五章

培养乐观的心境

心境，是一种微弱、平静、带有渲染性的情绪状态。

古语说：同一种事物，“忧者见之而忧，喜者见之而喜”，这是心境的表现。

工作成败、生活条件、健康状况等都会对心境产生不同程度的影响。一旦喜悦、悲伤等心境产生后，就会维持一段较长的时间，甚至成为人一生的主导心境。

心境受到情境影响，但心境并不完全取决于外部因素，还同人的世界观和人生观有联系。如有的人一生历尽坎坷，却总是豁达、开朗，以乐观的心境去面对生活；有的人总觉得命运对自己不公平，或觉得别人都对自己不友好，结果总是存在着抑郁愁闷的心境。因此，心境的塑造与培养，是积极乐观人生的重要基础。

陈毅元帅的《梅岭三章》可以说是乐观心境的体现：

断头今日意如何？创业艰难百战多。

此去泉台招旧部，旌旗十万斩阎罗。

南国烽烟正十年，此头须向国门悬。

后死诸君多努力，捷报飞来当纸钱。

投生革命即为家，血雨腥风应有涯。

取义成仁今日事，人间遍种自由花。

这是一位革命者以死为乐，具有敢招十万旧部斩阎罗的豪迈气概，在血雨腥风中盛开自由血花的浪漫心境。

第一节　乐观心境影响一生

心境，可以成为人一生的主导，它必定与心情的变化和心态的迁移不同。

心情是指人的情绪，表明当时、当地一个人内心的感受，是随环境与事件而变化的心理形式。

心态是一个人的心理状态。当人心态饱满时，心有多高，生命状态就有多高；当人心态低落时，内心就会感到空虚而情绪不稳。

而心境具有相对稳定性，一旦形成就会影响长远。心境又具有弥散性，不同心境会影响生活、工作、生命的各种形态。所以，心境不是自然产生的，是长期心理积累和修养的结果。

宋朝诗人苏轼说："根尘各清净，心境两奇绝。"

心境有三种境界：悲观、平和、乐观。但是，一般人都是混合型的，在人生中从两个极端状态，逐渐向中间平和状态过渡。为此，我们先从两端着手，理解两种极端心境的内含。

乐观情绪体现的是愉快的、振奋的、有信心的心态；悲观情绪表现的是悲伤的、忧郁的，厌恶一切、灰心丧气的心态。

我们平时说某人乐观，就是指他乐观的心态，对待事物的变化所具有的积极向上的人生态度。比如美国一户人家的房子被大火烧毁了，房主人却提议："不如拍个照，留个合影吧"，于是一家人乐呵呵地在着火的房子前留下了一张合影。这么乐观积极的心态，深深地震撼了每个人的心。我们说某人很悲观，是因为他不相信自己有足够的行为能力，来承受和减弱负向价值对自己所产生的不良影响，也不相信自己能够使正向价值发挥更大的积极效应。悲观的人认为负向价值对于自己的不良影响将是巨大的，而正向价值对于自己的积极效应却是非常有限的，因此他只关心事物的负向价值，并把逃避作为其行为的最终选择。这种人容易看到事物坏的一面，不容易看到事物好的一面，其行为决策总是遵循"小中取小"的价值选择原则，这是一种悲观的心态。

乐观或悲观的心境会引发自动化思维，乐观者有一个自我验证的正循环：总会想象好事会发生并积极行动，增加成功机会，而成功又加强了自我乐观，具有自我实现效应；悲观者经常会验证失败的预言，每一步都觉得艰难异常，在失败的预期中体验自我不良效能感。

乐观与悲观心境存在不同的归因模式，乐观模式的人对于发生事情倾向于积极归因，就会按积极的方式去行动，从而会真正地验证自己的积极论断，并对目标锲而不舍。悲观模式的人则倾向于消极归因，对于事情发展持消极应付态度。

一般人认为，知识、技能和才干这些个人能力是客观的，受心态影响，在不同情绪中有促进与消退作用，与心境无关。但是，心境对人客观条件发挥着促进和反作用的效果。

乐观心境可以反作用于心态。乐观情绪是变化的，随着时间和环境的变化而不同，因此，具有偶然性和善变性，仅会影响看问题的方式；而常态的或习惯性的乐观心态不断扩大并维持，或者是多次积淀，就具有了人生决定意义。因此，培养乐观心境是一个人具有良好的信念、积极的人生观和价值观的决定性因素。

乐观心境是一个人重要的心理资本。积极心理学认为，心理资本由自我效能、乐观、希望、韧性或意志力构成。具有乐观心理资本能够促进一个人成长，促使其获得成就。

乐观心境无论何时都认为好事多于坏事，尤其认为未来会更好。它既可以是一种与生俱来的素质，也可以是后天养成的心理反应模式，这一模式是认知、情绪和应对方式的综合。

乐观心境影响生理状态。人进行乐观思考时，会分泌脑内吗啡，它具有强大的镇痛作用，给人们带来愉悦感，使收缩的血管舒张，降低血压，又会刺激 NK 细胞活跃，有助于防癌。英国皇家医学院曾以癌症为追踪研究对象，发现思考方式比较乐观者有 70％的好转，时而悲观不定的人，存活率为 25％。对 622 名 25～45 岁女性进行的研究发现，乐观的女性得癌症的比例比悲观者低 25％。在美国的明尼苏达州，曾对 839 个人进行长年跟踪，发现乐观者的寿命比悲观者长 19％。统计学研究已经表明，乐观的思维及情绪可以降低抑郁症和血管疾病的发病率，甚至能够增强体质，抵抗一般性感冒；对此进行反推，抑郁症等疾病的发病率增高，与长期的悲观思维和情绪有关。当一个人情绪上烦乱或紧张时，其生病的概率就大，如果再加上悲观的态度，患重大疾病的概率就增高。由此可知，乐观或悲观的思考方式，确实是通过情绪影响生理的。

乐观心境是人抗拒恐惧的力量。人类学家赖诺尔・泰格在其著作《乐观：希望的生物学》中给出了一个推测，他认为乐观是人类对抗恐惧和不安的一种机制：人类有维持并延续自己种族存在的需求，而考虑并主动追求未来能够更好地满足这种需求，在这种追求中，预想到死亡一类可怕的事情是必然的。不过，从进化的角度说，悲观比乐观产生的早，事实上，它更接近本能。所以，为了抵抗人类潜意识中的悲观与恐惧，所以后天的修养都需要向着乐观的方向发展，使人生得到自由与解放。

英国诗人约翰・弥尔顿说：“一切皆由心生，天堂与地狱不过是一转念的事。”但是，生活中总有悲观者嘲笑乐观者是盲目的，并认为自己看问题更全面。

表面看来，悲观者看问题看得更全面深刻，因此有了足够的心理准备，即有了更强的压力承受能力，实际不然，积极乐观的态度更能够提升应对压力的能力，或者说，悲观者只是承受压力，而乐观者不但承受还会克服。乐观者的认知方式和行为方式，使他们能够有效地应对压力，将压力化为动力。而悲观者面对压力时，由于认知与行为方式出现了偏差，容易畏惧、逃避或对抗。心理学中的期望价值理论认为：一件事情，只要个体预期到自己最后会成功，就会努力克服困难；如果产生怀疑，就有了放弃的倾向。悲观心境如同心灵的监狱，使人处在愧疚、迷茫和畏惧之中，而看不到机遇和挑战，也就谈不上成功。

第二节 向着快乐方向出发

美国心理学家苏珊·杰菲斯说："乐观又怎么了？人生道路上坎坷无数，保持良好的感觉有什么错啊？不看黑暗面，只看万事万物美好的一面又有什么错？"这种观点，有点像我们农村常说的"穷乐呵"。穷怎么了？我快乐。

这就是积极心理学中的主观幸福感意义之所在。人们对其生活质量所做的情感性和认知性的整体评价，从主观上认知是幸福的，自我感受就是良好的。在这种意义上，决定人们是否幸福的并不是实际发生了什么，关键是人们对所发生的事情会在情绪上做出何种解释，在认知上进行怎样的加工。

20 世纪，评估一个国家是否成功，公认的标准是看人均国内生产总值，即人均 GDP。根据这一标准，2018 年，新加坡人均 GDP 为 64 000 美元，而同年哥斯达黎加人均 GDP 为 12 000 美元，按说，新加坡比哥斯达黎加实在是成功太多，新加坡人应当感觉更幸福，但社会调查发现，这两个国家幸福指数是相反的。因此许多国家的思想家、政治家甚至经济学家，都呼吁要用 GDH（gross domestic happiness，国内幸福总值）来补充甚至取代 GDP。要求人们不要总是忙着生产物品，而要生产幸福快乐。

全球最幸福国家的排名榜在 2005～2009 年间，通过调查 155 个国家及地区的数千名受访者，让他们将自己的生活满意程度，以 1 至 10 评分，得出"人生评估幸福指数"。指数高的人属于"生活如意者"，其他则为"身处逆境者"及"饱受折磨者"。研究人员根据每国"生活如意者"所占百分比，得出排名。此外，受访者又被问及之前一日的幸福程度，如是否休息足够、受尊重、远离病痛及是否有益智消遣等，得出"每日体验"的幸福指数。以丹麦为首的 4 个北欧国家，在"全球最幸福的国家和地区"的排名中占前 4 位，原因是这些国家人民感觉生活富足美好。而美国、中国和日本，分别排名19名、93名和56名。

幸福感可以自设吗？答案是：可以的。比如走路时昂首阔步。大踏步行走的人比拖着脚步行走的人感到更快乐。一个人抬头挺胸的时候，呼吸比较顺畅，有助于充分换氧。抬头时迷走神经是张开的，带来痛快、宽敞的感觉，而低头则相反。因此说，我们在矫正头脑之前，应先矫正身体。再如把他人或自己好的事件和评价写在纸上，记录发生的好事。一项心理研究发现，让重度抑郁症患者每天回忆并记下当天发生的三件好事，半个月后，抑郁程度明显下降。这些好事可以很小，如某人打电话问候她，听了一个笑话等。

评价好能快乐吗？笔者曾经在一个团体训练中发现，破冰阶段许多人都很紧张，不知道说什么，相互望着，气氛尴尬。此时，笔者就要求大家每两个人一组，找感觉好的对象自由结对子，然后，每个人从对方身上发现三个优点再大声告诉对方。结果，五分钟之内，大家都眉开眼笑，气氛很快就活跃起来。他们也知道，短短几分钟，对方说的可能不是自己真的优点，有些还牵强附会，那有什么关系呢？“好言一句三春暖”，听到表扬的语言就会产生令人喜悦的功能。

悲惨的时候也能快乐吗？快乐可以战胜悲惨环境下的压力，越是困难的情况下，越要以快乐心境面对不幸，反而能够从困境中走出来。下面这个“快乐法”案例摘自实证研究报告。

莱特先生最近的身体状况非常差，先是猩红热，好了之后，肾又出现问题。很快，在他到处走访医生的过程中，又被一位医生告知血压高到了极点——210。而且那位医生还下了“判决书”：您的情况已经无力回天了，请尽快准备后事吧。莱特本人、妻子和朋友，都特别难过，他的整个亲友圈都笼罩着一种阴郁的气氛。莱特当然最忧郁、最悲痛。

忽然有一天，莱特觉得自己如此自怜自艾简直是个傻瓜。他告诉自己，又不是明天就要死去，何不趁活着的时候快快乐乐的呢？于是，莱特开始以一种全新的态度生活。他先付清了自己所有的保险金，再向上帝忏悔所有犯下的过错，最后，他每天强行让自己抬头挺胸面带微笑，平和愉快地面对一切人和事。时间长了，莱特发现家人脸上沮丧的表情也不见了。

时间过去很久后，莱特不用再假装了，真的每天都快快乐乐的了。最后检查时，他的血压竟奇迹般地回到了正常水平。莱特总结说：“假如自己一直想自己会死，那医生的预言就会马上变成现实；如果改变自己的态度，一切都会发生变化。”

医生的病危通知，对莱特及其亲友而言当然是一个极大的心理压力，但是，面对死亡威胁的莱特表现出了一种“悲极生乐”的豁达，并通过故作开心先改善了心境，最终真的减轻了病情。如果换成是我们，或者面对一般的压力事件，只有当看到好转的希望时，压力才会有一点放松，才会露出笑容。如果往坏的方面作个假设，如果我们整天忧虑恐惧，病情极可能加重。其实，许多“抗癌明星”的报导跟莱特的例子都很相似，都是由于心理乐观而战胜病魔的，因此，可以确定地说，强制或自发的行为改变，均会导致心理变化，进而改变生理条件，而生理的改变又体现在行为上。

人的生命只有一次，不可能只在面对死亡时冲动地做出改变。莱特的这种应对死亡压力的方法，也可以在生活中得到小型应用，即有意识地用“假装快乐法”战胜各种慢性压力。比如，许多人爱用“我知道……，但是……”的句式来表达某个消极想法，这说明他们在关注着消极面，事情很可能就会向消极面发展；如果把这个说话习惯改为“尽管……，但是……”，依然是看到了正反两方面的情况，但已经有了积极的思想，标志着积极应对其中困难的开始，会促使事情向好的一面转变。

第十六章

塑造成功自我

人生可以自我塑造吗？可以，从写“自我人生剧本”做起。

美国总统罗斯福是一个有缺陷的人，小时候是一个脆弱、胆小的学生，在课堂上如果被叫起来背诵，立即会双腿发抖，嘴唇也颤动不已，回答问题时也含含糊糊、吞吞吐吐，然后颓然地坐下来。由于牙齿暴露使他更没有一个好的面孔，他从来不认为自己是勇敢、强壮或好看的人。但是，他却用行动来证明了自己可以成为一名演说家。

他学会了如何利用一种假声来掩饰自己难看的牙齿，他无数次练习在演讲台上庄重的姿态，最终他成为最有力量的演说家。

人生如戏。在美国有个社会学家欧文·戈夫曼，他将社会定义为社会戏剧学。他认为生活就是一场戏剧。不同的是舞台上演员表演的是人的角色，是先写好的剧本和台词，而生活中的戏剧没有台词和剧本，都是即兴表演。其实，生活当中的戏剧，如果要高质量演出也需要台词和剧本。因为生命有限，每个人仅有一次表演自己生命的机会。演员拍戏时，导演不满意可以不断重拍，一直到满意为止，无论重拍多少次，最终呈现给我们的都是最满意的场景。而生活的戏剧，从我们降生的那一刻起，人生这场直播大戏便拉开了序幕，走的每一步是什么样就是什么样，不能回放、剪辑、插播广告，如果事先没有目标、规划、剧本，完全即兴表演，且行且演，即使我们是再高超的演员恐怕也难免有荒腔走调的时候，难免有很多弯路。因此我们应该为仅此一次的人生做规划。

第一节　为自己设定目标

20 世纪 70 年代末，有一位教授在哈佛商学院毕业生中做过一次调查。问卷题目有3个：一是你是否为自己的未来确定了一个明确的目标？二是如果有的话，你是否用书面的形式把它写了下来？三是你有没有为实现你的目标作出一些计划？最终的统计结果是：3%的学生有目标，有书面计划；13%的学生有目标，无书面计划；84%的学生无明确目标。

对这些当年被调查的学生10年后进行追踪回访，发现当年有目标无计划的学生收入比无目标、无计划的学生收入高2倍，有目标、有计划的学生比无目标、无计划的学生收入高10倍。

这个调查结果让人深思，同样是哈佛商学院的天之骄子，为什么有些人生活得波澜壮阔、丰富多彩，而有些人却生活得苍白平凡，甚至一塌糊涂，区别在哪里？

分析原因主要有3个方面：有些人有很好的"剧本"；有些人没有"剧本"；有些人似有还无。

《礼记·大学》中有言："知止而后有定，定而后能静，静而后能安，安而后能虑，虑而后能得。"这段话是说，人在有了明确的志向之后，人的内心就会比较淡定清静；内心清静了，就会比较从容安稳；从容安稳了，遇到事情时思考就会比较周详；思考周详了，就容易一步步实现自己的人生目标。这就是目标和功效的因果关系。

现代管理学之父彼得·德鲁克说："不是有了工作才有目标，而是有了目标才有工作。"想要获得成功，就要首先有一个明确的目标。1954年，德鲁克提出了一个具有划时代意义的概念——目标管理（Management By Objectives，简称MBO），它是德鲁克所发明的最重要、最有影响的概念，并已成为当代管理学的重要组成部分。目标管理的最大优点是管理者能控制自己的成就。自我控制意味着更强的激励：一种要做得最好而不是敷衍了事的愿望。它意味着更高的成就目标和更广阔的眼界。目标管理的主要贡献之一就是它使我们能用自我控制的管理来代替由别人统治的管理。

第二节　从消极屏障突围

面对生活中的许多灾难和困境，恐惧让我们畏缩，以为不去面对就是最好的防御，其实问题从未解决，恐惧只不过是掩耳盗铃。只有鼓足勇气打破屏障，才是走出困境的最好选择。矛盾说："应该有一点泼皮精神，什么都不怕一试，试得不对，什么都不怕丢开另来。"如果不去尝试，又怎么知道自己不行呢？

1997 年，一场意外，使重庆男子张启辉失去左臂，同时失去的还有右手除大拇指外的 4 根手指。休养半年后，他边摆地摊卖小百货，边捡起儿时的画画兴趣，练习笔法……从 2004 年到 2011 年，张启辉利用摆摊的业余时间，摸索练习了整整 7 年。直到感觉自己的画作能拿出手了，他才将作品拿出来卖。没想到他的画作很受欢迎并靠着画作养家糊口。为了牢固握住画笔，他那根倔强的大拇指总是向右拐。而他的人生，就像这歪着“脑袋”的大拇指，倔强，但从不低头。他说：“我不仅要做别人能做到的，还要做别人做不到的。”面对厄运的时候，只要不放弃，就能在自己的舞台上绽放光芒。

当我们遇到困难时，思想经常习惯于消极的应对方式。所谓消极应对方式，既包括外在的言行习惯，也包括内在的思维定势，比如一般人对“问题”两个字的反应是：啊，有问题了，不会出什么事吧？再如，很多人听到批评时，第一反应是为自己辩驳，而不是以一个观察者的身份想想对方为什么会那样说、说的对不对。

消极的应对方式，其实是一种自我保护，但它也妨碍了我们对自己的反思。有了这种自我保护，我们的思想只存活于有限的身份认同中，当别人的思想及相应行为跟我们发生接触时，其言行就成了压力。相反，以一种开放的心态迎接自我之外的一切，意味着我们有开阔的视野和宽广的胸怀，也意味着我们有了极大的压力承受能力。其实不是承受，而是不再把压力当成压力——压力本身只是他人或他物对我们的一种作用，它本身就包含积极的可能，只是消极应对方式的屏障使我们无法体验，无法辨别它是利是弊。

从消极的应对方式中解放出来，我们就能够实现真实的最强自我，进而激发最大潜能，获得快乐和幸福。打破消极应对方式的屏障，要从思维习惯和生活方式两个方面进行。

思想上的消极应对方式，还会导致行为上的消极习惯。思想消极只是对自己无利，而行为习惯更直接与他人发生作用，一旦影响他人，他人的反应又回馈给我们，我们就有了各种各样的压力。打破消极应对行为习惯的办法，就是“走出去”，像农民一样走出院子去“寻找”，尽管可能是无心偶遇，也有可能成为改变消极想法的契机。

第三节　接受全面的自己

美国心理学家卡尔·兰塞姆·罗杰斯认为，每个人都有内置的动力，随时都可以最大限度地挖掘蕴藏在其中的潜能，他把这种动力称为“自我实现趋势”，并将一个情感健康的人定义为“充分发挥自我作用的人”。

这一概念的提出，肯定了所有人的价值和潜能，然而，一个人要充分发挥其自我的作用，前提是看到自己有哪些作用。对于自己的作用，有的人可能还没有看到，更多的人已经看到，却因看得片面而压制了它的发挥。或者说，他们看到了，但不接受。

还有人认为，一个人根本无法独立看清自己，必须通过与他人的对比才能看清。这个说法当然没有什么错，但我们不能忘记一点，那就是自我认识的主体，永远只能是自己。19世纪美国著名牧师亨利·沃德·比彻说：“一个人应该先思考自己是什么，而不是自己需要什么。”一味与人对比，胜过他人以满足自己的心理需要，从不反思自己，可能就会闹笑话。

爱因斯坦的父亲给他讲了一件真实发生的事：我昨天跟邻居杰克去清扫南边工厂的烟囱，你也知道，那个烟囱只能沿着内壁的钢梯才能登上去。于是，你杰克叔叔和我就一前一后爬进去清扫。最后出来时，我发现他全身都黑黢黢的，再看看我自己，身上倒是挺干净，但是一想他脸都脏成那样了，我的脸也应该很脏吧。于是我来到河边反复洗脸。而在这之前，你杰克叔叔看我脸上挺干净，还以为自己跟我一样呢，结果他只到河边搓了两下手就大摇大摆上街了，被人们笑了一路。

爱因斯坦听到这里，也大笑起来。笑罢，父亲郑重地对爱因斯坦说：“其实，别人谁也不能成为你的镜子，只有自己才是自己的镜子。把别人当作镜子而把自己照成天才的，那是白痴。”

据说，从此以后，爱因斯坦不再跟那些顽童一起玩耍，经常把自己当作镜子来反观和自省，终于成为一位科学巨人。即便在与人交往的过程中，也只有自己最了解自己，因为对比的结果以及感受，都要回馈给自我，也只能由自我作出舒适或不适的判断，舒适者接受，不舒适者抛弃。正是无数个此类判断及它们指导下的行为表现，才会使我们成为独特的人。

认识到只有自己能够认清自己，只是一个开始。大多数人已经对自己有一定的认识了，但未尽全面，而且经常出现“一叶障目，不见泰山”的情况，因此最重要的是全面地认清自己。

一个人可被认识的方面有很多，从心理压力调适角度上说，最重要的是看清自己的优点和缺点，或者优势和劣势。因为人的悲观和乐观，自卑和自信，最终都是由这两个对立方面的比例造成的：经历失败，看到劣势则劣势偏重，容易变得自卑和消极。对于未来，自负和自卑都无法将自己的优势真正发挥出来。所谓“一叶障目，不见泰山”，说的正是我们偶尔或习惯性地看不全自己这两个方面。相反，如果能够看清，就意味着我们整个人已经变了，在对过去失败的分析中就会更客观冷静，从而走出对过去失败的消极情绪，对未来的预估就会更全面合理，从而有效避免失败。

但是，对一般人而言，看见自己的优点比看到缺点难。一个小测试就能说明这个问题：打开手机的计时器功能，准备好纸笔，计时开始，写出自己的十个缺点；重新计时，再写十个自己的优点；如果自认为没有那么多优点和缺点，可以减少数目，但优缺点的数目必须相等。大部分人的情况应该是：写优点比写缺点所花的时间多很多。这个结果只是说明我们对自己的优缺点认识不足，而不表示自己的缺点一定多于优点。相反，我们更容易看到别人的优点并羡慕别人。事实上，几乎所有人都总是盯着别人的优点，忽略自己拥有的，致使自己丧失满足感和幸福感。

为此，我们应该树立一个信念：人在任何时候都有优点和缺点，而且只要我们愿意，两者的数量会是相等的。关键在于，我们在任何时候，都不能只看到不好的一面而忽视好的一面，否则事情就会办不成，因为只有依靠着好的那一面发挥作用才能成功。

对自卑者而言，信念是这样的：虽然每个人性格中都有导致失败的因素，但这不意味着全部都是失败的因素，不意味着没有成功的因素。对自负者而言，信念是这样的：自己的性格和能力因素，都有可能导致失败，如果只看到导向成功的那些，对导向失败的那些没有防范，也不会成功。

有时，我们对自己的优缺点，不是看不到，而是害怕正视。当沉浸在有偏差的自我评价中，尽管有偏差，但我们已经适应了自负虽然不好，但至少心里得到了满足。自卑虽然不好，但会尽量避免。于是，我们害怕重新认识自己，结果越走越偏，完美者变得虚荣，自卑者变得抑郁。

不敢正视，也就是不敢接受。如果一个人自己都不接受自己，怎么会接受别人？别人又怎么会接受他？在与人交往中，他人容易接受的是真实的对方，而不是蒙在某种色彩之下的对方。为正视和接受自己，我们最应该做的是明确而全面地知道自己的优点和缺点，具体的操作方法跟上面的实验一样，认真地反思并把自己的优点和缺点写在纸上，而且要力求相等，只是不必规定时间。再者，外界环境每天都在改变，因而这些优缺点也不是永恒不变的，因此要定期做出调整，即重新全面地审视自己。

总之，我们理应发自内心地接受自己，正视自己的缺点，发现自己的优点，而后才能建立良性的自我认知，进行良性的循环。接受自己，才不会苛求自己，积极地评价自己，最后才能“充分发挥自我作用”。

让自己的心态先平和、冷静下来，唯有平和与冷静，我们对自己优缺点的认识才是客观的，才能接纳自己，摆正自己的位置，同时也有了虚怀若谷的胸怀和谦逊之风，这使我们既不会仗着自己的优势压制他人，也不会妄自菲薄。他人的优秀也不会成为自己的威胁和压力，反而会成为目标和动力。

第四节 做自己擅长的事

美国当代著名心理学家阿尔伯特·班杜拉曾指出：“一个人的能力，产生之后并不是固定的，能发挥到何种程度，有极大的弹性，深受其自信心的影响。能力感强的人，跌倒了能很快爬起来，遇到事情总是着眼于如何处理，而不是一味担忧。”

班杜拉提到了“能力感”这个词，下面这个例子是对“能力感”的一种解释：

1964年，获得诺贝尔物理学奖的查尔斯·哈德·汤斯曾回忆说：“我第一次上物理课的时候就决定要学物理，因为物理使我们了解周围的事物，非常注重量的分析。生物学中描述性的东西更多一些，而物理学更多探索事物内部和它们之间的运动规律。我小时候有很强的好奇心，希望发现事物运动的规律，经常和同学们讨论宇宙是怎样运行的、其他星球是什么样子。另外哥哥生物学学得非常好，我不想和他竞争，我要找别的事情来做。”

能力感是什么？汤斯的解释明显接近“对自己兴趣的把握”。能力感也与班杜拉所说的“自信心”接近。再者，从字面上理解，“能力感”即对自己能力和优势的把握。全球著名的民意测验和商业调查/咨询公司盖洛普公司认为，优势是持久地把某件事做得近乎完美的能力，它由才干、技能和知识组成，核心是才干。知识和技能都可以通过培训获得，而才干具有个体特异性，是先天和早期形成的，定型之后很难改变。我们平时所理解的“能力”，似乎就是技能和知识，而这个说法把“能力”的内涵扩大了，解释了班杜拉所说的能力“产生之后并不是固定的，能发挥到何种程度，有极大的弹性”。

综合以上说法，可以得到这样的结论：从根本上说，一个人自信，不是因为他的能力明显超过很多人（如果是，也是因为“才干”），而是因为他对自己的优势有所把握，这种把握感才是真正的自信，而获得这种自信的方法，就是发现并发挥自己的兴趣。我们的行为，应该以自己的兴趣为指导，做自己最喜欢的事，因为从事喜欢的事，我们才有永不枯竭的动力。

每个人兴趣各异，喜欢的事也各不相同。为了缓解压力，有人喜欢运动，有人喜欢唱歌，有人喜欢看电视，还有人喜欢上网，这些事情有没有优劣之分呢？答案是有。像看电视这样一些满足感官需求的活动，只是收获一时的快感，时间过长，更可能使人轻微抑郁。一项在大学生之间进行的研究显示：将业余时间用于上网、交友、看电视等活动，时间长短与幸福感没有相关性，时间越长，抑郁等负面情绪越强；将业余时间用于学习、健身等活动，时间越长，幸福感越强，抑郁的负面情绪越弱。

为什么会有这样的差异呢？因为学习、健身等活动是积累自我发展资源的过程，是能够使人变得积极乐观的事情，是能够为未来的自我发展积累资源的事。以看书为例，这个过程积累了自我发展的资源，它使我们越来越充实而且有助于增加自信。其他消遣性的娱乐，并不能积累这样的资源，只是一时消遣排解压力而已，活动一结束压力立即又回来了。积累自我发展资源的活动，原本就不是为了缓解压力，而是为了有某种收获，因此才会有强大的动力。相反，消遣性活动是为了把身体或心里的某种东西宣泄出去。

当然，人各有志不能强求，喜欢怎样的活动是每个人自己的事，尽管有意义长远的差别，但是，只要是自己感兴趣并能够长期从事的，就可以全身心投入。如一些从事大型网络游戏开发工作的年轻人，他们可以每天工作长达 18 个小时，在工作中，他们很少拖延，更多的是全力以赴，这是因为这份工作就是他们的兴趣所在。

找到属于自己的且有长远意义的兴趣后，落实起来，就可以给自己找一份喜欢的工作。人们对自己不喜欢的工作，更容易拖延，对工作的抵抗或厌烦情绪，很容易让人把工作拖延下去。这个世界上并不存在十全十美的工作，无论之前是多么向往它，一旦置身其中，就会渐渐发现它的不尽如人意之处，拖延的情况便也会逐渐出现。因此，我们必须想办法改变这种状况，不再因为讨厌自己的工作而拖延。

许多人在自己眼下的工作中经常拖延，是因为已经厌烦，而厌烦的一个原因，可能是当初他们不是因为最喜欢它，而是抱着某种目的从事这个工作，比如因为想赚很多钱才投入其中的。相反，所从事的工作是自己非常喜欢的，就会努力为之付出，也能避免许多工作压力，因为工作的魅力会时时发挥作用，让人的激情一直维持下去，并不时地刷新。

找到兴趣，得到无穷动力；发挥优势，收获更多动力。尽情做自己喜欢且能够发挥优势的事吧！一个人的优势与内在的信心和快乐关系密切，后者显然是压力的克星。

第四篇

善待压力是一种艺术

第十七章

情商有力量

压力需要发泄，一种常见的发泄方式就是发怒，这也是最常见的一种坏情绪，会造成各种破坏。控制好自己的情绪，需要情商训练，使情绪的力量能够引导到正确方向。

情商（Emotional Quotient）的定义可以简单概括为"理解他人以及与他人相处的能力"，它主要是指人在情绪、情感、意志、挫折耐受力等方面的品质。它的别称是"情绪智慧"和"情绪智商"，因此，提高情绪管理能力，可以从提高情商入手。

蒋勇开车去上班，长长的车队排了一百多米。更可气的是，前面的汽车好像"坏了"一样纹丝不动。眼看就要迟到了，蒋勇开始按喇叭催前面的汽车，按了好几次都无效。忍无可忍的蒋勇走出自己的汽车，绷着脸来到前面汽车的窗前，一拍玻璃嚷道："就要迟到了，你能不能挪快点！"对方也不甘示弱，结果两人在拥挤的马路上大打出手，吸引了众多车主围观。

蒋勇本来赶时间，期望早点到达目的地。但是，由于他与对方的冲突，不仅拖延了时间，还发生了纠纷。这就是他情商不高的后果。

第一节　情绪是压力之花

压力使人产生压力感，压力感会产生多种情绪。也可以说，每个压力源都会像一颗种子一样，会发芽开花。

内在的压力感产生的愧疚与自责就是"毒花"，侵害自己的内部机体。而压力感外显之后，情绪会显示多姿多彩之花。

人的情绪大体有喜、怒、哀、惧、忧几类，除喜（似乎也不用控制）之外，其余几类都可归为焦虑一类，即消极的压力情绪，只是程度各有不同而已。哀和忧是中等或低等的压力情感（不显现出来就是内在情感），怒和惧是重度的焦虑，且愤怒和恐惧是一体两面的。其中，愤怒最为常见，最具代表性，因此，情绪管理的重头戏是对愤怒情绪的管理。

然而，不是所有情绪都是可控的，提高情商只是把控平日情绪中难以控制的部分。情绪管理的目标是：使自己平日里的情绪状态趋于稳定和愉悦，遇到值得高兴或庆祝的事能够快乐起来；遭遇挫折、陷入逆境时也能够及时克服负面情绪，不过度消极，处理问题时有理性而积极的思维方式。变恶劣情绪为正向情绪，就是情绪管理，这就是情商培养。

如今，情商在企业管理学上越来越多地被应用。对于个人而言，情商也是一门必修课，心理学家和社会学家已经普遍认可，情商和智商一样对一个人的成功与否有决定性作用。

总体而言，人与人之间的情商差别，先天因素所起作用并不大，后天的培养起着至关重要的作用。当我们经历了很多事情包括感情经历后，我们的情商也会有所提高。因此，对个人而言，哪怕再怎么没有信心，都有自主管理其情绪的潜能，只要行动起来，就算有些困难，也是有可能做到的。

情商虽与智商有别，但在情绪管理上还是要依赖大脑的理性思维。人的情感和逻辑由大脑控制着，控制情绪的部分是大脑的边缘系统，这一部分一旦受损，即便一个人仍能进行清晰的、符合逻辑的推理和思维，但还是会做出相当低级的决定。

情商之父、哈佛大学心理学博士丹尼尔·戈尔曼及其他研究者认为，情商是由五个方面的特征构成的：自我意识、控制情绪、自我激励、对他人情绪的认知和对人际关系的处理。由此我们可以认为，情绪管理也要从这五个方面着手。

第一，要了解自我，即对自己的情绪随时都要有意识，能够察觉自己出现了哪种情绪，并明白内心体验是怎样的。只有认识了自己，才谈得上对周围的人和生活的把握和管理，因此这是情商的核心。

第二，要进行自我管理，也就是调控自己的情绪。理性思维使我们知道在怎样的情境下表现何种程度的情绪是恰当的。

第三，要自我激励。如果第二步是理智地制止某些情绪，这一步就是发出命令，使人从负面情绪中走出来，对情绪的改善更有主动性。

第四，识别他人的情绪，这其实是以己推人。当对自己的情绪有了足够的了解，在与人交往时，就能够通过细微的社交信号如叹气、皱眉等对他人的需求和情绪有敏锐的感应。

第五，正确处理人际关系。即在对人际关系的处理中随时感知自己和他人的情绪变化，并熟练掌握调控技巧，即时作出反应，这一高级技巧，属于人的领导和管理能力。

第二节　情绪管理的步骤

情绪是情商的主要内容，它丰富了我们的生活。久别重逢，我们会欣喜；面对诀别，我们会悲伤；他人故意冒犯，我们会恼怒；遭遇危险，我们会惊恐；与人约会但对方迟迟不现身，我们会焦急。试想，如果没有这些情绪，我们的生活将会像白水一样寡淡无味。

但是，我们的情绪有时好像并不属于我们，或者是在我们不想有那种表现的时候冒出来，或者是表现得过激，或者别人都兴高采烈的事自己却提不起兴致。结果，我们又被情绪所困扰，乐趣与苦恼并存。

这是因为情绪是极个人化的体验，也就是说，每个人的情绪经验不同，情绪表达程度不同，调适情绪的方式和能力也各不相同。然而，这些苦恼的成分，如果我们愿意或者有需要，是可以去除的。从人际交往上说，人们的情绪反应必须保持在能够让人接受的范围内，交往才会变得和谐融洽。因此，人人都应该学习一点情绪管理的技巧。这里有一套完整可靠的办法，即便不懂其中原理，按照这个办法做也能有一定的收获。

第一步，记录自己的情绪反应。执行这一步时，不要刻意让自己的情绪处在可控制范围内，只需记下情绪的种类、程度，引发情绪的事件，还有他人的反应。当然，如果情绪过激，当时是没有记录的意识，但平息下来后要及时记录。为方便评定，在记录情绪的激烈程度一项上，可以制订一个分级标准：极其激动（100分）、非常激动（75分）、一般激动（60分）、不符合他人期待（40）、微弱（20分）、无动于衷（0分）。从“不符合他人期待”到“一般激动”是可接受范围。显然，这个分级标准需要在他人的帮助下得到。

第二步，记录达到一定周期后，比如3个月，开始进行质和量的分析。这一步的重点是找出经常让自己产生过分愉快或苦恼情绪的事件。

第三步，以第二步的事件为重点，再做一个周期记录和观察，并详细记下自己的行为动作、内心想法和感受，以及带来的后果。

第四步，给自己的那些动作、想法和感受作出是否符合理性的判断，并找出非理性的部分，以及与后果之间的关系。一般而言，人一旦冷静下来都是理智的，所以不必担心无法作出理性判断，实在没有自信，也可以请身边的人帮忙。

第六步，给非理性想法和行为归类，并有针对性地给出驳斥它们的合理信念和行为。

第七步，抽时间反复模拟练习这些想法和行为，目的是使自己在下次经历时能够即时作出反应，同时，在人际交往中，尽量使这些想法和行为发挥作用，达到这一目的则不再模拟练习。

第八步，在人际交往中，一一记录并分析自己面对这些类型事件时的情绪反应，给那些合理想法和行为的有效性打分，直到在所选中的事件中的想法和行为反应令人满意为止。

第九步，尝试更多、更大的挑战，同样记录分析，发现更多不当情绪，以同样的训练法进行纠正。

这一套方法的总方针，其实是用一个好的思维和行为习惯取代原先的坏习惯。只有用好的转换了不好的，不好的才会消失，也就不会有令自己事后苦恼的情绪反应了。

另外，情绪管理是情商训练的主要内容，因此可以用以下三个情商级别来判定自己在某一阶段情绪管理的进展情况。

高情商：外向而愉快，不易陷入恐惧或伤感；自信，做事不怕困难，心理承受能力强，大多数问题能够应对；为人正直，富有同情心；不自满；乐观幽默，懂得站在他人的角度看问题；无论是独处还是群处，能怡然自得。因此，高情商的人有较好的人际关系，行为能力强，而且情感丰富。

低情商：自己的目标不明确，容易受他人影响；懂得原谅他人，不会轻易发怒，焦虑情绪较轻时足以应付；对他人的认同有较强需求，不太会坚持自我。这类人的人际关系比较一般。

极低情商：没有自信，做事怕困难，胆量小；没有确定的目标；受不了一般的打击，觉得生活无望；从不考虑别人的感受；对他人有严重依赖；经常大发脾气，处在焦虑情绪中；生活没有秩序，爱发牢骚；人际关系出现问题，遇到问题时一筹莫展；遇到失败时总要找各种借口。可想而知，这类人的朋友是比较少的。

有了积极的情绪之后，还应注意不要让他人的消极情绪传染自己。我们常常能够感觉到消极情绪具有传染性，而且越是亲密的人，这种传染性越强，甚至我们会主动去接受传染，把这当成义务。然而，追求积极快乐也是人共同的愿望。二者一冲突就会有压力，令人心烦意乱。我们应该对周围的人加以审视，看看他们是不是已经变成了一个被消极情绪笼罩着的群体，如果是那样，最好先果断地脱离这个群体，因为那个群体会日渐萎缩。首先，脱离消极群体，避免了被他们传染。其次，进入一个乐观积极的群体或接近某人，因为积极的情绪也具有传染性，我们也会变得积极起来。最后，再回到那个消极的群体，毕竟里面有我们所关爱的人，重要的是，积极情绪进入消极情绪的氛围，如同阳光照入黑暗，哪怕再小，也有燎原之势。

第三节　控制愤怒的情绪

人们都知道愤怒的恶劣影响，也希望自己总是心平气和地对待周围的人，但这是很难办到的。之所以难以办到，原因是当自己有怒气时，理智濒于崩溃，难以遏止冲动，而且也没有事先意识到自己积蓄的怒火并加以平息。

姑且不论发泄怒火是否有益，仅从第二个原因来看，分析并掌握人们发怒的一般原因，可以在发怒之前意识到愤怒，并进行良好的控制。

愤怒往往表现为性情上的暴躁，性情暴躁的人的表现有：情绪不稳定，容易激动；多疑；自尊心脆弱，经不起否定；有强烈的不安全感，害怕失去；娇惯任性，随心所欲。遇到自己受委屈或见到他人遭受极大不公、交通和人流拥堵、工作压力大时同事开玩笑、自己关心的人不领情等场景或情境，容易动怒。

在现代文明社会中，很多人有“路怒症”或者有“路怒”行为，我们以“路怒症”为例来看看愤怒的原因。“路怒症”的说法源于20世纪80年代，产生于美国。顾名思义，“路怒症”指汽车或其他机动车驾驶人员有攻击性或愤怒的行为。粗鄙的手势、言语侮辱、故意不安全驾驶、故意威胁安全驾驶等都属于“路怒症”行为。“路怒症”驾驶者情绪容易失控，一点堵车或擦碰就有动手的冲动；喜欢跟人“顶牛”，故意拦挡别人进入自己的车道；不停鸣喇叭或打闪灯。

有一种观点认为，惹祸的“真凶”不是堵车，而是当今社会的巨大压力。这可能是现在社会中人们共有的问题：生活节奏加快，生活压力加大，工作压力繁重，这些都使人的心灵越来越敏感，一个小摩擦就会引起内心压力的爆发。第二种观点认为，是其他驾驶员的不文明驾驶引发了“路怒症”，这其实只是一个诱因，不如前一个原因深刻。还有的观点认为是因为缺乏安全感，这其实是指出了愤怒的另一面——恐惧。

至此，愤怒的缘由似乎已经很清楚了。大体来说，一个人愤怒是因为心中遭受了极大的不平或不快，这些不平或不快，可能会长期积聚在心里，甚至使人形成焦躁的脾气；而发怒的情况，只是胸中积蓄的怒火被有意或无意的点燃了。

从根本上说，大多数愤怒源于理想化期待与事实的落差。例如，期待公平却遭受不公平待遇，期待爱人及时关心，对方却未吭一声，期待顺利完成任务却困难重重，这些都是理想化期待与事实的落差，落差的极端结果就是愤怒。

这些不平或不快，一般是危险或象征性危险的表现。所谓象征性危险，是指遇到被不公正对待、被侮辱、严重受挫等情况，它们是慢性压力，即危险并未发生而是持续存在。慢性压力造成的愤怒，在生活中占多数。引起慢性压力的从来不是什么重大的或悲惨的事件，而是一些轻微的、琐碎的事件，只是它们经常在生活中出现，引发或激起了我们固有的应对危险事件的压力反应。慢性压力会使我们焦虑，严重的还会使我们抑郁或愤怒。

对愤怒这种激烈情绪进行精神分析时，我们会发现它也有内在的生理机制。简单来说，这一机制是大脑边缘系统在发挥作用。愤怒是一次压力反应，大体过程是：人体一感觉到危险，大脑的边缘系统就被触发，进而促进压力激素的释放，压力激素在短时间内积蓄足以完成一次战斗或逃跑反应的能量。

压力反应中的大脑边缘系统的核心部分是杏仁核。杏仁核是一个原始区域，会在人类的基本生存受到威胁时作出逃跑、战斗或僵化的反应。如今，基本的生存威胁已经不再经常发生，取而代之的是各种持续性的慢性压力。这些慢性压力也会激活这一区域，只是我们完全无意识。但路上骂新手不会开车、电脑死机而狂砸鼠标、洗衣服却没有洗衣液而瞬时感觉崩溃，都是大脑边缘系统的杏仁核在起作用。

怒气的积累过程，一开始是遇到某个阻碍，积累了一点愤怒的情绪，后来接二连三地遇到象征性危险，愤怒情绪越积越多，终于达到了一个临界。最后那个触发愤怒的压力事件，相当于导火索。这其实相当于降低了发怒的门槛：一次小的刺激都可能会激怒怒气郁结者。

举一个常见的例子，对一个平和的人来说，孩子不听话这样的小事，不足以让大人发火。但如果大人已经辛苦工作一天且收效甚微，再看到这个孩子淘气时，怒气极可能被瞬间点燃，打骂这个孩子。当一个人已经处于烦躁状态时，某种新东西的触发，可能会让他产生强烈的焦虑或愤怒。这个时候的人一般是不会宽容的，也无法晓之以理，甚至失去了理智。

对有的人来说，可能不需要另外施加几个愤怒源，一个令他们恼怒的事就足够了。其原因在于，他们的大脑中潜藏着许多消极想法和消极情绪，一次不快的事件就会勾起这些想法和情绪，比如一次次被老板骂，员工可能会越来越委屈，也可能认定这个老板是个坏人，或者“萌生世界怎么待我如此不公”之类的想法。对这类人而言，愤怒就会自发地螺旋上升。

一种是怒气积蓄，一种是消极情绪被唤醒，两种结果都是到达临界点，最后怒气暴发。如果站在愤怒者本人的立场看，愤怒的理由未必都不合理。

但是，考虑到怒气郁结会使人生病和发怒的人具有攻击性这两点，所以我们要趁早把怒火平息下去。所谓趁早，就是打消那些令自己烦恼、压抑的想法。清朝人石成金的《莫恼歌》或许有一定的宽慰作用：人生事，莫要恼，烦恼之人容易老。世间万事怎能全，可叹痴人愁不了。任你富贵和封侯，年年处处埋荒草。放着快活不会享，何苦自己寻烦恼……

第四节　平息愤怒有方法

不同时期，对愤怒有不同的控制方法。在发怒之后进行控制，已经无益，最多算是自我平复。在即将迸发而未迸发的一刻加以控制，是为遏制，但在这个节点上是很难控制的。在愤愤不平时控制，是为平息。在刚刚有怒气时控制，是为预防。平息和预防显得尤为重要。

发泄愤怒会让人一时痛快，因此愤怒似乎难以平息或抑制。其实不然，人之所以会愤怒，是因为自己总是在按照自己的规则想让别人“应该”怎样，而不会反思自己，也不会思考别人惹怒自己的原因。这就为平息愤怒情绪提供了一个最直接的途径，那就是放弃以自己为中心的想法，转而以事件为中心。于是就有了一个平息愤怒的方法：把脑中所想的“别人应该怎样”写在纸上。这个方法看似很简单、很机械，但效果非常好。因为它以符号为媒介，把被激怒者从“自我”这个中心拉出来，进入“事件”中心。

这种具象化的方法，达到的效果是让被激怒者冷静下来。人一旦冷静下来后，理性思维便开始占据上风，此时实行其他平息愤怒的方法就变得容易和高效。比如换位思考法，对于发怒的人，冷静之后想想他人那样做的原因，也许就不再恼怒，至少不会暴发。如果被迁怒的人能够想想迁怒自己者为什么会那样愤怒，也就不至于以怒抗怒了。说到底，换位思考的前提是走出自己的思考立场。

平息愤怒还有一个方法，需要第三者来执行，那就是给“怒气郁结者”输入一个缓和性信息。下面的实验证明，要想平息或预防愤怒，越要在愤怒周期的早期，即较早令人产生或积聚愤怒情绪的事件时，输入这种信息，效果越好，成功率越高。

实验助手用几句话侮辱一位性情粗暴的被试，后来，被试偶然得到机会，被要求评价实验助手的表现，如果评价低，实验助手将会被辞退，也就是说，被试可以借机报复。同样条件下，另外一位性情粗暴的被试在受到挑衅时，一位女同事跑进来说有人找那个助手，助手离开时还讽刺了这个女同事几句，但女同事表示不介意，并解释说助手因昨晚赌博输了一半积蓄而特别有压力。实验中的非被试者均为实验助手，但受试者均不知情，也不知道整个实验的目的。

结果，两名被试评价助手时，一个给了差评，另一个没有给差评。这说明，及时给怒气郁结者输入一个缓和性信息，能够有效缓解甚至平息他的怒气。当然，这也跟信息的震撼度有关，如果那个女同事告诉被试，挑衅者的家人去世了，被试就更有可能产生同情而不给差评。

但是，一旦怒气积蓄到了暴发的临界点，再怎么输入缓和性信息也是无效的，此时只有让被激怒者发火了。因此，愤怒情绪的管理，重在平息和预防。

暗示法也能够预防发怒。平日里反复告诉自己“不要发怒，发怒于人、于己都有害无益”，这其实是在给自己的潜意识不断输入一个信息。当意识到自己即将发怒时，潜意识会及时规劝自己。自己情绪的管理，通过暗示的方法也达到了一个更高的理智层面。

需要注意的是，购物或吃东西并无益于平息怒火，反而会使人保持愤怒的想法。

第十八章

高效抗压行动法

多年来，知名压力管理专家亨德利・韦辛格和绩效培训师J.P.保利・弗雷对12 000多人进行了跟踪调查，包括世界500强企业的高管、美国海豹突击队员、奥运会运动员等。他们对压力背后的秘密进行了深入探索，揭露了压力导致的“阻塞现象”。同时，他们还创建了“韦辛格压力评定量表”，帮助我们测试自己的压力值，并给出简单可行的压力解决方案，从而帮助我们抗击压力，使我们能够展现出良好的状态。

日本马拉松选手山田本一曾先后在东京和意大利获得马拉松比赛冠军，记者问他夺冠的经验，他说：“用智慧战胜对手。”他说的智慧是什么，人们一时不解。十年后，他在自传中解释到：“每次比赛之前，预先看一遍比赛路线，并把银行、大树、红房子等醒目标志按顺序记下来。比赛开始后，先努力朝着第一个目标冲刺，到达后再想着下一目标，一个一个地完成目标，整个过程是轻松跑完的，而且拿了第一。”

第一节 总要迈出第一步

一个女孩从北京大学毕业后，她的爸爸担心一个女孩子在北京生活不容易，千方百计地想让她回到家乡当大学老师。这女孩子是那种在一个舒适的圈子待久了都会产生疲倦的人，她觉得二十几岁的人不应该过着平凡的生活。五年之后再次考入北京大学读教育学硕士。

放弃了家乡大学教师的优厚待遇和家人每天的陪伴，返回紧张的大学生活，女孩终于感觉“无价值感”的压力消失了。她说：“我终于可以在知识的海洋中自由遨游了”。

每个人离开舒适区都是不容易的。但是，浸泡在散漫而无所事事的生活中，如同温水煮青蛙，能够跳出来真的需要勇气，也需要行动能力。

在学校读了三年研究生之后，女孩面临在北京找工作，还要准备论文答辩。她经常白天跑人才市场，晚上写论文，每天都很忙。有时她一天应付三个面试，觉得自己压力太大了。此时，笔者告诉她：如果你觉得每件事都重要，那无疑会加剧并引发很多不必要的、痛苦的压力。如果把最重要的事排在前面做，一件一件地完成，你就没有紧张感了。当前，她最重要的是把论文完成，这一步是所有其他事件的基础，否则毕不了业，找到工作也会不安心。

有时候，我们把紧张情境误认为是压力时，我们在生理、心理和行为上都会对此情境做出不恰当的反应，我们会习惯性地把紧张误认为是压力，这导致我们无法头脑清楚地进行思考。在焦虑之下，想要正常发挥就很难了。

女孩听从了笔者的建议，集中精力把硕士论文完成好，并得到了优秀论文奖，几家大单位都到学校里向她发出了“offer”。

如果混淆了紧张和压力，那么就会让一个人的行动难上加难，因为我们把体力、情感和精力浪费在了一些最终被证明是根本不重要的事情上。相应地，当压力真正出现时，反而没有足够的资源来利用了，而且当其他人面临压力时，也无法帮助他们减轻压力，从而失去了进一步增进关系的机会。

这次减压行动很成功，策略非常简单：在感觉有压力时，一定要问问自己：“这种情境真的需要我这样做吗？我反应过度，让自己精疲力竭，是否真的有必要？在这种情境中，我的表现会妨碍我成功吗？”这些问题将会帮助自己判断是否真的处于一个压力情境中，或者这仅仅是紧张情境。

这种策略一定会帮助人们减少不当的压力反应，如歪曲的想法、冲动、易怒和充满敌意等，也会帮助人们减轻紧张的感觉。在面对真正的压力时，能够调动更多的资源进行更好地应对，展现最佳的自我。每到年底时，我们总是发现许多单位都处在各种繁忙的事务中，由于混淆了紧张和压力，随着时间的推移，员工往往会逐渐耗尽精力，这成为阻碍他们事业发展和家庭和谐的最主要的原因。一些单位的骨干成员由于紧张程度超过了一个临界值，个人进入了一个压力情境，就需要单位领导利用一些方法，帮助企业骨干克服自己行为中固有的困难，按照时间和轻重等级，做好统筹安排。

在绝大多数的压力情境中，我们没有必要表现得十分完美，只需要完成任务，或者按照要求行动就可以了。当人们能够更好地管理自己的压力，尽可能最大限度地展现自己的能力时，就有可能在压力情境下表现得更好。如果做到了，那么生活将会变得更加精彩。

中国足球队经常会遇强不弱、遇弱不强。在与运动员交谈中发现，这些很努力的队员在每次大战前都会分析面临的形势，计算着得多少分可以出线，失多少分会怎么样。这样的球队变得热衷于规避风险，他们的表现也会变得保守，因为一门心思地扑在“不要做错事”的想法上，就会让他们偏离胜利，从而导致足球队的表现越来越糟。在比赛场上，只许成功，不许失败，这种责任感会让运动员变得忧心忡忡，满脑子都是失败和遭到他人批评的想法，无法让他们放手一搏。

第二节　远离痛苦靠行动

每个人都渴望被爱、被尊重，有归属感。当我们被评判或者被批评时，当我们认为自己将要被别人评价时，我们通常会产生匮乏感，如我不够好吗？感觉尴尬，如我做错了吗？感觉丢脸，如我看起来很蠢吗？

当被评判或者被拒绝时，我们就会产生“社会疼痛”。当人际关系出现问题或者缺失时，我们也会产生这种疼痛，而且它是真实存在的。马修·利伯曼在美国加州大学洛杉矶分校做了一个非常具有开创性的研究，在研究中他使用了神经成像技术。他的研究表明，“社会疼痛”和身体疼痛在大脑中共用一个基础加工系统，胳膊断了所体验到的神经方面的疼痛和你失去所爱之人时的疼痛是一样的。

有一个科研机构主要研究环境对各种哺乳动物的影响，所有数据都表明，动物和人受周围环境的影响都非常巨大，当相互联系受到威胁或者中断时，我们会非常痛苦。

我们倾向于认为人类为了生存安全而谋取更多的物质利益，但因为“社会疼痛”和快乐与我们的行为机制是关联的，这些都是自身激励的结果。我们与他人联系不是为了从他人那里谋取钱财或其他资源，联系仅仅是为了与对方求取善意，以免被孤立产生恐惧，这就是群聚取暖效应。

有一个刚刚遭遇失恋的男孩，他的兄弟在旁边大声告诉他：“不就是失恋嘛，没什么大不了的，天涯何处无芳草？”这句话其实是将“失恋无所谓”的想法输入这个男孩的头脑中，让他一时觉得轻松很多。然后与更多的“芳草”建立起关系，寻找新的感情对象。

人们遇到无法解决的困难时往往会用口头胜利法逃避。这样能够趋利避害。如果行动会得“害”，遭受失败的痛苦，那么宁愿不行动，保留“利”的希望。

鲁迅笔下的阿Q非常穷，甚至连姓名都没有。他被压在未庄生活的最底层，什么人都能欺负他，可他却并不在乎，常常好像还很得意。他有一种独特的精神胜利法，他被赵太爷打了嘴巴之后，说是儿子打老子，幻想着将来儿子的富贵，自我安慰。或许阿Q这种自我安慰会减少自己的仇恨感，令自己不生活在仇恨中，但正因为如此，他变得懦弱，没有丝毫反抗意识。阿Q精神胜利了，但其实内心深处早已麻木了，使他变得奴性十足。

阿Q的精神胜利法也可以看作是一种空想，一种没有行动和事实支撑的空想，其时效极短，或许只在进行想象时有效，一旦停止想象，就立即要面对现实的压力。因此，从根本上说，对于压力的缓解，空想几乎无效。不仅如此，空想还会增加压力。

空想的另一面，是对现实的逃避。由于行为的结果，带有不确定性，因而带有危险性。为了避免风险，干脆以偏概全什么也不做。我们都知道“业精于勤，荒于嬉”的道理：长时间不做一件事，哪怕当初非常熟悉，但再重新接触也会生疏。空想就是这样让人裹足不前、一无所成甚至丧失行动能力的。

只想不做的自我安慰会使情况变得更糟。当发现自己能力不足时，不断用“自己曾经是个行家里手”的想法来安慰自己，会更加让自己无能，即陷入幻想与无能的恶性循环中。结果就可能是把幻想当成现实，造成心理扭曲，即用自恋或自负弥补得不到满足的精神需要，或者彻底否定自己，变得抑郁颓废。也就是说，空想致使无能的这一后果就会作为一个压力，堆积在原有压力之上，把承受者压入精神沦陷的深渊。

因为只想不做是减轻压力感的一条捷径，因此压力事件的刺激能使人萌生某种想法，这种想法也许能直接减缓压力感，又或者先变成清除压力源的行动，从而使压力感消失。这样看来，完全可以单纯地用某些想法来减缓压力感。如像阿Q那样想象一番别人膜拜自己的图景，以此获得快感来驱散被人辱骂的屈辱感。如此看来，在解决压力问题时，纯粹想法确实比行动更快。

人如果想远离痛苦，虽然想法重要，但如果没有后续行动，想法也就成了空想。因为缺乏行动的支撑，想法就是虚空的，沉迷于想象和幻想的人的内心世界和精神世界也是空虚的。一个有理想有抱负的人，不会使理想停留在空想上，而是把想到的办法付诸行动。

第三节　享受快乐行动的过程

立即行动的习惯，意味着有积极的心态，积极的心态使人乐观看待事情，把事情做好，反过来也可以促进积极的心态，并使人更加积极地投入。许多人的生命巅峰就是在这样的良性循环中达到的。

2016 年 3 月 21 日上午，中国女排在里约奥运会女排决赛中，遇到了强劲对手塞尔维亚女排。

第一局，塞尔维亚队多次以发球得分，中国队暂时落后。

第二局，中国队调整状态，在发球上抢攻，扳回一局。

第三局，中国队在防守上十分出色，率先获得局点后，连扣带发，成功拿下第三局。

第四局，中国队一鼓作气，战胜塞尔维亚队，获得奥运会冠军。

这是在 2004 年拿到雅典奥运会冠军后，中国女排时隔 12 年再次获得奥运会冠军。

比赛结束后，主教练郎平说："球队带得不好，我有责任带她们继续向前。球队带得好，是大家的功劳，我一个人做不了什么。我没有后悔过，只是尽力而已。"她还说："看着自己的队员不断进步，打出好球，就特别开心!"。30 多年来，中国女排成绩有高峰、有低谷，但一直在拼搏，一直没有停止前进的步伐。用郎平的话来说就是：中国女排的精神一直都在，并不会因为输赢而改变。郎平也希望队员不要只盯着比赛结果，希望在排球的世界，大家收获更多的是快乐。

强者都是在战胜困难中成长的，没有困难和挑战，就无法成长为强者。当我们面对一项工作时，不应该总是在结果上患得患失，而应该勇敢承担工作过程中的错误和风险，不惧怕、不逃避它们，对出现的意外结果要有心理准备。

许多人的成功都是在实践中积累经验并不断攀登，走过一个又一个台阶后最终达到目标。甚至有的人在过程中犯过很多错，一路跌跌撞撞才走向成功的终点。如果因为害怕犯错和经历失败就畏首畏尾不付诸行动，那么进步和成长就无从谈起。

当然，一个人行动的失败不只是因过错而导致的，还有诸多外部因素的作用，这些因素大多是人为不可控的，我们总不能因为害怕而放弃整个行动。美国诗人兼散文家沃尔特·惠特曼就曾说："当失败不可避免时，失败也是伟大的。"

行动中的各种意外，不是必然导向失败的，只是有那种风险而已，这些风险本身也是一种刺激。如果一个人富有魄力和勇气，过程中的风险反而迎合了他，并激发了行为的动力。

因此，我们投入到一个行动中，就要做好承担压力的心理准备。把关注点放在过程上，结果固然是有意义的，但过程更有意义，我们只须努力去做并享受过程，不必期待有一个理想的结果。在过程中获得的经验、能力、思想的提升，远比结果有意义。所有事物都没有一劳永逸的结果，这个结果只是下一个过程的开始。

既然人的进步需要错误和失败，就不能刻意规避它们，心理承受能力就是在无数错误和失败过程中磨炼出来的，不可能不经历任何事件而具有压力承受能力，否则可能会像下面故事中的主人公一样因自缚手脚而丧失大好机会。

小张赴美求学两年后，拿到了硕士学位，并很快在几百名应聘者中脱颖而出，找到了一分称心的工作，于是决定留在美国。第二年年终时，老板请小张到他办公室去，遗憾地告诉他公司要裁员，想支付他遣散费让他离开。小张一年半的时间里，处处兢兢业业，时刻循规蹈矩，自认没有犯任何过错，本来还以为要晋升的小张，听到这里顿时一腔怒火，质问老板："我没有犯错还辞退我，是不是你歧视中国人?"

"小张，先不要激动。你知道，当初跟你竞争这个职位的有几百人，我们能够最终选定你，就说明没有种族歧视。事实上，公司现在决定让你离开，就是因为你没有犯任何错。"

小张听着这"毫无道理"的话，刚才的愤怒又加上了一些疑惑。老板继续说："你知道，现在公司需要扩大业务，真正需要的人才是能够大胆放手去做事的人，而不是循规蹈矩不求进取的人。你没有犯错，这足够使你保住职位，可是我们现在需要缩减人员。没错，犯错会带来一定损失，但一个人乃至一个公司的发展，都是在不断尝试新事物，在不断犯错和改错中实现的。我们都是人，不是神，怎么可能不犯错。但你的工作理念让你无法向前迈进了。真的很抱歉。以你的能力，相信能够快速找到合适的工作。"

很多时候，规避错误就是小张的老板所说的"循规蹈矩不求进取"。犯一次错没有什么了不起，但这本身也是一次历练。小张极力避免犯错，可能与他所接受的教育有关，也可能是被曾经的错误所带来的不良影响和消极体验给吓住了，这也是大多数人害怕犯错的原因。一般人因犯错经历一次失败后，就开始畏首畏尾，担心下次还会失败，于是经常没有开始行动就把想法扼杀在摇篮之中了。

这种担心和畏惧，也可能是由于别人的经验或忠告。同一件事情，他人经历之后总结出的经验，未必适合自己。每个人都是独特的，没有任何一种经验完全适用于所有人，我们之所以听了他人的讲述或告诫而畏难，是因为人与人之间也有共性。正是这种共性让我们从他人经验中获得同情，并将他人的经验应用在自己身上。但是，由于人的独特性，他人的经验必须经过改良才能适用于自己。退一步讲，假设真有完全适合自己的他人经验，假设自己事先已经改良完毕，那经验是否真的有效，也还是需要验证的，否则它就是无效的。而验证只能在实践中进行，改良也是如此。

因此，行动中的人，就算有过因犯错而遭到失败的经历，就算得到了前辈的指点，也不必过多顾虑后果，只需运用自己和他人的经验，做好可行的准备。而且还应勇于大胆尝试新鲜的事物，但在尝试新鲜事物的过程中，一定要避免犯同样的错误。

改错的唯一办法是用一个正确行为取代原先的行为，这一正确行为只要不同于错误的行为即可，因为人很难知道那个行为是不是完全有效的，它还需要验证。正确的行为需要学习和摸索，而学习就是模仿。模仿、摸索、验证以及改错，也都是在行动过程中完成的，不是想想说说就能完成的。

总之，行动过程比结果更有意义，过错和失败是进步的原料，应享受过程，不怕犯错，不避风险。

美国联合保险公司董事长克里蒙·斯通 16 岁时就开始在母亲的指导下推销保险。在他犹豫不决的时候，会默念几遍自己的座右铭，然后鼓起勇气进入大楼进行上门推销。他的座右铭是："如果你做了，没有损失，还可能收获快乐，那就放手去做!"这一座右铭使克里蒙找到了立即行动的动机。其实，即便不考虑经济收益，行动本身也大有好处。成功学导师卡耐基就曾说过："行动可以让一个人忘记烦恼。"

一对生活富裕的夫妻，妻子平日比较清闲，但是经常会闷闷不乐。这天，妻子跟丈夫商量："我想开一间花店。附近一带没有人开，我们开了一定能赚到钱。我一直都特别喜欢花，开花店的想法一直都有，只是没有实行。"丈夫说："既然你这么有信心，前景又好，那你就去做。只要你喜欢，就大胆去做，我支持你。"

没过几天，花店红红火火地开张了，生意也确实很好。妻子虽然忙碌，但脸上透着开心，丈夫见了也很开心。几个月后，丈夫给妻子算了算经营账，发现赚少赔多，但他并没有告诉妻子。一位朋友问："你老婆那家花店盈利怎么样，还开吗?"看样子是想加盟或承包。丈夫坦言答道："未曾盈利，但她收获了不少快乐，所以还会开下去。”

这位丈夫的想法堪称高明，他知道快乐和幸福才是生活的第一追求，而不是埋头赚钱。金钱固然是可见的盈利，但快乐何尝不是更大的好处。快乐和金钱，都可以在行动中得到，二者兼收最好，但有冲突时，理应选择快乐，因为开心做事意味着积极应对，事情就可能会出现好转，如果太注重金钱损失那就意味着消极应对，反而会让生意越来越差。

这个事例还说明，有的快乐不是通过达到某一成就得来的，只是在行动中产生的。不过，行动也不直接生产快乐，而是使人忘记烦恼，忘记烦恼会让人逐渐快乐起来。

要知道行动是怎样让人忘记烦恼收获快乐的，就要先了解人是怎样烦恼的。烦恼是因为思考的对象有问题。一般人的思考，把自我作为中心，经常思考自己的利益、自己的处境、自己与他人的关系等。而这些都瞬息即变，很难有一个一劳永逸、屡试不爽的定论，因而人的思考有时会力有不逮，烦恼就产生了。

因此，人一旦行动起来，思考活动的指向就开始转向外界对象，避开了“思而不得”的烦恼源。例如，一个注视着电影情节的人，心思一般都会跟着情节一起走，而没有多余精力来意识到自己的悲伤、惊悚或快乐。这既可以归因于人精力的有限性，也可以归因于思考活动的指向具有单一性。不管怎么说，忘记烦恼的不二法门就是行动并亲身体验，而不是徒然思考。除此之外，行动还有助于良性自我的建立并能够激发行动的积极性。

第四节　确立有意义的目标

一次次小的行动过程，构成了人生这个大行动过程。小行动需要小目标，大过程需要大目标，目标是行为的动力之源和航向灯，也是意志力之源泉，是挫折时的情感支柱。

人生会经历无数的压力事件，有的压力是所确立的目标本身带有的，比如成为百万富翁这个目标的难度，本身就是压力。但是，这不能成为不确立目标庸庸碌碌过一生的理由，而且，人生目标本身就能够带来无穷动力，能够克服实现目标过程中的许多压力。

什么样的目标是能够产生动力并能够克服中途出现的压力呢？一定是那些有意义的目标。所谓有意义，是指有助于建立良性自我且带来长期快乐的，而非消遣性的。例如，打游戏是消遣性的，虽然也带来快乐的享受，但是需要不断地从事，一旦中止则快乐马上消失；读书（非娱乐性极强的书）不是消遣性的，我们常说书籍是人类进步的阶梯，指的就是它有助于建立良性自我，使人能够从中汲取营养丰富的思想，这种收获所带来的快乐是长久的，也是可以重复使用的。

神经心理学家很早就发现，感官上的狂喜，来得快，去得也快，不能持久，这种快乐可以称为愉悦。有意义的快乐是更深层次的，是精神层面的快乐，是达成一个乐意且有长远效益的目标后所收获的满足感。英国经济学家查德·莱亚德研究发现，从金钱、学历、成就及纯生理方面获得的快乐，一旦达到顶点，越追逐越没有满足感。一项在多所名牌大学的 1 200 名学子之间进行的追踪调查发现，他们中有一部分人大一时（18 岁）把赚钱当成人生目标，37 年后，这些人的人生满意度普遍偏低。

没有意义或少有意义的目标，似乎都是以物质财富为标准的。研究发现，物质财富并不能带来积极的情绪，反而经常使人苦闷。因为积极情绪本身更多是精神层面的满足，物质层面的满足只能在一定程度上产生积极作用，但不能持久，效率也不高。况且，人们对物质层面的追求是永不满足的，永远不能满足但还要追求，这本身就会带来压力。而把目标放在个人成长、人际关系、社会贡献上，却可以收获莫大的快乐。因为这些东西都是发自内心的选择，不像物质一样附加在人身上，所实现的也是自我的和谐与进步。

例如，以“挣 500 万元”为人生目标，这个数字一旦达到，目标就立即丧失意义。而“成为千万富翁”这样的目标则不然，虽然也有具体数字，但重心在“富翁”二字，包含着社会认可、人生保障等可以重复消费的满足感。因此，所谓的有意义，在某种程度上可用“笼统”来代替，而没有意义或少有意义的目标则是十分具体的。再如，成为一名骨科医生，是一个比较笼统的人生目标，它包含很多方面，既有骨科专业的知识储备和经验积累，也有基本的医生素质和职业道德，更包括人生三观；在骨科方面发表一篇惊动一时的论文，则是一个相对具体的目标，固然有意义，但实现之后所带来的快乐不会持续太久，也难以永远发挥影响产生效益。

人生目标是相对笼统的，是由一个个具体的小目标组成的。不过，这个目标不能太过泛泛，比如“我要成为一个医生”，它因为太不明确可能难以实现，但这样的人生目标，必定是有意义的，而且一定是远大的。设立目标一定要远大，因为它已经不再是一个单纯的目标，而是一种情感力量，在它的影响下，我们就会朝着明确的积极的方向思考、行动，同时解除自我限制，克服恐惧。法国作家阿兰·儒弗瓦说："没有任何事比稳定的目标更能让你的心情平静。"

再者，这样的目标，还包含着社会认可和人生保障等值得骄傲的东西，而这些美好的东西是人的共同追求，因此在遇到挫折时，只要想到这样的目标，就会产生继续行动的动力。精神心理学大师维克多·弗兰克尔说："有意义的目标是克服困难与压力的能力之源。"这个远大且有意义的目标也不一定非要实现，它的意义在于，使我们投入并享受眼前，而不是有一个终局。换句话说，目标的意义更多在于给人以希望、勇气和力量，而与实现后的喜悦和成就关系不大。

明白了人生目标必须有意义、远大、笼统等要点，那么人人都应该给自己确立一个人生目标。确立人生目标的每一步都是确定自己的价值观。价值观组成了每天生活的主干，如果没有明确的价值观，生活将变得一无所措。价值观为人的行为和选择指明了方向，也指明了人生的路线。无论有意识还是无意识，我们的目标和方向都是由价值观控制的，而有意识的价值观对自己的人生有更好的导向作用。但是，一个人的价值观不是轻易能够完善成体系的，最好在完善时确立目标，之前就算确定了，未来也可能会改变。因此，虽然有必要，但目标不必急于确立。这点尤其适用于经常为人生前途而苦恼的年轻人，他们其实应该静下心来学习，并且过好每一天，积累生活经验即可。

设定生活中的每个小目标时，要考虑目标的难度。表面看来，目标越容易越好，但实际研究发现，目标越难，努力的情绪越高涨，越有激情。当然，这个难度虽然可以超越自己的能力范围，但也只在一定范围内超越，不能让自己完全看不到希望。

投入行动实现目标的过程中，要注意即时地反馈信息，把握好自己向着目标的进程。对于小目标，记录并分析每一天的进程和变化，如有必要就即时调整行动计划；对于较大目标，则记录每一阶段的进程，发现变化并觉得原目标无法实现时，可以酌情降低目标难度，但大方向不能改变。

第五节　一步一步走向目标

目标有大有小，有难有易，周期有长有短。因为人有一种追求即时享受和满足的心理倾向，所以远大的、困难的、周期长的目标是一种巨大的心理压力。但是，目标对行动来说是必需的，不能放弃，所以此时就要把大目标分解为一个个小目标，只要一步一步地走下去，就如同马拉松选手一样，一定会达到最后的目标。

许多人渴望成功，但只把目光锁定在最终的那个硕果上，不懂得把目标分解成一个个可轻松实现的小目标，而这个宏伟的目标本身是有相当难度的，越是注意着它，越是觉得它难，以致勇气和动力尽失，可能做出放弃目标的决定。事实上，要完成目标，可以将其分解，那些没有刻意分解而最终完成的人，必定也是一步步完成目标的，而这“一步步”就是一种拆分，只是自己没有意识到在目标上付出了很多的意志力。

对目标的这种拆分，不是随意的，而是依据先后阶段进行的。既可以是时间上分段，也可以是空间上的分段。像“成为一个骨科大夫”这样的目标，则需要依据时间的先后顺序来分段。如果是我们参加马拉松比赛，也可以在时间上拆分目标，比如先打听好当地选手的成绩，以稍微短于他为目标，把整个时间分为可以以心里读秒或数数来计时的若干段，一段一段地跑完全程，而不必以建筑物为标记。

下面这个实验更清楚地证实了拆分目标对一个人心理及情绪的重大影响：

有这样一个实验，被试分为三组，分别从同一点出发走到 10 000 米外的 3 个村子。第一组被告知村子名，沿途每隔 500 米还设有里程碑；第二组只被告知村子名；第三组什么也不被告知，在向导带领下到达目的地即可。结果，第三组被试刚走出 3 000 米就开始有人叫苦，路程过半时已经有人发火了，甚至有人干脆坐在路边拒绝配合；第二组被试，走到一半时开始问路程长短，但走到四分之三时也开始有人垂头丧气了；第一组被试在没有向导的情况下，轻松愉快、情绪高涨地走完了全程。

实验中的里程碑，本质上就是阶段性目标。对于明确的目标而言，阶段性目标是一个阶段与下一阶段的界点，如同钟表上的数字 1～12；而最终的目标即便很伟大，但也跟这些界点是一样的，表上的 1 和 12 并没有差别。因此，即使是“成为一名骨科大夫”这样的目标，其最后的实现必定也要以达到某一实际可见的要求为准，比如在某知名医院长年从医，或者写了一本权威的专业书等。

过大的目标需要分解，较小的易实现的则不需要，但要为它们制订可操作的计划。宏伟目标也需要制订计划，但其计划看起来更像是阶段性目标的罗列，真正可操作的计划是程序性的，也就是标明今天做什么、明天做什么，以及怎么做、多长时间完成等。一般而言，除一天中任务数目比较少的情况之外，心里所想的计划最好能有一份计划书，也就是用笔来记录每一步程序。再严格一点，还要记录计划的完成情况及评价。这是为了严格按照计划表做事，纠正拖延的倾向和恶习。

应制订每个小周期，即每天和每周的工作计划。每周的计划需要多花些心思，每天的工作在前一晚睡觉前或今天开始时就可以想好。否则就会看到什么做什么，完全受眼前的事情摆布，由主动工作变成了被动应付问题。这个计划表中，还要分清主次，先做主要的，尤其不能被临时加进来的事情干扰。有一点需要注意，就是计划的事项不能贪多，如果可能，还要“贪少”，要每天空出一些休息时间，因为制订这种计划的目的是减轻压力，罗列过多只会增加压力，完不成更增加压力。但是，空出休息时间不等于拖延，只是加长工作周期而已，如果在后期精力能够集中起来或效率比较高时，可以适当增加任务量。

当然，计划也不是越详细越好。心理学家认为，过于详细的计划会给人过多的限制，因而感到压力和疲惫，也就降低了行动的积极性。不过这也存在个体差异，制订计划表应依自己的情况而定。

制订了计划，为防止被打断，还应学会说“不”。我们一面想完成任务，一面还想让闯入并可能打乱我们计划的人满意，这是不可能的，只能二选一。此时应学会向他人说“不”，先不要满足别人，应满足自己的计划。达成目标，无论短期目标或长期目标，最终都要落实到一个个最小步骤。我们应做到心中有目标，脚下有台阶。

第十九章

走出拖延的魔圈

拖延者往往是抱着紧张感激发潜能的幻想走向拖延的，还容易陷入拖延与焦虑的恶性循环中。克服拖延并不容易，轻度拖延者可以使用自我分析法，而严重拖延者就需要他人的帮助，还可以使用一些强硬手段。

电影《妖猫传》中以黑色幽默的方式描写了杨玉环的拖延心理，杨玉环一开始就看破了安禄山要起兵，但是她不想说，一直拖着，最后安禄山就真的起兵了。

《妖猫传》中杨玉环的拖延行为传递给观众的感受是，与其面对真相的痛苦，不如活在梦里，拥抱谎言，反正就是拖着，拖到死为止。这种错误的心理和行为方式，也对我们提出了告诫。

第一节　拖延会恶性循环

工作成堆也要拖到最后一天才干；想着回家就洗澡却拖到睡觉前；牙齿酸痛直到疼得要命才去医院……如今，拖延症这种不是心理疾病的“心病”让许多人特别苦恼。新浪微博发起过一项关于拖延症的讨论，有 700 多万网友参与，超九成人投票给了“我有，而且很严重”的选项。身边不少朋友也常因拖延症向我诉苦，下面这两个和尚的故事，也许会对我们有所启发。

清代文学家彭端淑在《为学》一文中写到，四川有两个和尚，一个贫穷，一个富有。穷和尚对富和尚说：“我想去南海，怎么样?”富和尚说：“您靠什么去呢?”穷和尚说：“我靠着一个水瓶和一个饭钵就够了。”富和尚说：“四川离南海几千里，我一直想雇船去，也没能成行。你只带两样东西不可能实现!”但第二年，穷和尚从南海回来了，并告知富和尚。富和尚面露愧色。

拖延并不完全是逃避困难造成的，拖延行为也不同于简单的推迟，它包含越来越严重的焦虑情绪。其心理发展过程为：第一阶段，十分自信，满怀希望；第二阶段，意识到时间的快速流失；第三阶段，开始感到焦虑；第四阶段，崩溃和后悔；第五阶段，为拖延行为找各种借口；第六阶段，借口无效，于是在逃避中渴望出现转机。

焦虑的来源有完美主义者对失败的害怕，尤其是那些被公认为有前途的人，他们由于心里期待过高，往往害怕因为失败丢了脸面，而且越到目标应该完成的末期，其焦虑越严重。多疑性格的人焦虑来源是对不确定性和意外的担忧。有些人习惯于一开始就对结果有一个可靠的预期，他们不愿意承担结果超出预料的任务，而当预料中的任务出现意外时，其焦虑瞬间增大。不自信的人是拖延症的“主要患者”。

反过来看，拖延也给人带来了心理压力，至少包括工作任务难以完成或没有完成这一压力。因此，拖延与焦虑互为因果，如影随形。

拖延行为久而久之还会成为一种习惯。这样的习惯是慢性“毒药”，会让人精神日渐衰弱，无法相信自己，无法做出决定，阻碍自身潜能的发挥和人生目标的实现。一个拖延到后期的人，其内心是挣扎痛苦的，当他过于沉浸在挣扎中，还可能会担心有人指责他的拖延习惯，时间一长其焦虑就会演变成恐慌，而到那时候，他再想提高效率，几乎是不可能了。如果被焦虑和恐慌的心情操控着，人就会事事拖延，而这又加重了焦虑和恐慌。也就是说，拖延与焦虑，二者把人带入了无休止的恶性循环中。如果拖延者再是一个完美主义者，这种循环简直是万劫不复的。

无疑，拖延会影响任务的完成质量和时间，而且，拖延会使需要处理的问题越来越多，当面对着纷至沓来的任务时，原先再怎么有信心的人，也会失去信心和动力。拖延者自有的负罪感和恐惧感，本身也能削弱一个人的能力和信心，降低其工作效率和学习能力，即使最后勉强完成任务，也已焦头烂额。日后，面对同样的任务，别人可能只需要花几分钟做完，而拖延成疾的人却可能要花几倍的时间。

惯于拖延的人性情可能会因自己姑息养成的拖延症而大变，经常把自己的错误迁怒于人，迁怒于环境，寻找各种借口，以至于失去在别人心中的形象，前途暗淡，无缘晋升。在 2 000 人中进行的一项调查报告显示，拖延竟然能够导致 30 种事件的失败。这种恶性循环所带来的行为能力的丧失倒在其次，危害更大的是焦虑症等心理顽疾，以及诱发高血压这样的生理疾病，都是慢性且长期的，治疗起来难度大、周期长。因此，当意识到自己拖延的焦虑情绪时，一定要及时刹住车。

第二节　拖延会破坏情绪

拖延与不良情绪之间有着极为紧密的关系。对于大多数人来说，哪里有拖延哪里就有情绪问题，这是无休止的恶性循环，结果不仅容易使任务失败，严重的还会让拖延者精神崩溃，诱发焦虑等心理疾病。

陷入拖延恶习的人认为，把事往后拖一拖，能够稍微缓解压力。但是，这种缓解压力的想法是错误的。拖延不是“减轻压力”，更容易不断累积压力，直至养成了拖延恶习，最后变得不可收拾。

经常拖延的人还有一个借口，他们认为，期限将至，内心越来越紧张，紧张会激发出自己的潜力，任务会完成得更好。这个想法的理论来源是耶基斯－多德森定律。这个定律说，压力承受者的行为效率，会随着压力或者焦虑程度的升高而升高。但是，我们也不能顺理成章地认定拖到最后效率就最好，那只是拖延者对自身的错误估计，或者说是自欺欺人的表现。因为这个定律还认为，当压力强到某个临界值时，开始出现转折，压力的作用变成纯摧毁性的，只会降低承受者的行为能力。而且，原压力的严重程度不同，即任务的难度不同，这个转折点也不同。

用“压力大就表现好”的借口欺骗自己的拖延者，一心认为时间的紧迫感能唤醒懒惰的身体和涣散的神经，下面的事例证明并非如此。

2019 年 4 月初，中央政法委对各省市提出要求，5 月 1 日前要上报“见义勇为”先进事迹宣传短片。某市局领导部署任务之后，某处长能力不足又有点焦急，就把工作推给了能力强的小郝，要他完成这项工作。这个任务对小郝来说算不上紧迫，尽管最近业务繁忙，白天要正常上班，周末也都安排满了：除陪孩子去上钢琴课，到朋友家里聚餐外，都会来办公室加班。如此看来，自信的小郝没有申请后延任务，便应承下来了。可是，当他第一次交稿时，领导并没有通过，突然间，他感到焦虑了。在之后的每个晚上他都来办公室加班，但就是写不下去，时间一天天过去，原来轻松愉快的心情早就没有了。

小郝每天从早到晚耗时较长，精神也欠佳。最终拖到了 5 月 1 日前一天晚上，一向相信在压力刺激下会唤醒大脑的小郝“要进行最后的高效发挥”了。可他却发现自己有一种无从下手的感觉，顿时开始懊恼。于是他想到减压，跟一个刚刚出国回来的同事聊聊那个国家的旅游。匆匆吃罢饭后，就到同事家里去了。当他回到家已经夜里十一点半了。小郝终于开始赶自己的稿子，所幸在第二天上班前的最后一个小时完成了。然而，这份文稿受到领导严重地批评：“思路不对，错误太多”。这使小郝特别沮丧。

小郝的事例也是大多数拖延者的惯常表现。

期望压力刺激之下有“灵感”和“优异表现”，是造成拖延的一个原因，不然也不会一拖再拖，但那只是错觉，所谓“灵感”，只是重压之下逃逸出来的扭曲想法。拖延对人不良情绪的作用是全过程的。压力过重会摧毁人的行为能力，如同空气的压缩，虽然一时被缩小体积，但迟早会向外延展甚至爆炸。

事实上，拖延者的情绪一直在往内心侵蚀，在逃避中使原本并不沉重的任务，因拖延而章法大乱。内心越乱就越影响任务完成的质量。因此，逃避对于缓解压力是无效的，拖延反而会徒然增加压力，降低行为能力，使坏情绪形成并蔓延。

脑科学研究表明，拖延经过后脑神经会残留下一些压力的影响。人脑中的下丘脑，会向各种感觉器官合作构成的报警系统发出信号。被拖延到最后的任务，作为一个庞然大物出现在人的意识中，这就犹如一个警报。当身体接收到警报后，心跳加快，血压升高，释放出大量压力荷尔蒙，以解决这个庞然大物。这其实是一种应激反应，反应之后的身体，是需要恢复的。但是，惯于拖延的人在任务失败后，很长一段时间内都会懊恼不已，无法休息，况且还可能要处理接下来的事情，于是经常处在紧张状态下，这使大脑和身体长时间得不到休息，自然会身心疲惫。

同时，压力荷尔蒙作用时间太长，会对身体有伤害，它容易导致疲劳、嗜睡，降低人体免疫力。免疫力一差，人就容易感染细菌和病毒，发生各种疾病。

所以说，如果经常拖延会给大脑和身体带来严重的影响，也会转化为挫败感。就像小郝那样被批评后心理受到影响。这样的事情发生多了，我们就会对自己失去信心，变得萎靡不振。

第三节　拖延症身心成因

拖延症会在很多人身上出现。有了这个问题并不可怕，也不用特别地自责。

因为根据科学研究，拖延症成因分为身体和心理两个部分。如果身体方面出现了问题，只解决认知是没有效果的。

我们的身体本能进化了几十万年，是人类自带的操作系统，对身体的掌控力非常的强大。只要不是威胁到生存的重大事情，身体的本能是不愿意去消耗能量的，好逸恶劳，逃避痛苦，享受当下才符合自我的原则。而人脑中理性思维能力形成的时间比本能要晚很多，在与本能争夺控制权上往往不敌本能。人永远无法摆脱本能的影响。理性思维指明的道路再正确，再对我们有好处，也很难战胜本能。

身体生理状态也会反过来影响意志力，意志力下降导致效益不高产生了负面情绪。没睡好、没吃好，生病受伤会严重影响做事的积极性。无精打采，浑浑噩噩的状态会增加做事的难度。本来就不想做，又有了生理上看似正当的理由，两者一拍即合，造成行动阻力。

还有一种情况就是外部诱惑消耗了大量能量。平时玩手机、玩游戏、聊天等不但过度地占用了大量时间，还使人们的意志力就像是体力一样被耗竭，没有力量做正事了。尤其是我们总喜欢把最不擅长的事放到最后去做，走出舒适区，进入要受点苦的领域并不简单。如果任务本身就有挑战、有难度，那么对不擅长领域就无法产生控制感，为了逃避麻烦，更容易选择逃避。在舒适区舒舒服服地待着，不想多迈出一步。

如果是自愿做的事情，我们就很容易开始行动。如果是外界强加给我们的，尤其是我们讨厌的人安排的任务，我们就自然的想拖延。

还有一条，就是决策和选择是由大脑的两部分控制的。大脑的前额叶皮层部分相当于一个战略中心，负责决策和耐心，长远的目标和计划都是在这里形成的。大脑边缘系统部分，主要依靠本能做选择，速度相当快，受视觉、听觉等感官刺激后会马上处理具体事情，因此更活跃和善变。当前额叶皮层的理智决策被眼前的感官刺激影响后，生理系统也会依据原始本能做出反应，冲动就会占上风，前额叶皮层制定的计划就会被抛弃，于是造成了拖延。

简单总结一下，不同程度的执行障碍、注意力缺乏、持续的紧张、情绪抑郁或焦躁、强迫症等拖延病状，都与大脑运作模式有直接关系。人脑的前额叶皮层制订的计划被大脑的边缘系统压制住，就是拖延。计划是理性的，但为了满足眼前的目标，经常会受到冲动影响而被拖延。老司机遇到新手经常会礼让，因为后者“初生牛犊不怕虎”，这个“牛犊”经常不守规矩乱来。

这个原理在儿童身上很明显，如有的儿童多动或者出现多动症，就是前额叶皮层部分发育不良。这些孩子的脑前额叶部分不能维持注意力、规范行为、计划未来和自我控制。随着年龄的增长，他们的脑前额叶也会渐渐发育，因此此症状会明显减轻，进入青春期后，大约有30%～40%的人会有好转。

有的人注意力缺失会到成年，习惯性的做不出理性决定而导致拖延。家庭环境可能在他们的成长中起到了负面作用。纽约雪城大学曾研究果断的人和犹豫不决人的成长历程，结果发现：如果孩子的父亲是冷峻专断的，那么孩子一般不敢擅自做出决定，进而养成犹豫不决的性格，因为一旦提出意见极可能遭到严苛的反对，于是习惯于逃避一切决定。性格犹豫的母亲，虽然是温暖的靠山，但也帮助不了他们。

有一个加强注意力的小训练：集中精力做事一分钟。对于后天患有注意力缺失紊乱症的人来说，在一分钟内只做一件事。在这一分钟里，可以做洗干净一只茶杯、在贺卡上写一句话等小事。时间虽短，却是能够让注意力缺失的人感到快乐和满足，建立起更大的信心。

注意力分散，不代表什么也注意不到。可以针对第一个注意到的事物或情况作出反应，而注意到后面的事情不再作出反应。注意，是出现问题之后立即作出反应，而且是不问合理与否的反应。不合理的反应，一般会带来某种小的损失，而反应者的理性自己会判断其反应的对错。当然，这种练习也应从小事开始，因为大事不计后果作出决策，带来的可能将是巨大的损失。

除身体和外界因素外，还有一种东西易致拖延，那就是心理时间。所谓心理时间，是实际时间的流逝给人带来的心理感受。每一个人的心理时间与现实时间不是同频的，或者快、或者慢，或者有时间充足感，或者会经常出现时间紧迫感。心理时间经常会以事件的方式表达出来。比如“我起床了就会去锻炼身体”，“那是在吃饭之后发生的事”。

人的行为，在很多时候是由心理时间支配的。很多人拖延是因为他们活在自己的心理时间里。但是，心理时间往往不跟实际时间同步。这些人的拖延，始于自己被心理时间绑架的时候。当然，心理时间如果比实际时间超前，我们的行动也会超前。

心理时间经常以过去、现在和未来为标准，这样宽泛的时间会令人产生错觉。例如，一个目标或者一件事情，如果在人想象中是很远的未来，就会显得不真实和不重要。如同照镜子一样，只有离镜子越近，才越真实，越能够看清楚自己。为避免这一错觉，我们在制订某一目标时，应具体到某一精确的实际时间。例如，一个人应该为自己储备足够的养老金，除要确定数额外，还要明确规定达到这一数额的确切时间，比如 50 岁那年的 10 月 1 日。

为使心理时间和实际时间趋同，我们应把注意力集中在实际时间上，关注事件本身并加以处理，就不会拖延了。

当然，时刻关注事件是比较难的，还可以从另一条途径达到心理时间和实际时间的吻合，那就是通过训练对实际时间有一个准确的把握。这个训练很简单：当接受一项任务后，先估计出所需的实际时间，然后制订出计划表并用计时工具开始计时。任务完成之后记录实际所耗时间，再与估计的时间做对比。

这个训练是解决拖延症的方法，在日常工作和生活中都可以进行，最好按照从小到大的顺序进行。比如做一次晚餐。预计时间多少，然后开始计时。做完饭后算一下，是提前了还是推后了，就知道自己的心理时间与实际时间的差别了。

时间训练可以由小到大，由简到繁，逐渐锻炼到能够掌握耗时更长的任务。

综上所述，冲动对理性的压制，注意力的缺失，心理时间长于实际时间，这三者是造成拖延的三大后天原因。因此，用理性战胜冲动，集中并加强注意力，使心理时间和实际时间吻合，是战胜拖延的三大原则。

第四节　拖延症类型及克服方法

陷入拖延恶习的人，时刻渴望有一个行之有效的办法来克服拖延症。但是，拖延类型有多种，患有拖延症的人先要分出自己是哪一种才好对症下药。

从根本上说，拖延都是决策型的。无论理应这样做却不这样做，还是理应做出决定但还是犹豫不决，或者由于信心不足不敢做出决定，拖延都是在决定上的失误和耽误导致的。具体说来，拖延有以下几种。

第一，不自信型拖延。一部分有这种拖延习惯的人，总是在做出承诺或喊口号，却没有积极的行动来支撑。当然，这种口号一般不是喊出来给别人听的，而是在心里叮嘱自己。这种拖延也不是没有任何行动，只是经常会在口号的号召力量下履行最初的简单事项。比如，心里想着要健身，于是收集各种资料以作出符合自身情况的方案，却到此为止，没有进一步阅读它们，更没能付诸实践。这种拖延一般发生在个人的事务上，我们不妨在心里问问自己是否有某个计划因为我们的懒惰而被束之高阁了。

还有一部分人，他们因不自信而害怕出错或失败，并一味拖延直到真的失败。许多完美主义者也可能已经染上了这种拖延症。心理学家把完美主义分为两类，一类是适应型的，另一类是适应不良型的。两种类型的完美主义者，都对自己要求非常高，但前者很自信，一般也能够实现自己的目标，而后者却不那么自信，他们常常自责，其情绪往往是消沉的，经常发生拖延行为，甚至已经变成恶习。

针对这种拖延，可在目标方面入手进行解决。爱喊口号或经常立志的人，追求完美却不自信的人，总是想在所有事情上有非常优秀的表现，并定下难以企及的目标，但是，当他们发现这个要求无法实现时，就开始手足无措，于是带着失望拖延起来。究其源头，就是他们给自己制定的目标太高了，高得使他们无从下手，而解决的办法就是降低要求，先制订并实现一些简单的目标。比如，建立起自信和处理能力后再循序渐进。如一个从来没有接触过日语的人，就不能制订半年内学好日语的超高目标，而应量身订制，一个星期学会并熟悉十句日语。我们为自己确立目标，为的是激励自己前进。

第二，讨厌逆反型拖延。人既是理性的动物，也是情感的动物，要想积极地投入一件事情中，这件事情最好能够给人带来即时的、高程度的心理享受，否则，即便一件事有很长远的好处，人不被逼到紧急关头也不会行动起来。有统计显示，办了某种健身卡的人，将近70%没有坚持健身。很多人讨厌去医院，不到牙疼得难以忍受的时候，就一直忍着。有的人讨厌做家务，所以很久才打扫一次家里的卫生。当人面临着喜欢的事和讨厌的事时，不言而喻地会先做喜欢的事。正是讨厌导致在那些不喜欢的事情上产生拖延，因为讨厌的事情各不相同，在具体某一事情上的拖延程度也因人而异。

虽然我们自己不喜欢某件事，也不喜欢做出改变，但一是事情有完成的必要，二是关心我们的人也会催促我们，这样，在逆反心理的作用下，很多人可能会“破罐子破摔”!

这种拖延比较顽固，外人几乎帮不上什么忙，只能靠拖延者自己克服。不过，在克服行为之前，需要先转变认知，即开始发现那些讨厌害怕事情的积极有益的一面，还可以培养对讨厌事情的兴趣，毕竟任何一件事情都有它有趣的一面。还有，我们时刻只看到拖延有害的一面，又或者，当一个人经历了足够的损失并接受了足够惨痛的教训，自己也会转变看法。事实上，他们不愿去做，不愿改变，就是觉得拖延的后果还承受得起。在打扫卫生这样的小事上尤其如此，只有当家里脏得连自己都觉得恶心时，立即就不讨厌了。不过，对于其他具有长远意义的事，比如锻炼身体，聪明的人是不会在生病的时候才后悔莫及的。

第三，瞎忙迟到型拖延。在做一件事情之前，这种类型的拖延者经常把时间花费在一些烦琐的小事上，比如洗澡、打电话、整理物品等，而不是为那件事做准备。结果是，等他们做完了这些小事再去做大事时，已经太迟了。这种拖延的原因在于注意力的不集中，克服办法是进行正念的训练，而且最好有一个人在身旁随时监督，甚至强行把拖延者从无关行为中拉入正轨。比如，孩子在做作业之前一直玩手里的玩具，这时，家长就可以强行制止他，而且这种制止要一以贯之，直到孩子养成好习惯。

如果愿意，我们还能找到其他原因并命名为其他类型，但拖延的类型不外乎这几个。如开头所说，拖延都是在决策上的失误或耽误，找到决策不当的原因，改正思维习惯，形成理性认识，就能够有效且自主地克服拖延或拖延症。不过，直接从决策这一行为上入手也未尝不可，当然，行为上的改变，尤其是对于拖延形成习惯者，需要一定的强制力，也可能需要他人的监督帮忙。

在偶尔的和惯常的拖延行为中，有三种行为表现是相当有害需要立即制止的：一是推迟或逃避，二是犹豫，三是找借口。这三种行为没有时间上的先后顺序，可能并发也可能单发。及时终止这些行为，有助于任务的尽快完成，也能够有效避免陷入焦虑与拖延症的循环。

对不自信的人而言，以及对自信但已经开始焦虑的人而言，推迟完成任务、不作出决定甚至推卸任务，的确会在一定程度上让人暂时摆脱焦虑。但这是要不得的，因为那只是暂时的，只要完成任务的必要性还存在，焦虑就不会根除。其实，拖延者在推迟或逃避行动的同时，内心也知道这些，不过他们会为推迟找各种借口。一般的结果就是勉强把任务完成，就算有能够圆满完成者，焦虑的情绪体验已经在拖延过程中给拖延者施加了负面影响，而且，交付任务后，这种负面体验可能会在他们心里演几次，并为下次更严重的焦虑埋下种子。

犹豫是拖延的首要原因，是不自信所导致的勇气不足。对数百名百万富翁的研究显示，他们每个人都习惯于迅速下定决心。反过来看，致富路上失败的人，其处事风格无一例外的都是犹豫不决、拖泥带水。

一个人犹豫不决的原因可能是对事物或事情缺乏清晰的认识，这使得对事情的态度不明确，也可能是过分谨慎、完美主义、依赖人等性格原因，或某一经历造成的阴影。这些人应该时刻用“长痛不如短痛”来提醒自己，运用全部的学识与理智做出最恰当合理的决定，一旦决定就不再后悔，不到万难都要坚持。实在不济，那就放弃理性思考，闷头按当初所想的去做，也比停滞不前好。如果是在多个选择面前犹豫，甚至可以立即采用抓阄法来做决定。

至于找借口，当然是给自己的推迟、逃避、犹豫等行为找各种借口。但是，借口再怎么貌似合理，再怎么令人心安理得，本质都是对问题的逃避，是懒惰的表现。只要一想到任务还没有完成，拖延者自己就会发现，所有的借口都站不住脚。原因有这样几个：一是不把忙碌当成拖延的第一个借口；二是不要以累或不舒服为借口，拖延做事；三是不要总想着时间多的是，而把事情拖到最后一刻；四是不要说自己在做一件更重要的事情，而把该做的另一件事情搁浅。

不逃避，不犹豫，不找借口，以此“三不原则”为基础，在克服拖延的过程中，可在以下几个方面加以注意。它们或者在心理层面使人逃避，或者干扰决策使人犹豫，或者本身就是借口。

第一，要接受真实的自己和客观事实。几乎所有的拖延者都不满足于自己的现状，在拖延的过程中充满自责和沮丧，但是，不良情绪并不能改变现状，反而可能造成更多的拖延。因此，与其心里愧疚，不如承认自己已经染上了拖延恶习。唯有接受了，才可能走出拖延与焦虑的魔圈，因为已经把拖延当成一个分析和战胜的对象，不再受它摆布了。另外，不自信但抱负颇高的人，也应接受自己有所不足的现实。同理，终止自怨自艾，接受不完美的自己，才能真正看到需要努力的地方。

第二，要学会拒绝。别人提出的或者自己想从事的没有意义的事、非分内之事，都可以拒绝。在实行克服拖延恶习计划期间，尤其应该学会拒绝。这并没有否认助人为乐的优秀品质，但是，人如果自己都不是自足的，何谈关爱和帮助他人？况且，在生活或工作中，总有一些自主性差的人经常拿自己的事情麻烦别人，如无精神障碍，他们应该被泼一盆冷水。

第三，避开甚至远离无关信息的诱惑。人们面对的诱惑越来越多，而对克服拖延来说，最大的障碍是环境中存在的电视、手机等干扰和诱惑，甚至有的人已经对网络和手机过分依恋乃至痴狂了。面对干扰和诱惑，我们也许难以以强大的自制力拒绝，但它们毕竟是附属于环境的，我们可以从这些环境中走出来。这些干扰和诱惑之外的环境，本身也是美好的，走出家门，去公共图书馆、咖啡厅等地方，也会颇有收获，而且比通过电子产品得到的收获更有意义。我们还可以藏匿干扰自己的东西，且最好让别人来藏。

避开甚至远离无关信息的诱惑，是减少压力的一个有效方法，因为它减少了应对的需求。压力有可能产生于“即时回复交流的需求”，这个名词的通俗解释就是：当我们被提醒或被要求什么事情的时候，总是想着立即解决，否则就会一直挂念。手机的信息提醒声，电脑的故障警报声，使我们的大脑经常处于警觉状态中，只有做出反应，警报才会解除。也就是说，所有与交流相关的科技，使我们处于一种“随时待命”的状态中。因此，减少应对需求，就应远离甚至避免科技产品，也就减少了许多压力。

几个具体的办法是：对手机的提醒信息集中处理或者随时处理；某一事情如果需要专注，比如吃饭时，就关掉发出警报或提醒声的设备；私人号码和工作号码分开用；限制令你处于紧张场合的时间。

第五节　克服决策时犹豫

无论是因注意力分散而难以做出决策，还是已经意识到自己在拖延而无法摆脱，抑或是看到希望但不敢做出决定，都是犹豫的表现。拖延者难以或不能做出决策，是因为理智暂时被消极感受包围了。他们或者关注着某一决定或选择的后果，或者关注着自己在同一事件上的失败经历，但从未关注眼下决策或选择的本身。只要改变关注的焦点，就能够克服犹豫的毛病。

犹豫不决的人首先应建立一个信念，那就是人在任何时候都具备做出有效决定的能力。觉得做出决策感到困难或办不到，并不意味着决策者缺乏做出决定的能力。人的大脑如同电脑，工作起来是机械式的，各种感官如同电脑的输入设备，只要有价值的信息出现，都会及时获取，而大脑则是中央处理器，会对这些信息逐个辨别加工。人与电脑不同的地方是人有情感。情感会对思维有蒙蔽作用，也就是说，人迟迟不做出决定，是消极的情感体验中止了大脑的计算，以至于没能输出一个指令性结果。诚然，不是每个决定都会成功，但是，只要花费了心思，决定很有可能为你带来成功，上次的失败是上次的事，与眼下这次无关，“可能失败”只是不做决定的借口。

我们应从消极感受的蒙蔽中走出来，恢复理性思维的工作。按照以下观察法的步骤操作，将有良好的收获。

第一步，给需要做出决策的问题一个清楚而准确的描述。问题如果是清楚的，其答案或最终结果才可能是明确的。除这个问题本身之外，对它进行描述时，还要指出其前因后果、要做出怎样的决策可以直接解决问题。

第二步，写出自己所想到的不同选择，预想可能的结果，通过对比选择出能够给自己带来最大好处的那个选择。任何问题都不只有一个解决方案，在第一步描述的基础上，肯定还有另外几个选择，我们需要把它们写在纸上，并根据假设进行推理，分别分析每个选择会导致怎样的结果。如果备选项比较多，应进行分类和再分类，以便后面进行对比。这一步中最重要的一点是把令我们犹豫不决的所有选择写在纸上，记住，一定是写在纸上，而不是让它们在脑子里打转。这一动作看似不起眼，实则有本质的转变：在脑子里乱想，是对感官功能的弃置不用，并给大脑增加负担。前面已经说过，大脑如同电脑，大脑在分析这些选择时，要重新从记忆库中提取，而这个提取过程是要占用“内存”的。写在纸上则不然，它把各个选项放在外置存储中，从感官刺激到大脑思维，虽然也占用“内存”，但时间很短，哪怕暂时忘记，看一眼就会想起。更重要的是，这个过程不会跟分析的过程占用同一“内存”，因而不会混乱。也就是说，把各个选择写在纸上，使得大脑的思维更通畅，这差别如同用草稿纸的计算和心算一样，算小数目也许要依靠心算，但计算复杂的大数目，非要草稿纸不可。

第三步，重审一遍各个选择之后，暂时抛弃其他选项，把那个最积极的选择付诸实践。

第四步，对比预想的结果和实际的结果，总结自己对抗拖延的收获。

第五步，根据第四步的总结，不断调整选项及相应行动，但是，每次只能选一个。行动是针对一个目标去实践体验改变的过程，调节是把自己的认知整合起来，用新的方式思考、感受和行动。

实施这个方法，并在这个过程中随时写观察日记。观察日记是针对想法的再分析，像之前所说的“打草稿”一样，改变我们注意力的方向。为了跟拖延对抗，还要不断调节并在调节后继续行动。

这个观察法，让人把关注的焦点从内在的念头转向了外在的现实，相当于以“另一个自己”观察了自己的想法和行为，重新审查了一次自己。这种方法开始会觉得有点机械和困难，但并不是不可行，经常练习意味着摆脱拖延恶习的开始，养成习惯就不再有拖延行为了。

第六节 用科技对付拖延

必须承认，各种科技产品的趣味性给人们带来了一部分拖延问题，或者使拖延问题更加严重。总想着玩手机而不想写作业，追完这集电视剧再睡觉等情况，恐怕每个人都经历过这种事情，拖延的种子就在这小小的享受中萌发着。

不过，凡事都有两面性，科技产品给我们带来困扰，也可以成为我们解决拖延问题的工具。虽然科技产品是智能的，但再怎么先进的科技产品都是人发明出来的，所以，直接调用摆在眼前的工具，可以大大缩短从想出办法到付诸行动的时间，因为我们“想到”它们，办法就有了。而且，这些工具能够很好地减少误差，方便性和准确性，正是“好脑瓜不如烂笔头”的原因。因此，只要加以正确地利用，科技产品就能够帮助我们提高效率，抵抗拖延。

这些科技产品的主要功能，一在于亲情般的提醒，二在于无情的强制性。

例如，闹钟提醒功能。手机闹铃的功能使用频率非常高，深受学生和上班族的喜爱，而且还有“小睡一会儿”和重复提醒的功能，这就像是温柔的母亲加上严厉的父亲。而且，现在的手机可以设置多个闹钟，在生活多方面起到提醒作用。

此外，我们也可以利用电脑的一些软件，比如定时关机软件、网络定时上锁软件。对于用电脑创作但容易受网络干扰的人来说，还有一款强制码字软件也非常有用，只要设定时间或字数，不达标，就没有机会退出来做无关的事。

不过，只要我们愿意，科技产品的提醒或强制，总能够被打破，比如买台新电脑。也就是说，真正决定是否拖延的还是我们自己。这时候，施以一定的惩罚应该是有效的，因为人是趋利避害的动物，好了伤疤忘了疼的人虽然也有，但属少数。事实上，因拖延而致使任务失败，结果被领导批评甚至丢掉工作，本身也是一种惩罚，吃一堑不长一智的人，也是少数。

人总是要做一点事情的，而拖延症使人成为卓越者变得更加不可能，甚至饱受精神折磨。一个再怎么拖延成习的人，也知道自己的毛病，只是苦于没有办法。长此以往，这种折磨会摧残一个人的精神，甚至让人陷入抑郁症结中。如能请专业的心理医师治疗，当然最好，否则，当其他方法宣告无效时，如果一个人还想上进，还想有所作为，就应该适当给自己施以惩戒以加强提醒。任何人都不能奢望伟大的同时又舒适，最多是在其伟大被世人承认之后过上适当舒适的生活。

强制提醒的方法最好由拖延者自己设定，在自己执行不下去时，应由他所乐意的人来帮忙执行。

第二十章

寻求工作趣味

什么是工作？不要回答得太快哟。因为回答这个问题会透露人生的态度和处事方式。

1. 工程。沈括《梦溪笔谈·官政》："饥岁工价至贱，可以大兴土木之役，於是诸寺工作鼎兴。"

2. 制作。郦道元《水经注·谷水》："圃中有古玉井，井悉以珉玉为之，以缁石为口，工作精密。"

3. 操作；办事。欧阳修《准诏言事上书》："诸路州军，分造器械，工作之际，已劳民力。"

4. 做事。黄庭坚《同子瞻韵和赵伯充团练》："家酿可供开口笑，侍儿工作捧心颦。"

5. 业务。郑观应《盛世危言·纺织》："查纺织工作，共分三层。"

6. 职业。艾芜《人生哲学的一课》："工作找不到手，食物找不到口。"

作为社会个体，工作是一种角色选择；作为事业，工作要实现人生意义，满足人生需求；作为人际关系，工作需要与社会成员发生密切关系，从分工中获得社会价值和自我价值。

第一节　工作压力满则溢

工作压力也称工作应激、职业应激、职业紧张、工作紧张。

工作应激是由工作或与工作直接有关的因素所造成的应激。例如，工作负担过重、变换生产岗位、时间压力、工作责任过大或改变、机器对人要求过高、工作时间不规律、倒班、工作速度由机器确定、上班距离过远、工作的自然和社会环境不良等。研究表明，这些因素是工作人员日常生活中最主要的应激。

工作应激在学术文献中有以下一些解释：

工作环境应激是指在机体工作环境影响下产生的心理和生理反应的综合状态。工作环境包括：工作超负荷或负荷不足；工作的复杂性及技术压力；工作决策与责任；紧急或突发事件；物理危险；时间变化等。工作环境压力反应包括：生产线歇斯底里症；精疲力竭；生物钟紊乱；健康受到威胁；烦恼和紧张增加等。工作应激的最终目的是使个体更好地适应环境。

角色压力是指承担特定岗位责任、赋予一定的角色期望或规定后，由于自身能力、工作责任不相匹配，或组织对成员履行角色效果没有达到期望，即获得角色、角色扮演、角色成果不相符。尤其是角色与组织无法有效沟通信息时，角色压力就会形成。角色压力构成包括：角色模糊和角色冲突。角色压力后果包括：焦虑和紧张增加、低工作满意度与低绩效、过于敏感。

职业发展压力是指在组织体系内高度的集权化、形式化和专业化制度下，出现晋升机会少而造成不公平，频繁调动工作岗位，上下级或同事间的沟通不畅，工作任务分配导致冲突，对工作情况缺少足够的反馈等问题。职业发展压力构成包括：结构不合理，制度不健全、升职或降职；工作安全性与稳定性问题；抱负受挫；派系争斗员工无参与决策等。职业发展压力后果包括：失去自信、焦虑增加、工作满意度降低、工作动机低下、挫折感、对工作不满意、职业衰竭症等。

在心理学上，工作应激包括了工作或与工作直接有关的因素所造成的心理应激。过度的工作应激会导致生理、心理、行为三个方面出现多病、疲劳、焦虑、压抑、工作能力下降、职业生涯受挫等问题。

2010 年 12 月，一份对 2 000 多家公司关于员工压力的调查报告显示，每个企业都或多或少存在员工工作应激问题。16%的企业回答甚至认为，员工已经筋疲力尽了。少数员工之所以愿意承受更大的工作压力，是因为他们想帮助企业发展或者期望摆脱自己的财务困境。虽然企业给员工更多的加班工资和福利是件好事，但额外的经济补偿并非万能药。因为过度的透支身体会使员工变得易怒，工作表现也会因疲惫和情绪因素而开始变差。

第二节　工作乐趣在哪里

近几年来，我国高度重视职业人群心理压力危害，开展心理调适教育和减压行动。尤其是企业为减轻员工的工作压力造成的经济损失和员工流失问题，做了大量心理培训工作，这虽然不能解决员工的工作效率提升和工作积极性的问题，但至少能够避免因为心理压力造成人身伤害。

富士康科技集团自2010年1月23日发生第一起员工跳楼事件后至2018年，8年内富士康公司已发生17起员工跳楼事件，引起社会各界乃至全球的关注。

为了有效应对这种事件的发生，富士康公司加强了安保防范，训练保安人员，建立了300名保安人员组成的支援企业队伍，同时加强对员工的心理疏导。卫生部门派出一批心理医生进驻富士康公司，加强企业对员工的心理辅导和心理咨询力度。妇联、共青团及文化体育部门还协助企业，在园区内开展多项文化和体育活动，缓解年轻员工的工作压力和紧张情绪。

那些来自偏远农村、山区的青年人并没有把康士康的工作当成自己的事业和前程，能够多挣些钱解决家庭困难和个人生活是最基本的诉求。因此，员工的压力源主要是工资收入问题。企业能够给员工多发工资，也会成为员工工作的乐趣之一。

恰恰是认准了员工的核心诉求，富士康公司在工作安排上使用了半军事化管理的方式，排除了员工压力疏导渠道，文化、体育、休养等方面的工作做得极差，工作没有丝毫温情，还在使用西方机器大工业发展阶段对待员工的方式，工厂里硬件也许良好，软件部分却与当前社会生活出现很大反差，致使员工压力无处消解。当员工诉求得不到实现，心理压力无处释放乃至崩溃后，求死之心、死亡行为便大量涌现。

建立良好的人际环境，有利于员工生活质量提升。为了不将压力向内倾注，也不能转嫁给他人，因此就需要丰富员工的业余生活，并在工作中建立密切的工友关系，使工厂内部关系更融洽。这其实没有什么难度，有了压力情绪时，可以选择各种方式来暂时释放，比如运动、K歌等。当工作中遇到压力事件时，可以把心理压力跟工友倾诉或商量，工友也能提供心理支持。

有一位数学老师，他每天进入教室时都满脸笑容，“今天要教大家几何的神奇!”他30年如一日，每年都教初中三年级，大家都很喜欢他。问他其中的秘密，他说：“很简单，我看着学生们都喜欢上了数学，都考上了高中，这个成就是很大的。”

工作有激情，源自对工作意义的肯定。所以想要精彩，别忘了想想自己的工作对别人产生的重大意义，找回激情，就再也不是难事。

英国作家塞尔斯曾说过：“对大多数人来说，工作不仅仅是一种必需，是人们整个生活的焦点，也是他们个性和创造性的源泉。”阿基米德在洗澡时发现了浮力定律，鲁班看到荷叶而发明了雨伞等。许多专家的成才之路，都是以价值追求为人生核心，用工作成就提升生活品质。

有一家餐厅新招了女服务员小丁。一个月后，顾客们对小丁青睐有加。她甜美的声音和微笑服务，使餐厅的许多客人都成了回头客，客人们主动找小丁点餐，也对她的服务表示满意。因此，月底时小丁的奖励比其他人多出很多。

几位老员工问小丁：“每天端盘子，单调重复，你不无聊吗?”小丁回答说：“每见一个陌生顾客都是一次表演锻炼，很有趣啊”。

原来小丁曾一心想当演员，考了几次都没有考上，原因是考试时一见到老师就会紧张。而现在这个岗位特别适合她，可以锻炼她与陌生人说话的能力，掌握针对不同顾客的说话方式。她把服务岗位当成舞台，把每天的工作当成演出，因此她并不觉得工作辛苦无聊。

小丁把工作与追求统一，发现了工作中的乐趣。成人导师卡耐基说：“对自己的工作感兴趣，可以将思想从忧虑中移开，最后还可能带来晋升和加薪。即使不能这样，至少可以把疲乏减至最低，并帮助自己享受闲暇的时光。”

有的人觉得工作乏味，因为他们对岗位不满意。人们对工作或行业的期待，可能与他在某一特定人生阶段的情况不匹配，也可能是才能与岗位不匹配，使他根本无法投入工作中。例如，一名海归金融学博士在公司当电脑程序员，他会觉得屈才。有的人具有领导才能，期待管理职位，这也无可厚非。

毕业于三峡大学，获得中文、法律双学士学位的小刘，作为大学生志愿服务西部计划的首批志愿者之一，从城市到农村工作，没有多少工作补助，也没有发挥他的法律才能，但他从帮助农民致富中找到了奉献的乐趣。他在日记中写道：“有一种工作，没有经历过就不知道其中的艰辛；有一种艰辛，没有体会过就不知道其中的快乐；有一种快乐，没有拥有过就不知道其中的纯粹。”如今他在支援地重庆市彭水县朗溪乡这个贫困乡担任乡党政办公室主任、乡团委副书记。

一个个体能否在这个社会生存，以及生活得怎么样，不能只看工作能挣多少钱，在工作中积极帮助他人，也能体现自身的价值，生活也会充满乐趣。高尔基曾说过：“工作是一种义务时，生活则是一种苦役。工作是奉献时，生活就充满阳光。”

以艺术的眼光看待工作，发现工作的乐趣，就能够让自己重新喜欢上工作，进而从沉重无聊的工作中收获快乐。快乐的秘诀之一就是做自己喜欢做的事。做自己真正喜爱的工作就会快乐。一个人的工作如果跟自己的兴趣一致，他就会全身心地投入其中，工作充满热情，同时还减少了压力和疲惫感。爱迪生回答别人问他天天工作累不累时说："我这辈子一天都没有工作过。"工作中感到辛苦，只因没有全身心投入其中。如果是完全投入工作中的人，即便感觉到累，也只是肉体的劳累。

在此要指出一点，工作时玩网络游戏、跟朋友聊 QQ 等消遣是无效的。有人说那些与工作无关的事情就是用来放松的，放松就是它们的意义所在。问题是真的放松了吗？是不是在消遣的时候，有些愧疚感？真正无意义的是这种愧疚感！既然是玩，就要玩得轻松痛快，而不是怕这怕那，结果玩也玩不好，工作也进行不下去。

英国作家塞尔斯说："人们获得满足的一个重要源泉，就是工作，何以如此呢？最主要的原因就在于工作创造的成就，能激起一种自豪感。"换句话说，作家喜欢创作，是因为创作使他的工作可以建立积极的自我形象，并可以体验到自我价值的实现，而这会令人心生愉悦与满足。美国著名社会心理学家马斯洛将这种满足与愉悦描述为高峰体验。企业家创造大笔财富时，有高峰体验；运动员奋力拼搏时，有高峰体验；教师传授知识时，有高峰体验；医生治病救人时，有高峰体验。每个行业都有各自的高峰体验。

工作中的疲倦感，不是工作本身，而是对工作的态度出了问题，使人产生了乏味、畏难和焦虑的情绪。人就像泡菜一样在这些消极情绪中被泡得疲软无力，于是工作效率低下，这反而会更紧张焦虑。因此，发现工作的乐趣就找到了跳出压力循环的捷径。

改变对工作的看法属于心理纠偏，而在工作中采取艺术化的方式也能发现乐趣，建立并实现积极的自我，这比心理治疗更简便可行。艺术化的工作方式是指改变与创造，哪怕是做一份单调重复的工作，通过改变做事顺序、表格化管理、改变办公环境等，也能产生一种新的刺激；简洁化的办公环境给人清爽的感觉，人自然有了新的动力，削减了原来的压力。当工作压力特别大时，还可以偶尔离开工作环境，让自己到大自然中释放一下，空气中的清香，也会改变身上办公室的气味，让心情舒畅起来。

第三节　时间管理有诀窍

有人说：时间等于生命。人的一生有两个最重要的东西，那就是才华和时间。才华越来越多，但是时间越来越少，这是用流失生命的时间来换取才华。一天天过去了，我们的生命时间少了，而才华没有增加，那就是虚度了时光。所以，我们必须珍惜时间，珍惜时间就是珍惜生命。

有人说：世上财富有多少，人生有贵贱，但是时间最公平。一天只有 24 个小时，时钟每时每刻都在不停地往前走，对于任何人都是一样的。

有人说：时间就是选择。一生很短，我们想干的事情很多，要选择如何利用每天仅有的 24 小时。对不同的人或事要选择说“是”或“不”，本来是一件容易的事，按照先急后缓、先易后难、先重后轻、先利后弊等方式就可以，但是，当事情的选择与决定，出现了“义”与“利”的矛盾，出现了“进”与“退”的危害，或者选其一就必须放弃其他多种可能性的时候，人们才会害怕选择。被动选择维持现状可以舒适，作出选择就意味着不确定。

有人说：时间是有弹性的。运动场上百米跑选手的手表与戴在晚餐后悠闲散步者的手表，时间流速大不相同。战斗机飞行员看到敌人的飞机和在公园中看到的蝴蝶，两者眼中的物体运动感觉也是不一样的。

我们管理时间，计划是其中非常重要的一个环节：每天都安排好日程表、随身携带备忘录、合理安排做事的先后次序……但在精心计划的同时，请你千万不要忘记：工作并不等于生活。在每周甚至每天的计划中，我们都必须为自己的私人生活预留足够的时间与空间。亲近的夫妻关系、和睦的亲子关系、密切的朋友圈子，还有自己的身体与心理健康……这一切生活中的幸福来源都是需要用时间、用心去经营的。

要尽量多做真正感兴趣、与自己人生目标一致的事情。如果面对没有兴趣的事情，会花掉 40%的时间，但只能产生 20%的效果；如果遇到感兴趣的事情，会花 100%的时间得到 200%的效果。在工作上奋发图强，身体健康固然重要，但是真正能改变状态的关键是心理而不是生理上的问题。真正地投入到工作中，需要的是一种态度、一种渴望、一种意志。

另外，我们每天有很多时间以碎片形式存在。如等车排队的时间、会议休息的时间、乘坐交通工具的时间等。但如果把时间碎片用来背单词、打电话、温习功课，随时随地上网学习，减少发呆时间。无论自己在哪里，把时间碎片用来做事，一定能够整理出很多时间。管理碎片时间可以进行一些训练。挑一周时间，每天记录下每个时段内做的事情，然后做一个分类和统计，看看哪方面花了太多的时间。每天睡觉前，把一整天做的事记下来，每 15 分钟为一个单位。例如，7：00—7：15 等车，7：16—7：45 上班路上，7：46—8：45 接待来客。在一周结束后，分析一下这周时间是如何安排的？有效工作占的比例？有没有什么方法可以增加效率？

在工作和生活中每天都有干不完的事，唯一能够做的就是分清轻重缓急。重要的事先做，每天挑出最重要的三件事，当天一定要做完。有些急但是不重要的事情要学会放弃。每天除又急又重要的事情外，一定不要成为急事的奴隶。

有的人总会说自己做某事没有时间，其实就是某事没有被排上优先级次序。国外有一位老师在课堂上做了一个实验，他用一个玻璃杯，装进了一杯小石头、一杯沙子，还有一杯水。实验顺序是先把小石头倒进去，再把砂倒进去，最后把水倒进去。他以此为比喻说："时间管理就是要找到自己的优先级，若颠倒顺序，一堆琐事占满了时间，重要的事情就没有空位了。"

人如果利用好最高效的时间，只需要20%的投入就能产生80%的效率；如果使用最低效的时间，那么80%的时间投入只能产生20%的效率。因此要把握一天中20%的最高效时间，如早晨是一天中头脑最清楚的时候，那就专门用于做最需要专心、最困难的工作。并在工余或晚上忙中偷闲，多关心一下家庭成员，履行对家人做出的承诺，有时几分钟的体贴比1小时的陪伴更有用。

还要避免在一个方面消耗更多时间，要在自己最看重的事情上获得成就。毛泽东同志曾经告诉干部"要学会弹钢琴"，就是讲平衡时间与工作的方法。越是能干的人对时间越苛刻，时刻追求在越来越短的时间内，管理完成越来越多的工作，明明已经是无数人羡慕的对象，内心却仍然感到不满意，总是觉得自己不幸福。究其原因，就是在忙乱中阻碍了追求幸福的脚步，失去了梦想和快乐的能力。

生活与工作要有平衡点。时间管理尤为重要，制订一个高效的日程表，在最重要的事情和私人生活中找出平衡点，掌握节奏，充分顾及生活与工作两个方面。获得事业成功与生活幸福的平衡，要在四大板块之间建立平衡点。一是家庭与社会交际。包括家庭、夫妻关系、朋友、爱、外界关注、社会认同；二是事业与成就。包括成功、升职、金钱、稳定的生活；三是健康。包括饮食营养、充沛的体力、放松解压、精神状态；四是人生的意义与价值。包括自我实现、心理满足、信仰、哲学思考、关于未来的设想。一旦这几个部分之间出现了不平衡，生活就会开始向一边倾斜，最终导致精神上的崩溃。

时间管理需要诀窍。第一，要学会兼顾。对于大多数现代人来说，事业和私人生活总是像鱼与熊掌一般，难以兼得。为了事业不得不做出妥协，这种妥协通常都是牺牲自己的私人生活。但是，生活各部分相互联系，任何一方面的过度偏重都必然会使其他方面出现问题。可以用时间管理与生活管理体系，为私人生活创造足够的时间与空间。例如，一个长期缺乏体育锻炼、不注重营养搭配的人，是不可能持续保持体力充沛的。亚健康状态还会进一步影响到自己的工作效率与生活质量，可通过提升身体素质，达到高效工作，同时又获得了休息时间。

第二，要学会放弃。现代人的生活太纷繁复杂了。学位、责任、工作、约会、消遣等，使人应接不暇、心烦意乱，渐渐忘记了那句名言：少即是多。有人认为，要对得起岗位、父母、朋友对自己的期待，所以不能辜负厚望，必须尽量满足他们的要求。也有人认为，多一分耕耘必然会多一分收获，必须做尽量多的工作，以获得最大的成功。其实，这些都是他们不舍得放弃的借口。没有人能够做完所有的事，也没有人可以拥有一切。只要敢于放弃生活中次要的方面，集中精力关注重要的事，最终获得的就不仅仅是成功，还有最宝贵的生活。

第三，要学会专注。很多人经常边翻报纸，边听他人谈话；边写作文章，边看电视。这种一心多用虽然是一种本领，但往往会在不知不觉中精力分散，在琐碎的小事上浪费了很多时间。俗话说“该干什么的时候就干什么”是智慧，也是一种技巧。因此，在处理一件事情的时候必须专注，出发的时候不要忘记目标与方向，忘记自己生活与工作的重心。如果学会了如何专注，掌握了生活中的主动权，就可以提高自己的创造性，并最终为自己赢得时间平衡。

第四，要学会接受缺憾。不要认为自己是最完美的！这种思维对己、对人都是苛求。学会接受缺点，每个人都会犯错。如果能够集中精力，把重要的事做好就已经很不容易了。对那些无关紧要的细枝末节只能放弃，用省下来的时间与精力关注自己生活的重心。

第五，要学习坚韧。很多时候，我们会认为掌握了生活，找到了时间平衡点，但一段时间后，忙碌与混乱又会使我们迷失在高速运转中，失去了生活的重心。因此，我们绝不能以一劳永逸的心态对待平衡，平衡是通过持续的调整获得的，需要坚持不懈地努力。

时间管理强调计划与效率，也要注重生活平衡的重要性，不要让自己背上包袱，使压力变得越来越大。所以，我们就要更新时间管理的概念，在工作与生活上取得平衡，让工作有计划，让任务有执行，让执行有反馈、有过程、有结果。通过调整管理自己的时间，提升我们的生活质量。

第五篇

压力调适技术与方法

第二十一章

学点简易调适法

据统计，我国城市居民中近半数的人体验到了中等以上的压力，其中近20%已发展为心理障碍，甚至是严重的精神障碍。2017 年，我国焦虑障碍患病率为 4.98%，抑郁症的发病率约为 3%～5%，目前已有超过 2 600 万人罹患抑郁症。学生、未就业人员和下岗人员为高发人群，其中大学生尤为突出。

心理压力造成经济和社会损失巨大。中国香港因压力造成员工缺勤每年损失 5.5 亿～8.6 亿港元、医疗损失 40.86 亿港元。英国每年由于各种压力造成的人的健康问题，并通过直接的医疗费用和间接的工作缺勤等形式造成的损失达国内生产总值的 10%。

心理压力调适有多种方法。一些简易压力调适技术，具有针对性强、易操作、疗程短、见效快等特点，学习掌握后可以在日常生活中应用。

第一节　行为调适法

行为减压最早始于 20 世纪 50 年代，当时美国等发达国家的青年人离开学校后，一方面存在就业压力，出现悲观、颓废的情绪；另一方面在进入职场后，也面临竞争、被解雇等压力。斯金纳、利得斯莱等心理学家，以实验心理学及心理学中行为学派的理论和观点为基础，提出了行为治疗方法：希望通过建立条件化刺激和反应的联系，进行行为的建立、改变和消退，使用“奖励性”或“惩罚性”操作对行为塑造；通过社会性学习对行为的影响，习得或弃掉各种行为。主要有以下几种方法。

第一，行为塑造法。这种方法是根据条件反射原理设计出来的，目的在于通过强化（奖励），而造成某种期望出现的良好行为的一项行为治疗技术。一般采用逐步进级的作业，并在完成作业时按情况给予奖励，以促使增加出现期望获得的良好行为的次数。

例如，学校里一个班级在上课之前，有的同学在悄悄说话，有的同学在摆弄小东西，有的同学在看课外书，这时，老师看到小婷坐姿端正，静静地等待着上课。老师及时给予了表扬和鼓励："表扬小婷同学，上课之前的准备工作做得很好！"这样，小婷的这种行为得到强化，同时，也给其他没有准备好的同学一个示例。

有人认为最有效的强化因子（奖励方法）之一是行为记录表，即把自己所取得的每一个进展都记录下来，并画成图表。这样做本身就是对行为改善的一种强大推动力。根据图表所示的进展，在超过一定的指标时即给予表扬或奖励。

第二，代币制方法。这是在斯金纳的操作条件反射理论，特别是条件强化原理的基础上形成并完善起来的一种行为疗法。它通过某种奖励系统，在人做出预期的良好行为表现时，马上就能获得奖励，即可得到强化，从而使其所表现的良好行为得以形成和巩固，同时使其不良行为得以消退。

代币作为阳性强化物，可以用不同的形式表示，如用记分卡、筹码和证券等象征性的方式。代币应该具有现实生活中"钱币"那样的功能，即可换取多种多样的奖励物品或患者所感兴趣的活动，从而获得价值。

小杰是一年级班里偏差行为比较严重的学生，课堂注意力水平、与同学的交流等都有一定的障碍，但是老师发现，该学生写字特别好。有一次，当该学生写完作业后，老师对其赞赏有加并为他记上一朵小红花。结果第二次该生写的更加认真，虽然有些小毛病，但老师始终抱有一种承认和鼓励的态度，并且在班级上表扬他，小杰也获得了许多小红花。如今，小杰已经养成了良好的习惯，而且写字水平不断上升。

用代币作为强化物的优点在于不受时间和空间的限制，使用起来极为便利，也可进行连续的强化，只要出现预期的行为，就可以使强化兑现；还可以用代币去换取不同的实物，从而可满足受奖者的某种偏好。用实物作为强化物的满足感，也可以激励追求强化（奖励）的动机。

代币制疗法不仅可用于个体，而且可在集体行为矫治中实施。可以在医院、学校和单位中广泛使用，甚至可以在特殊教育的班级中以及在工读学校、管教所和监狱中使用。实践表明，在多动症儿童、药瘾者和酒癖者等的矫治中，代币制方法都有良好的效果。

第三，暴露疗法。这是一种主要用于恐怖症的行为技术。其治疗原则是让人较长时间地想象恐怖的观念或置身于严重恐怖的环境，从而达到消退恐惧的目的。如广场恐惧症。当其进入这类场所或处于这种状态时便感到紧张、不安，出现明显的头昏、心悸、胸闷、出汗等植物神经反应，严重时还可出现人格解体体验或晕厥，并随之出现回避行为。在有一次或多次类似经历后，常产生预期焦虑。在有人陪伴时，其恐惧可以减轻或消失。此法一般有几个特点：一是在暴露疗法实施过程中，恐怖情境出现时无须采用松弛或其他对抗恐怖的措施；二是暴露疗法需让患者暴露于恐怖情境的时间较长，如治疗严重的广场恐惧症并伴有严重焦虑的患者，每次治疗时间约需 2 小时或更长；三是暴露疗法不仅可用于个别治疗，还可用于集体治疗。如可对 5～6 名广场恐惧症患者同时进行治疗，即同时暴露恐怖情境，疗效与个别应用时相同。

第四，松驰反应法。这是一种通过自我调整心理与身体的双重训练，由身体放松进而导致整个身心放松，以对抗由于心理应激而引起的交感神经兴奋，从而达到消除紧张和强身祛病的训练技术。一般的松弛反应方法使用较多的是雅可布松的渐进性松弛法。此法可使被试者学会交替收缩或放松自己的骨骼肌群，同时能体验到自身肌肉的紧张和松弛的程度，以及有意识地去感受四肢和躯体的松紧、轻重和冷暖的程度，从而取得松静的效果。

我国的气功、印度的瑜伽和日本的坐禅等都能起到类似的作用。一般认为，不论何种松弛反应技术，必须包含四种成分：安静的环境；被动、舒适的姿势；心情平静，肌肉放松；精神内守（一般通过重复默念一种声音，一个词或一个短句来实现）。

第五，生物反馈法。这是利用现代生理科学仪器，通过人体内生理或病理信息的自身反馈，使人经过特殊训练后，进行有意识的“意念”控制和心理训练，从而消除心理压力、恢复身心健康的新型心理治疗方法。由于此疗法训练目的明确、直观有效、指标精确，因而求治者无任何痛苦和副作用，深受广大患者欢迎。

这种方法可以在医院使用，也可以购买产品进行家庭使用。仪器可以转换为声、光等反馈信号，使其根据反馈信号，学习调节自己体内不遂意的内脏机能及其他躯体机能，达到防治身心疾病的目的。据国内有关报道证实，生物反馈疗法对多种与社会心理应激有关的身心疾病都有较好的疗效。

运用于生物反馈治疗的设备有：神经康复、肌电生物反馈仪、生物反馈仪、皮肤湿度反馈仪、脑电反馈仪、脑电反馈仪及脉搏反馈仪等。仪器治疗费用并不高，实施生物反馈疗法前，要清楚治疗的目的和治疗方法，以消除对电子仪器的顾虑。此疗法主要依靠自我训练，使人们能够有意识地控制自己的心理活动，通过按时练习，以达到调整机体功能、防病治病的目的。

仪器监测与反馈只是帮助自我训练的手段，而不是治疗的全过程。要每天练习并持之以恒，才会有良好效果。

第二节　转移注意力

有的压力比较严重，不是一朝一夕能够解决的，可以暂时与压力事件脱离开，避免积重难返；还有的压力虽然不太大，但跟自己密切相关，可以使用转移的方法，让自己不去想它。面对挥之不去的烦恼事情时，这些方法虽然不能从根本上解决，但效果着实不错。

注意力是指人心思集中指向某种事物的能力或力度。俄罗斯教育家乌申斯基曾说："注意力是我们心灵的唯一门户，意识中的一切，必然都要经过它才能进来。"许多人对身边好事的关注度会远远低于对坏事、危险的关注度。当一个压力事件出现后，我们心理会调动力量积极应对。比如学生在考试时会比平时学习更集中精力。当学生考试成绩优异时，那种高兴程度和持续时间都较短，而如果出现严重失误，或者在重要考试中名落孙山，不良心境就会持续很久，甚至影响生活质量。

但是，生活中难免会遇到一些不顺心的事情或不愉快的情绪，如果没有及时排解，将会有害身心健康。但是，把不良情绪发泄到家人或朋友身上，又会伤害身边最亲近的人。此时，可以将注意力转移到其他活动上去，忘我地去做一件自己喜欢做的事。如考试成绩不理想，可以试着去打球、游泳或进行其他体育锻炼，让烦恼、忧愁、焦虑的不良情绪通过这些活动得到宣泄，并通过身体素质的锻炼，增强学习能力。

小的压力事件可以使用即时转移法。如给小孩打针的时候，小孩会因为疼痛而哭闹，此时大人会拿出玩具，在小孩正在玩的时候，注射就完成了。

当我们遇到较大事件时，会不由自主地陷入某种不良情绪中，可以把注意力转移到其他事情上。

笔者的一名战友在研究生毕业后当上了军校教员。但是，他性格偏执，与上级领导没有处理好关系，经常受到批评，他很气愤，想转业离开军校。笔者深知他喜欢军队生活，在军事理论上很有研究，如果离开军队，这些长处就无处发挥了。

于是告诉他使用对比方法，找一下自己的问题。让他用红墨水把个人的优势写在纸上，再用黑墨水把离开军队的损失写上，最后用蓝墨水把当前的困难写上。他全部写完后，将三种不同墨水的内容对照后，发现红与黑的内容都很长，而面前的困境只有一条，即某位领导的名字。

随后，笔者让他计算一下这位领导能够影响他多长时间，再和他自己获取的每一个优点使用的时间做一下对比，哪一个时间更长？如果用这位领导对他的影响，换一条损失，最后的损失是多少？

他看过后，非常惊讶：为何把眼睛只盯在领导的身上呢？如果把精力放在教学上，多上课、讲好课，学员对自己的赞扬会远远多过领导的批评，那为何要困在屋里生闷气呢？

最后，经过几年教学的煅练，他成为了全军优秀教员。

这种转移也不是漫无目的、随心所欲地转移。注意力可以从困难转移到成绩上，从劣势转移到优势上。这种转移注意力逃避压力的方法，有变压力为动力的效果，甚至会开创一个全新的局面。

第三节　改变认知法

改变认知达到减压的方法，又被称为“ABC 认知”技术，是自我心理减压的主要方法，也被心理健康教育工作者经常使用。

认知，一般是指认识活动或认识过程，包括信念和信念体系、思维和想象。常指一个人对一件事或某对象的认知和看法，对自己的看法，对人的想法，对环境的认识和对事件的见解等。由于文化、知识水平及周围环境背景的差异，人们对同一问题往往有不同的理解和认知，而这种不同的认知就会滋生不同的情绪，产生不同的行为反应。“一千个读者就有一千个哈姆雷特”，无论“哈姆雷特”客观上如何，不同的人都会有不同的认知，并因此作出不同的反应和行为。因此，认知减压法就是通过改变原有错误或不良认知，产生新的、有利的、正面的认知来消除不良情绪，并减缓工作和生活压力的减压方法。这种方法在应激事件处理上具有很好的作用。

下面是一个真实的案例，发生在 2008 年“5・12”汶川地震后，对一位有自杀倾向的妇女的心理疏导。

四川绵阳市北川羌族自治县在地震中被重创，很多家庭都有失去的亲人。北川小学正是受灾最严重的地方。一位妈妈坐在废墟里痛不欲生地哭喊：“我儿子13岁了啊！我给他才当了13年妈，我要当一辈子的啊，现在怎么办啊！”

这位妈妈是在儿子死亡之后的第五天，才从深圳回到家乡的。在之后的五天里，她每一天都想着儿子，不吃也不喝，并且产生了自杀念头，几次偷偷到河边，又被家人和朋友带回。

笔者当时作为一名心理咨询师去进行心理疏导的时候，重要目标是转变她的自杀意志，使其达到重新开始生活的目的。笔者（以下用心理咨询师表示）使用的“ABC认知”转变技术，与她开始了如下对话。

心理咨询师：我们对你儿子去世表示哀悼。我们知道这种时候当妈妈的心里滋味。你最想说的话是什么呢？

妈妈：我还想给儿子当妈妈，我没有当够啊。我儿子就升天了，这是老天爷不公啊。

心理咨询师：大地震夺去了你儿子的生命，他在天上也会看着你的，你永远是他的妈妈。

妈妈：我想和儿子在一起，一起上天，与他生活在一起。

心理咨询师：是啊，母子连心，亲情永不离。如果现在你与儿子在一起，他会高兴吗？他会怎么说？妈妈你来吧，我们永远不分离？

妈妈：（沉默。这么多天，她一直在想着自己如何去死，没有想到儿子会怎么想。）

心理咨询师：如果你儿子的灵魂会说话，你知道他最想对你说的是什么？

妈妈：儿子活着的时候，跟他爸亲，比跟我都亲。我估计他会说想念他爸爸吧。

心理咨询师：如果你也死了，与儿子在一起，他会愿意留下他爸爸一个人活在世上吗？

妈妈：我知道我儿子心思，他一直让我好好对待他爸。

心理咨询师：那你愿意听你儿子的意见吗？你会按照他的想法去做吗？

妈妈：好吧。我听孩子的话，不死了，好好活着，好好照顾他爸。

后来，笔者作为心理专家组成员，再次来到北川地震受害学生墓园，祭奠安葬了200多个还没来得及经历人生的孩子。清明节，很多父母都来给孩子扫墓。那个妇女和她的丈夫站在儿子的墓碑前，在儿子墓上插了好多风车，清风徐徐，风车转得很漂亮也很自由。

在这个案例中，A（儿子死亡）是压力事件，B（与儿子在一起）是信念，C（自杀行为）是结果，这是一种惯性反应过程：儿子死了，母亲想念儿子悲痛欲绝，有自杀行为。

人对事件或事件的态度有一个习惯性反映，也称直观认知，并由此产生直接的情绪或者行为，而这种认识有时是错误的，在错误信念下，会出现错误行为。要转变或者预防错误行为的发生，就必须在改变错误信念上下功夫，转变认知，并使其产生新的认知。这位母亲想和儿子一起去死，这显然是错误信念。转变方法使用了灵魂对话的方式，通过让她思考儿子的意见：不希望妈妈死，希望妈妈继续活着，并照顾好爸爸。这个新的认知形成之后，就直接产生了不能死的行为。

ABC理论使用在慢性压力上，A是压力事件，B是压力想法或看法，C是压力反应模式或压力情感，C是B累积固化的结果，都是长期性的或习惯性的。需要注意的是，这个“压力源”未必真的存在。举杞人忧天的例子，杞人之忧是压力情感，“天将塌下来”是压力想法，但天塌下来这件事是不存在的，所以，他不必忧。因此说，生活中有许多慢性压力，源自一个虚妄的想法，而可怕的压力事件并不会发生。

以ABC理论为基础，解除某种顽固的压力感受，还可以概括为：人们对自己所观察的一切，会从情感或者行为上做出反应。改变认知法是针对大脑进行的治疗，第一步是确认A，这个确认过程让从大脑的边缘系统中走出来，回到前额叶皮质上。边缘系统负责感情思维，使我们产生B，前额叶皮质负责理性思维，因此认识到从B到C不是必然的。

在ABC的基础之上，还可以有D（debate辩论）和E（Effect效果）。针对某一压力事件的即时信念，通过对B的错误想法进行自我辩论，使B这个即时的想法显现出错误，就必然有E这一新的效果。

改变认识法能够合理地纠正某一可能错误的想法，也就避免形成了错误的认知模式；还能够纠正根深蒂固的消极想法和长久以来形成的不良行为习惯，因此对改变一个人的悲观、自卑等负面性格也是非常有帮助的。

第四节　调换环境法

人在舒适区中生活久了，每天过着按部就班的日子，虽不发生意外，但也会让人倍感压抑。特别在一些外向型性格的人身上，他们的开拓创新精神会被压抑，使其充满疲劳感。为应对心理疲劳，就需要不断更新变化、使过度松弛造成的疲劳压力增添新的刺激。这种效果也可以通过改变环境，用新的环境达到消除疲劳感的效果。

小张是炼钢厂的工人，2007 年 4 月入厂后一直从事测温工作。工作 5 年后，她发现这不是她想要的生活：天天重复一样的测温工作，排计划，觉得很无聊，而且重要的是看不到改变、前途，于是工作热情日益下滑。被动的工作消蚀了她锐气和干一番事业的意志。甚至几次都想离开工厂，寻找新的环境。

恰巧此时，该厂的广告部招人，她报名应试并入选了。在新的充满战斗力的团队中，她很快可以独当一面，各项广告创意层出不穷，收入也大幅度增加了。她觉得，这次调岗，使自己焕发了新的活力。

压力事件本质上是刺激，正是刺激让人产生各种反应，表现出生命活力，而一成不变、熟悉已久的环境则缺乏刺激。对旧刺激已经适应，努力的必要不再强烈，人就开始变得无聊。此时，人们几乎都会反思自己的处境，如果再没有新刺激，就开始怀疑自己的人生。如果不能刷新自己或改变环境，人就开始苦恼起来，严重的还可能抑郁。

刷新自己即反思自己以及周围环境，其效果是以焕然一新的心态看待旧环境，反过来看就是环境改变了。但这需要较强的思考力，执行起来比较困难，而改变真实的外界环境则容易得多。外界环境一变，人的视角和思维方式不得不跟着改变，于是重新发现努力的必要。也就是说，环境的改变是一个全新的刺激，能让人重新找回行动的活力。脱离原来单一的生活状态，可以使一个人打破僵化思维模式限制。

哈佛大学的心理学教授艾伦·朗格以 70～80 岁的老人作为对象进行了一场实验。他先测量了这些老人的一些指标，这些指标直接反映他们的生理状态，比如智力、记忆力、感官敏锐性等。接下来，教授要求他们进入仿造出来的 20 年前的生活环境中，并让他们装出 20 年前的生活面貌。持续时间为一个星期，期间定时测量那些指标，并记录了他们的活动。一周后，艾伦教授发现这些老人的那些指标都有明显提升，而且表现出了不错的行为积极性——他们甚至一起玩了一场橄榄球。

改变环境有两种方式，一种是生活场地不变，直接改变生活环境，比如改变房间布局和家具摆放位置，添置或丢弃一些东西。另一种是从这个地方去到另一个地方，即暂时脱离旧环境进入新环境。选择后一种方式，进入大自然是首选。

进入大自然，最好到人烟稀少、林深叶密的地方去。那里有清新的空气，也有能够散发出缓解压力的芳香植物。

某些芳香分子已被证实具有减缓压力的功效。人的血液中某些基因活性与压力相关，可因吸入某种香气而发生改变。有一种名叫芳樟醇的天然香料，它就能发出缓压香气。科学家以老鼠为实验对象，分为两组，均给它们制造各种压力环境，让其中一组吸入芳樟醇，另一组则不吸入，从而测量它们的免疫细胞活性。结果发现，吸入芳樟醇的一组的压力激素回到了正常水平，100 多种因压力而过度活跃的细胞的活跃度降低，而另一组则没有。

芳樟醇在玫瑰、柠檬、芒果等植物中含量颇丰，“芳香疗法”在压力症治疗方面前景广阔。我们用芳香气体“治疗”自己的压力症时，不用专门了解某种植物的气味是否具有缓压作用，只要它是芳香的，就有可能含有芳樟醇这种缓压的芳香分子，接近它即可。进入大自然一次，也许无缘闻到这种香气，多次进入总会闻到的。因此，最容易操作的“芳香疗法”就是进入能够散发出芳香气味的自然环境中。

就算没有香气，大自然中的清新空气也是一种醒脑剂。雨后泥土的气息，也能让人精神一爽，顿生活力。如果一时没有条件进入大自然这样的美妙环境，也可以人为塑造出来，比如在室内摆一两盆此类的芳香植物。

自然界中也许还有更多缓解压力、滋生活力的奇妙物质，只是有待发现。看到美丽的风景，体验不同的风土人情，借此反思自己，也能调整心态，恢复充沛的精力和饱满的热情。

因此，在工作疲劳的时候，何不脱下职业装，换上休闲服，去野外打一场球，进行一次野炊、踏青或者垂钓。脱离旧环境，让感官去接触被忽视已久的大自然，放飞心情呢！

第五节 内外有别法

人们在处理自己的压力时，有的人倾向于自我解决，把关注点放在自己能够做到的方面，用内在力量解决，即“关注当下”。还有的人觉得内力不足，需要依靠他人，借助外力解决心理困境，即“专业帮助”。事实上，想要战胜心理压力，大多时候都要依靠自己。同时，术业有专攻，寻求专业的帮助也能够快速高效地解决压力问题。

向内的方法主要是关注当下。人们经常性地把念头集中在过去或者未来，不是为过去懊悔，就是在奢望未来，以为未来会更美好。因此，一些人牺牲了当下的享受，去追逐名车、大房、佳人，以为有了这些人生就圆满了、幸福了，其实这只是从一个坑跳到另外一个坑，欲望是没有办法满足的。

活在欲望里的人，永远没有满足的时候。而活在当下，关注此刻的感觉、现在做的事，才是最重要的。所谓人要有正念，就是关注当下，感觉当下的一切，对当下的一切不作任何判断、任何分析、任何反应，只是单纯地感觉它、注意它，收获真正的平静、祥和、满足。

很多的压力都是由于烦恼过去、担心未来而产生的。过去有过错，因此让人愧疚；未来有变数，因此让人担忧。但是，过错不能再追回，只能在今天补救。未来的危险无法未卜先知，而且还可能不会发生，所以只需在今天尽量做最好的自己，把注意力集中在当下，也就排除了许多压力的干扰。

人的精力是有限的，让后悔与担忧占据自己的情感世界，就会排挤掉在今天努力的激情，如果再打消了原有的好想法，就又会虚度一个今天，加重原有的后悔与担忧。

专注于做眼前的事还会给人带来乐观的心态。积极心理学有一个心流理论：我们会不断从具有明确目标和清晰规划的工作中得到回馈。而明确目标与清晰规划的前提是良好的正念。相反地，短时间的无所事事会让我们感到无聊，时间越长越觉得前途渺茫，人生无望。

一个人迷惑或彷徨时，需要针对自己的目的，抓住核心问题来研究。比如要买衣服，款式繁多色彩丰富，自己又没有什么特定喜好，确实难以选择，此时，不妨想想要穿在什么场合。这不失为专注于眼前的一个好方法。

向外的方法主要是寻求专业支持。倾向于自我解决的人内心“要坚强”或“自认坚强”，不愿意让人看到自己怯弱的一面。但也可以把自己的心理问题说出来，这可能会涉及人内心深处的秘密，是有些人不愿意做的。因此，我们如果感到压力严重并希望得到解决，首先是给自己打气，诸如自我鼓励，或者“泄气”，就是把压力发泄出去，比如运动。好一点的，可能会阅读关于减轻压力的书籍等。这些方法都是可行的，但我们总会有力所不及的时候，这时就需要大胆向外界求援了。

外部力量包括学校老师、单位领导、身边亲友等。在多数情况下，一般人不愿把自己的痛苦分担给他人，宁愿自己一个人承受。但是，在心理压力达到足够大、承受不了时，向家人和朋友倾诉，向他们寻求帮助。直到发现他们也无能为力时，再诉诸专业咨询师或心理医生，这是非常必要的。

外部力量支持是有益和有效的，是我们对抗压力的社会系统。但是，亲友和师长都不是心理压力调适的行家里手，没有掌握心理压力调适方法和技术，最多经验多一点，脑子活一点，用亲情、友情给予精神关怀和心理支持，有压力事件时也可分担一部分压力。而在某些紧急情况下，还是应该寻求专业帮助，这是解决压力问题的一条高效、便捷的途径。

当以下情况出现时要主动就医，进行专业咨询。

工作、学习经常遭受挫折且无力再承担下去，或者所从事的工作可能执行高危险性的任务。针对前一情况，专业咨询师既能够及时开导我们，也可以给出切实可行的建议；针对后一情况，他们也能够提供良好的应对措施。

由于压力过大，已经开始使用减压药或酒精，或者依靠麻痹神经的药物来减缓压力。这种方法其实是在逃避压力，而且到最后这个解决办法反而会带来其他问题。有研究表明，滥用药物的人中，有50%的人存在抑郁症、创伤后应激障碍等精神问题。

由于压力过大，开始无视法律、法规，通过蓄意酒后驾车、毁坏公物等行为来寻求刺激的想法；出现把个人压力发泄给别人的情况，导致周围朋友的疏远和关系恶化；有自杀的想法。

可求助的专业人员有：有从业资格的心理健康专家，他们懂得心理压力的产生原因，并掌握了心理压力调适的知识，更懂得如何治疗压力症；专门研究精神疾病的专家，当然，这是针对极端压力症的，比如由某一刺激造成的精神分裂；拥有心理学博士学位的心理学专家，如果没有从业经验，他们更适合心理开导；职业医师的属从，比如他们的护士和朋友，因为经常接触，一来懂得呵护，二来能够及时联系到职业医师。

第二十二章

身体会说话

从医学角度来看，压力反应是身体在压力激素的作用下完成的一系列内在和外在的运动，会造成压力感。通过摄入能量或运动的方式，可以减缓压力反应。

贾玲是大家很喜欢的女演员，这些年给我们带来很多的欢乐，永远都是那副开心果的样子，豪爽的贾玲年轻的时候也是非常苗条的，现在她却自嘲：三个月内减到 90 公斤。

贾玲解释，她也曾拼命地减肥。开始还是有成效的，没想到减肥减到一半的时候，就发现再不吃饭脸上就会出现各种过敏症状，所以不得不恢复了饮食，之后的贾玲就越来越胖了。

过敏症是一组包括免疫或非免疫机制，常常是突发的、涉及多个靶器官的严重临床症状，是一个具有多种诱发物、致病机制不尽相同的临床综合征。精神紧张、工作压力等生物、理化因素都可能成为过敏原。因此，分析得出结论，贾玲这种情况大概属于压力型肥胖。

第一节　大脑喜欢吃糖

大脑工作很辛苦，能量从何而来？“吃”——“大脑最喜欢吃糖”！

因为糖能顺利透过脑屏障进入脑组织被脑细胞利用。大脑还喜欢“吃”蛋白质中的谷胱甘肽，谷胱甘肽是防止脑细胞生“锈”的克星。大脑还偏爱脂肪中的卵磷脂。

由此可知，压力可以改变饮食习惯和营养摄入，消耗不掉就会转化成能量储存在身体内，成为肥胖；反之，调控饮食也能减小压力，同时减肥。

压力影响饮食的情况如下。

人在遭遇危险时，消化功能被暂时阻止。也就是说，危险事件这种急性压力能够短时间内切断人的食物摄入。因为大脑需要更多的卡路里以应对急性压力事件，所以摄入的能量，大部分分配给了大脑。而其他营养物质，则用于肌肉反应。脱离危险后，人一般会食欲大增，因为消耗了大量的能量和营养。

我们平日进食的一个目的，是应对慢性压力的。慢性压力的情况是：在现代生活中人身危险被各种象征性危险，如失去某物、情感失败等取代。如果我们在这些“危险”发生之前就能意识到，就会大量进食。

这些象征性危险即慢性压力事件，或者根本不存在，或者不会发生。但是，由于感觉到了慢性压力，即便没有饥饿感，还是想吃东西。慢性压力严重，就控制不住吃东西的欲望，养成不良饮食习惯，而且，在慢性压力下大肆进食，还会增加我们的压力。因为完全多余的热量会变成脂肪储存在体内，增加体重，肥胖的结果也会形成一种压力。已经感觉自己肥胖的人，如再不能控制住自己的食欲，进食后的轻微负罪感，本身也是一种压力。

反过来看，通过饮食改善压力情况，一方面在于改变平日的饮食习惯，另一方面在于营养的摄入。

在饮食习惯上，应减少进食量。只凭个人意志恐怕难以控制强烈的进食欲望，可以请求他人帮助监督，或者让自己远离食品。除此之外，在进食时还应细嚼慢咽，在这一点上不妨学学法国人。法国人吃饭时喜欢细嚼慢咽，而且他们会拿出时间来一道一道地精心品尝。细嚼慢咽的好处在于，它本身是在享受美食，享受是快乐无压力的，集中注意力进食，本身也是在放松压力。而且已有研究证明，细嚼慢咽容易使人及时产生饱腹感，而狼吞虎咽的进食方式则不然，那样容易吃得多，结果导致肥胖。

在营养摄入上进行心理压力调适，也要在两个方面进行，一方面增加某些食物的摄入，另一方面减少某些食物的摄入。

可以增加其摄入量的食物有以下几类。

第一类：全麦面包、早餐麦片、粗粮饭、蔬菜等复合碳水化合物含量高的食物。压力反应是消耗能量的过程，因此复合碳水化合物可以作为最佳的能量源。除此之外，一种名为血清素的大脑分泌物，能够改变人的情绪，让人产生美好的感觉，而复合（或大分子）碳水化合物能够长时间刺激大脑产生血清素。

第二类：瘦肉、家禽肉、蛋类、香蕉和胡桃等富含蛋白质或氨基酸的食物。压力反应需要肌肉的参与，离不开蛋白质的摄入。再者，蛋白质在人体内分解为氨基酸，其中的酪氨酸能够刺激多巴胺和去甲肾上腺素的分泌，多巴胺和去甲肾上腺素是天然的抗压激素。还有，血清素是由叫作色氨酸的氨基酸而产生的，因此，除通过食物吸收外，直接摄入氨基酸，尤其是色氨酸，也是一个不错的办法。

第三类：豆类、菠菜、麦芽、花生等富含胆碱的食物。胆碱属于 B 族维生素，是天然的压力调节激素，它可以避免压力、抑郁等情感的产生。此外，维生素 B6、B9、B12 也有这种作用。

第四类：杏仁。杏仁中微量元素镁含量适中，而镁能够帮助调节皮质醇水平，因此也有助于减压。

第五类：西兰花、橘子、木瓜、草莓等富含维生素 C 的食物。最新研究表明，维生素 C 能够减少压力激素的分泌。

第六类：类似菠菜这样的绿色蔬菜。来自绿色蔬菜的叶酸，对产生血清素必不可少。

第七类：水、花草茶等液体。

应尽量少摄入的食物有以下几类。

第一类：咖啡、茶、碳酸饮料等。因为它们当中咖啡因含量比较高。咖啡因是一种兴奋剂，过多食用容易上瘾。而且摄入咖啡因可能会导致情绪波动、抑郁和失眠。

第二类：白面包、精制谷物、白米饭等。它们虽然含有碳水化合物，但其中多是单一碳水化合物。单一碳水化合物会在体内迅速分解为糖分子，刺激血清素的分泌，而后瞬间失效。前面已经说过，血清素让人产生美好的感觉，如果一会儿分泌加大，一会儿又消失，就会出现情绪的波动，不利于压力缓解，反而容易使人疲劳、没精神或发怒。

以上食物调节压力的方法，或者能够增加应对压力反应的营养，或者能够减少压力激素的分泌，或者是能够刺激大脑分泌调节情绪的物质。在情绪控制方面，还有巧克力这种食品。巧克力对情绪的影响是好是坏，学术界尚无共识，但已经证实的是，黑巧克力中的抗氧化剂有助于长时间保持好心情。因此，保险起见，如果想吃巧克力，最好吃可可含量大于 70％的黑巧克力。

最后，摄入的方式不止饮食一种。通过皮肤进入身体，也是一种摄入。通过皮肤接触，人体内会产生一种叫作催产素的物质，它与身体的平和有关。能够增加催产素分泌的皮肤接触法有：洗热水澡和香薰治疗（温暖的气温可使肌肉放松）、做按摩（能放松肌肉、改善血液循环、帮助消化和排泄）。另外，还可使用植物精油促进放松。

第二节 为何药物成瘾

是药三分毒。而身体为何会喜欢毒呢?

2017 年 8 月 10 日，美国总统特朗普对媒体宣布："现在是全国的紧急状态。我们将会花费大量的时间、精力和资金来对抗阿片类药物危机。"

药物泛滥危机由来已久。在 20 世纪 90 年代，制药业发售了新的处方阿片类药物。这类药物很快就充斥了市场，让美国成为世界上最大的药物消费国。医生滥开处方，患者嗑药成瘾，然后开始吸食海洛因，因为他们需要更强劲的药物。

原本美国人认为"锈带"地区的农村白人是主要的药物上瘾人群，但是新的研究发现，从 2010 年代初开始，阿片类药物泛滥造成美国各个种族和族裔中 25～44 岁年龄段的人死亡率上升。近几年，大城市也成了重灾区。新泽西州州长发布初步报告指出，每天都有大约 142 名美国人死于药物过量，这就说明，每 3 周的死亡人数就会接近"9·11"事件中的死亡人数。

据估计，在美国有多达 260 万人对阿片类药物成瘾，造成的死亡人数比枪杀和车祸加起来还多。2015 年有 52 404 人死于药物过量，2016 年则超过 6 万人。

心理压力这个概念，最初来源于医药学，是指一种药物对身体的作用。当压力事件刺激人的感官，人的心理就有了压力反应，而通过摄入某种药物减弱或抑制压力反应，可以减小压力。

比如，阿片类止痛片是从阿片（罂粟）中提取的生物碱及体内外的衍生物，与中枢特异性受体相互作用，能缓解疼痛，产生舒适感。研究表明，滥用药物的人中，至少有 50%存在精神问题，如抑郁症、创伤后应激障碍等。

据美国"The Medicine Abuse Project"网站报道，从十几岁开始，约翰就几乎每天喝酒、抽大麻，但在母亲眼里，他是个阳光、聪明的男孩，在艺术方面很有天赋，还是杰出的运动员，捧回了不少奖杯。20 多岁时，他渐渐不再酗酒，走上了加班、升职的正常轨道。然而，由于长时间工作导致的剧烈背痛，约翰开始接受定期物理治疗，并服用止痛药维柯丁。治疗结束后，这个经验丰富的瘾君子向母亲撒了谎，隐瞒了自己仍在吃药的事实。去世前两周，约翰已病得没办法去上班，吃不下任何食物，也无力提笔写字或读书。约翰的母亲仍能记得他因心脏骤停死亡的那个早晨。"看着各种医疗设备和医生忙忙碌碌，一种歇斯底里的恐惧感在我体内迅速蔓延，护士拉着我离开病房，我心都碎了。”她向“The Medicine Abuse Project”网站回忆道，“我坐在床边，看着他迅速冷掉的身体，唯一能说出的只有‘为什么’。”“我想让孩子们看到这个故事，如果发现自己药物成瘾，一定要寻求帮助。这是一种疾病，需要治疗。”这位母亲说，“哪怕只能拯救一条生命，他就没有白白死去。”

第三节　体育锻炼能承压

如何提高压力承受力，锻炼身体是一种实际且重要的方法。

按精神分析理论所说，人的情感情绪都有内在的生理基础和生理反应。因此，身体素质越好，对压力的心理抵抗力就越强。美国期刊《身心医学》中的一篇研究显示，体育锻炼对某些人所起到的作用，甚至相当于抗抑郁药。因为，体育锻炼会降低肾上腺素和皮质醇的分泌水平，而这两种激素在压力反应中起着重要作用。还有，锻炼会使人的血清素水平提高，而血清素能够改善情绪。下面的实验，同样证明了体育锻炼能够治疗抑郁的结论。

把一批抑郁症患者分为三组，一组只服用抗抑郁药物；第二组只锻炼，每周锻炼三次，每次45分钟；第三组既吃药又锻炼。4个月后，三组患者的情绪都有所改善，又过了三个月，第一组38%重回抑郁状态，第二组复发率为9%，第三组复发率为31%。

慢性压力会导致焦虑和抑郁，而最有效的抵抗方法就是体育锻炼。大体来说，体育锻炼的好处如下。

第一，有助于减轻慢性肌肉紧张和疼痛，也能消除疲劳，改善消化不良、失眠等压力症状。

第二，有利于活跃大脑。运动会让血液加速循环，运动停止后，血液很快就会回流到大脑中。也就是说，运动可以增加对大脑的血液供给。因而，运动也会改善大脑的各部分功能：它能够激发大脑的学习能力，让人的思路更清晰，认知更灵活，记忆力更强。

第三，避免体重增加，使身体更加强健。这自然不难理解，许多人都在坚持锻炼，一天天地把肥厚的脂肪变成肌肉。

对承受着严重压力的人而言，运动显得尤为迫切。焦虑症患者大多不愿意运动，但是人的身体在岁月长河中前进，犹如逆水行舟。总是不运动，身体时刻承受慢性压力的影响，后果可想而知。还有，重度焦虑的人，经常性地肢体紧张，让他们使用需要高度集中精神的冥想法或肌肉放松法是比较难的，而体育锻炼是比静坐更好的放松方法。

不管焦虑严不严重，每个人都需要运动。诸多运动方式中，最有效的是有氧操，它会让人心跳加快，20 分钟后就可以帮助人把体内的压力物质释放出来。每周做两次 30 分钟的快步走，每天慢跑 20 分钟，这两种方法已经被广大运动爱好者采用。

尚未开始养成锻炼习惯的人，应制订一个锻炼计划，用以下几个问题问自己，然后做出决定并果断执行。“我喜欢什么体育项目?”“我在哪些时候有机会进行这种活动?”“可能会有谁跟我一起做?”实行计划之初，或许难以坚持，为此应做出承诺并保证，请他人监督和陪伴，还要记录并分析成果。

坚持锻炼的过程中，要注意活动强度。一般以难以连贯地说话为上限，在专业的角度说，人此时心率是最大心率的 75%。

其实，运动不必过于剧烈，每天只需散步 20 分钟就可以减缓压力。任何一种积极的活动都可以实现锻炼的效果，不一定要出门，比如擦地板、爬楼梯等，目的就是让自己呼吸急促起来。这对压力激素而言，其实起到了一种引导释放的作用。

运动并没有想象的那么难，我们可以重新理解一下什么是运动。穿着舒适的鞋和衣服，在小区健身器械上活动筋骨也是运动。运动、活动、锻炼，三者是有差别的。简单来说，运动偏重内在的、身体上的，比如血液和气的循环；活动更多是外在肢体上的表现，比如广播体操和武术的招式；而锻炼是内外兼修，或者由外到内，注重坚持和提升。不过，人是一个整体，内在、外在必定同步进行，因此很多时候三者可以通用。

明确了运动的含义，就可以扩大活动的范围。踢毽子、跳皮筋也是运动，如果成年了还做这些事，或许被人嘲笑，但它们可以让你重温儿时的记忆，找回那些乐趣。对不爱运动的人来说，增加遛狗的时间和提前一站下车这些小小的进步也是值得做的。

也可以直接进行大脑的运动。大脑跟肌肉一样，也需要运动。人在做智力题或者打牌的时候，全神贯注，脑子快速转动，大脑在更高的层面上运作。很早有研究人员证明，大脑在人一生中的任何一个时期都具有可塑性，在完成听觉和视觉任务时，大脑尤其有较高运转速度和精确性。一个 65～90 岁的人，只要愿意，其大脑功能也可以恢复到 15～20 岁时的水平。因此，我们完全可以经常锻炼一下大脑，比如自学一门外语，或者经常玩一些智力游戏。

但锻炼时，尤其是偶尔或开始锻炼时，最好只专注进行某一项运动。这样能够让大脑暂时忘记烦恼事。对经常用脑的人，在以下这些时候，可以先去做运动：当遇到棘手的事情，感觉力不从心；难于决断的时候；当发现自己做事毫无效率，忙了半天一点进展也没有；注意力不集中的时候。

第二十三章

学会休息和休闲

体力是一种资源，心理承受力和应对能力也是一种资源，在与压力的对抗中，资源会消耗，而恢复的办法就是休息。休息是对身体而言的，包括睡眠，而心灵的休息，则可称为休闲。休息与休闲，同等重要，不可偏废。

小江，浙江奉化人，军人出身，在医疗器械生产企业上班。当兵的经历使他特别负责任，刚刚接任销售员一职，他就连续三个夜晚研究公司产品的专业知识。同事们都看到了他眼里的血丝，并劝他早点休息，不要太拼命工作。可小江觉得自己是新来的，就必须下苦功夫，于是又继续“奋斗”了半个多月。有一次，午饭过后他居然突感眩晕，但胜在年轻，没有晕倒。可是，不良睡眠习惯似乎已经定型了，他想调整过来，却发现无济于事，为此既追悔又苦恼。

第一节　及时且正确地入睡

入睡困难是当代人生活中存在的一种身心困境。

入睡困难原因很多，其中心理压力大是重要成因之一。压力越大越难以入睡，也容易情绪焦虑，人就会在床上辗转反侧。身体不能得到应有的休息，往往会影响白天工作的效率，于是压力更大。虽然一般人目前能够控制日常生活压力，但是睡眠不足会降低身体抵抗力或破坏情绪，使生活质量降低。

睡眠不是奢侈品，而是必需品。人进入睡眠的时候，大脑依然在工作，从免疫系统到身体成长，从记忆到情感，一系列的机能都会在睡眠中得到调整。有研究表明，充分得到休息的人，可以完成与长时间不睡觉者等量的工作，原因就在于他们的精力更充沛和效率更高。

因此，良好而充足的睡眠，一是身体恢复的必需，二是为第二天的工作做好准备。

除了恢复身体这一好处，睡眠还可能有一个潜在好处。比尔·盖茨曾说：“对任何事情不要着急做决定，只要睡上一晚，就会涌出奇思妙想。”他的意思就是，当我们睡觉时，潜意识并没有休息，而活动时的思绪会进入潜意识，并有可能在里面达到一个意想不到的结果。有的人甚至据此提出了一个“超级学习法”，即在睡觉时收听某种学习资料的录音，这也许有效，但不见得是个好办法，因为音频的接收会使身体得不到休息。事实上，睡眠中想事情也不是必需的，除非那个事情重要得自动占据了我们的意识。

为爱护自己的身体，为保证生活质量，我们应保证充足的睡眠时间，养成正确的睡眠习惯。

按照国际标准，成年人每天睡眠 6～9 个小时就够了。一般而言，年龄越小，睡眠时间越长，次数也越多。睡眠时间与年龄有密切的关系，是由人生长发育的规律决定的。婴幼儿无论大脑还是身体都未成熟，青少年身体还在继续发育，因此需要较多睡眠时间。老年人睡眠深度会逐渐变浅，也应当增加必要的休息，尤以午睡为重要。睡眠时间还多少与性别有关，通常女性比男性平均睡眠时间长，现代研究认为可能与性激素分泌差异有关。

睡眠长短因职业和工作性质而不同。学生阶段从入睡到醒来，大约 8 个小时即可。若到老年阶段可以晚睡晚起，自然醒来。职业人员由于各种原因，如加班、看电视、娱乐等，要很晚入睡，因为白天还要工作，只好缩减睡眠时间来放松。许多 IT 从业者长时间电脑作业，会有多种身心疾病。

中医理论认为，人体的生物钟应当顺应大自然的规律，顺应四季变化，适应生、长、收、藏的规律。春、夏季节适宜晚睡早起，每天需要睡 5～7 个小时。秋季适宜早睡早起，每天所需的睡眠时间在 7～8 个小时。而冬季则适宜早睡晚起，每天需睡 8～9 个小时。

入睡困难的人在睡前要注意以下几个事项。

第一，睡前不要吃太多，晚饭清淡一点。吃得过多过盛，胀腹感会让人难受，还需要更多时间来消化，拖延了入睡时间。

第二，不看暴力、容易引起兴奋或连续关注的电视节目。人一兴奋就难以入睡，为此可以进行一些降低兴奋的活动，比如做几个深呼吸。

第三，不能喝酒助眠，中午过后也不要喝任何含咖啡因的饮料。酒精只能麻醉意识，不能缓解压力，摄入身体后，只能痛苦地等待它自行消散。咖啡因也是如此，身体摄入咖啡因后，需要5个小时才能排出一半，残留的则会干扰睡眠。

第四，洗一个热水澡，时长20分钟为宜。水中可以撒入猫薄荷或黄春菊之类的花草茶，它们能够让大脑产生睡意，最好让它们在开水里浸泡5～10分钟。

第五，睡眠环境也很重要。一要遮光，严格地说是创造完全黑暗的环境；二要消除噪声。睡觉的房间要尽量清爽黑暗，因为就算人在睡眠时，大脑的杏仁核依然在运转，对周围的声音、气味等信号依然保持着警觉，一有异常就会让大脑苏醒过来。

当睡眠时间有规律时，入睡变得更容易，深度睡眠不易被吵醒，醒来后精力也充沛。为了重新进入有规律的睡眠，需要强制性的定时作息。也就是说，只要一到既定的睡眠时间，哪怕还没有困倦也要上床休息，醒来后，不到既定时间也不要起床。坚持一段时间就会自然入睡，自然醒来。

第二节 让身体积极休息

休息的意义在于能够促进健康，减轻或消除疲劳，维持机体生理调节规律性，促进机体正常生长发育等。休息与睡觉两者并不完全一致。睡眠质量好的人，脑部或者体力休息效果会更好，但是也仅仅是功能性休息。目前，更多的方法是用交叉工作的方法达到积极休息。

积极休息在运动训练中已运用得较为广泛，在普通大众中，也应提倡积极休息。因为恰当的休息，不仅能帮助人消除疲劳，而且可放松神经，提高工作与学习的效率。

例如，脑力劳动持续3小时后，可更换为体力劳动或做操运动，是驱走疲劳的积极办法，用体育锻炼的方法让大脑积极休息。上班时精神集中在办公和思考上，中间起来走动一下，或者下班后买菜做饭亦可算积极休息。又如当跑步运动员两腿疲劳时，可用引体向上、俯卧撑等两臂运动来缓解腿的劳累感。

澳大利亚曾有一项调查，测验了某学校学生在一个学期内不同阶段的自制力水平。结果显示，在整个学期即将结束时，学生的自制力最差。对于其中道理，想必普通人也能给出一些解释，诸如心理放松，而专业的心理学家则认为，那是人的意志力对自身行为控制达到强弩之末的表现。这些学生在期末的生活习惯证实了他们的结论：学生凡事求快、求方便，比如经常吃方便面、不洗脸刷牙等。

这说明，人的意志力下降时，在行为上也会遵循潜意识的想法，以快乐为原则，随心所欲。有的人加班时，越到后期越难以集中，前期还只是偶尔吸一两根烟，后期吸得越来越频繁，他们认为那是在提神，保持大脑清醒，殊不知完全是无效的，因为意志力已经被消耗殆尽了。个体在某个事情或工作上消耗大量意志力，会降低在其他方面（吸烟）的控制力，因而容易染上坏习惯。

1954 年，61 岁的毛主席下决心开始学英语。于是产生一个疑问：难道毛主席不需要休息？其实，毛主席学英语恰恰另有一个目的，就是休息。他学英语的时间经常是在起床后、入睡之前，饭前饭后，在爬山、散步中间休息时，以及游泳之后晒太阳时等，随时随处都在学。

1959 年 1 月，他在接见外宾时说："学外文好，当作一种消遣，换换脑筋。"在长时间的开会、工作或会见外宾之后，他常常把学英语作为一种调节剂。一读英文，脑子就钻到单词、句子里去了，其他的不想了，也就得到了休息。有时他睡不着觉，也把读一会儿外文当作一种特殊的休息。

毛主席是唯物辩证法大师。他认为，一切事物在一定的条件下都可以向对立面转化。比如劳与逸，生与死，和平与战争等。休息就是学习，学习就是休息，这是辩证法思想的生动体现。如果说体力的休息是物质生命的要求，毛主席以读书学习为休息，则是一种精神的内在要求。当一个人感到读书如同休息睡眠一样是维持生命之所需的时候，其读书的动力之强大可想而知。而且，毛主席一生最大的爱好是读书，他说过"饭可以一日不吃，觉可以一日不睡，书不可以一日不读"。对他来说，精神生命高于物质生命。

毛主席从这种读书式的"休息"中获得了极大的乐趣。对他来说，读书既是"求知"，又是"休息"，还是"娱乐"，这三者实在不好分辨。翻阅毛主席的书单，可以发现他的阅读很多时候并没有明确的目的性，什么都看，关于机床、无线电等方面的专业知识书他也曾翻阅过。学习的过程使他既放松了身心，又充实了头脑，获得了精神上的愉悦。这就是他这种读书学习的"积极休息"法的神奇功效。

第三节　掌握休闲的艺术

在市场竞争日趋激烈的当代社会，人们面对的压力越来越大。而压力远不只身体上的劳累，更多的是心理上的焦虑和疲惫。人们缓解焦虑的办法，有的是找机会宣泄，而有的是让自己时刻处于忙碌中。

把压力发泄给他人的方法，在短时间内有效，但从长远来看结果更糟。压力依然停留在自己身上，还要为与同事朋友、家人关系恶化而烦忧。同样，让自己忙碌的方法也是无效的。

以忙碌减缓焦虑的人，有很高的内驱力，这是好的，但是，当内驱力水平无法平复焦虑的情绪时，它就成了问题。如果一些事情阻碍了他们惯常的行动步调，他们会感到焦虑不安，如果这种阻碍时间过长，其焦虑会越来越高。

而且忙碌看似缓解焦虑，其实是无效的，那不过是用无数事情取代个人意识对焦虑本身的关注，但人不能总是做事，因为一休息时，焦虑马上会占领头脑。再者，盲目的忙碌会让自己越来越累，工作效率越来越低，反而加重焦虑。

忙于工作的伟人有很多，如周恩来和丘吉尔。周恩来总理会在乘车时、会见外宾之前、会议中场休息时小憩一会。丘吉尔在“二战”期间，每天工作超过16个小时，还能每天抽空在工作中睡一个小时。这些伟人掌握了一门艺术——休闲。

为了有更多精力投入紧张的工作中，缓解压力最好的方式就是休闲。许多人都有他们自己不同的休闲方式。

给休闲下个定义可能比较难。休闲是心灵的放松，要应对身体劳累和心理疲惫，就应该学会休闲。

休闲是现代人共有的减压方式，随着时代的发展，休闲日益个性化。如有些人就喜欢一些挑战极限的运动，跳伞、蹦极就是代表。在高速移动中下落，这不失为解压的好方式。而棋类游戏不但是紧张激烈的智力竞赛，能活跃脑细胞，促进思维的发展，更是有利于身心健康，是一种延年益寿的文体娱乐活动。

也有的人就喜欢在双休日去气氛浓厚的图书馆。在安静、舒适的环境中，不但能很好地放松紧张了一周的神经，而且还可以在翻阅书籍、杂志的过程中提高自己的修养和文化气质，给自己适当地充电。

有时尚的当然也有旧式的休闲方式，如喝茶。茶文化在我国源远流长，随着时代的发展，人们把饮茶作为一种休闲方式。独身一人到一间幽静的茶室，找一个临窗的位置坐下，要一杯清茶，闻着浓郁的茶香，听着悠扬的古筝曲，品着清香的茶水，一切烦恼都会随着这茶香、这乐曲而烟消云散。

许多人会有个性爱好，如钓鱼爱好者陶醉于河边、湖畔，享受生机盎然的野外生活情趣，领略赏心悦目的湖光山色。深谷的清风吹走了城市的喧嚣，钓竿的颤动带给老人以童子般的欢乐，只要一竿在手，即便是性情暴躁的小伙子也会

“静如处子”般地安静下来。

休闲也可以放慢生活节奏，忙里偷闲，安守当时当下，维护一份好心情。如下班回家时，遇到公交车堵车了，可以步行回家，或者下车到附近公园转转，欣赏一下城市的风景。

第二十四章

身心放松训练

相比学习程式化的放松方法，人们更愿意接受简单的、容易上手的，或者是机械式的放松方法。本章讲述三种方法，冥想放松法、呼吸放松法、肌肉放松法。第一种属于意识放松，后两种是身体训练，身心调节同时进行。

冥想指导语：

请微闭双眼，安稳坐好。现在放飞自己思绪，尽力想象：我躺在美丽的大海边沙滩上，身下的沙子又细又软，我感到很舒服。一缕阳光照射过来，我感到温暖、舒服。耳边响起海浪声音，美好的节律让我呼吸沉稳平顺，内心感到很舒服。海浪来了又远去，浪花慢慢消退，水面波光粼粼，由近而远、涌向远方。我被蓝色的天空、大海和阳光包围着。我感到身体暖洋洋的，阳光照得我温暖而舒适。

第一节　冥想放松法

美国医生赫伯特·本森通过实验证明，心理压力可导致血压升高，长期压力可增加患高血压风险。冥想不仅可以控制心跳次数，放缓心律，使血压下降，降低心脏病的发病率，还有助于控制体重，缓解忧虑感和部分抑郁。

“冥想”被认为源于道教的一种养生修炼方法“存想”，是道教气功修炼的一种特殊方法。认为经过修炼，人可以闭目内视，清清楚楚地看见自己体内的五脏六腑。闭目静思，心守一身，达到至高无上的道或气，使它们常驻自己的身体、精神归元。时至今日，人们已经为“冥想影响心理”现象给出了一个科学解释：冥想训练中身体能够自动产生笑气，即一氧化二氮（N_2O），这种气体具有放松动脉平滑肌组织、促进血液流通的作用。通过经常性地冥想训练，可以使人内心安定，摆脱烦躁不安的情绪，提高处理情感的能力；冥想训练还可以加强对思维过程的控制，提升专注力。

掌握并使用冥想技术与方法，在工作生活压力大时，或者出现身体紧张、神经紧绷、眉头紧锁、感觉工作效率低时，利用十分钟至半小时开展冥想训练，对身体、神经、情绪、思考能力等都有良好的效果。

冥想放松法的操作步骤及要领如下。

找一个舒适的地方坐下来，上身直立坐在椅子上；条件若允许最好双腿交叉盘坐在一个垫子上；若在工作间隙，也可以靠坐在办公椅上进行。

第一，闭目。

第二，端座。双手轻握置于大腿上，尽可能放松所有肌肉，可以先从双脚开始，依次放松小腿、大腿、腹部、肩膀、头部，或者相反顺序。

第三，意念集中。缓慢自然地呼吸，然后清理当前的一切忧虑、希望乃至梦想。片刻之后，让它们随着呼出的气体统统离开。再次深吸一口气，然后屏息，让气体在身体停留一会儿。再呼气，释放剩余的紧张和不安的情绪。

第四，定位点。把注意力放在感应呼吸最强烈的器官上，它可以是隔膜部、胸部或者鼻孔之下，注意自己身体的哪一部分对呼吸的感觉最强烈。没有什么“正确位置”，都是因人而异。观察呼吸的自然起伏，尝试着尽量不要把它看作是“自己的呼吸”，而是独立“呼吸”。

第五，守念。如果杂念出现，四处跑窜，别太在意，也不必驱逐它，而是依然注意呼吸，轻轻地回到定位点上。如果感觉受到挫折或觉得愤怒，一旦意识到自己有这样的感觉，马上回到定位点。

第六，设定时间。开始阶段可以短一些，8～10 分钟，然后逐渐加长。最后固定在 20 分钟左右，形成一个习惯性做法。

第七，最佳时间是在晨起或晚饭前，切忌在餐后进行。

第二节　呼吸放松法

我们并没有将自身的呼吸功能充分发挥出来。科学家们研究发现：人的肺细胞平展面积有两个足球那么大，但大多数人在一生中只使用了其中 1/3 的功能。美国健康学家的一项研究表明，一半以上的城市居民的呼吸方式是不正确的。

我们平时的呼吸方式，可称为鼻腔（口腔）呼吸法。这种呼吸方法的最大特点是呼吸浅表化，即让空气只经过了鼻腔（口腔），这使得有一部分新鲜空气到肺叶，但是未深入肺叶下端就被排出去了。也就是说，空气的有益成分没有得到最充分地利用。

呼吸浅表化与生理需求有关，人的生活时刻需要吸入新鲜空气，一般情况下需要多少就会呼吸多少。但是，当人处于压力下，就需要更多氧气参与能量代谢。为了加大氧气摄入，几乎所有人都不自主地降低呼吸深度，加快呼吸频率。比如，即将上台表演或被上级催工作计划时，呼吸就会不规律、不平缓。再如，当人遇到突发事件，出现了恐惧和愤怒情绪时，人的呼吸会急促不平缓，甚至瞬间无法自控地大口喘气，同时伴随心跳加快，甚至眩晕。有部分抗压力强的人在急性压力反应过程中，他们的呼吸可能一如平常。但是在多数情况下，人会被压力牵着走，使呼吸屈从于压力反应。因此，训练呼吸是应对压力的技术之一。

深呼吸训练也被称为“腹式呼吸”。将空气吸入腹腔，而不是平常的胸腔，最大限度地发挥肺的功能，利用空气中的有益成分。较之于平常的胸部快速呼吸法而言，这种方法的特点就在于呼吸得深入，让横膈膜上下移动。由于吸气时横膈膜会下降，把脏器挤到下方，因此肚子会膨胀而非胸部膨胀，吐气时横膈膜将会比平常上升，吐出较多易停滞在肺底部的二氧化碳。通过腹腔压力的规律性增减，腹内脏器活动加强了，提高了氧气摄入量和利用率，可以达到缓解压力的效果。以即将上台演讲为例，如果演讲者能够做几次深呼吸，就会明显缓解身体紧张，松弛情绪。如果平日经常进行深呼吸训练，既可以应对压力，达到心理放松，还可获得提高生命活力的效果。

腹式呼吸是对副交感神经进行调节。呼吸由副交感神经系统控制，副交感神经即植物交感神经，它一般在人无意识的情况下自动控制某些生理活动。深呼吸法需要受到意念支配，在大脑前额皮质中进行呼吸的决策。因此，需要由大脑下达“来个深呼吸放松”指令，然后开始控制身体的呼吸器官，改变急性压力下的无法自主调控呼吸，变无主成为自主。打个比方，前额皮质是君王，而副交感神经系统是宰相，前者只进行决策和下达指令，后者则负责呼吸功能的运行。

腹式呼吸法要领：闭目，保持直立后靠的坐姿或者平躺（也可以放松腰带）。一只手放于腹部，另一只手放于胸部。用鼻子缓慢均匀吸气，吸气时间至少维持4～6秒，当看到自己腹部的那只手抬到最高，屏住呼吸1～2秒，这个过程中，胸部不能出现鼓胀。开始用嘴巴均匀呼气，呼气也要缓慢，时间维持5秒钟以上，腹部上的那只手降到最低时，屏住呼吸1～2秒，腹部不能在这个过程中再有反弹。

如此反复地进行，每天练习 10 次，每次至少 1 分钟。在一个循环中，可以把自己的肺想象成一个气球，而呼吸就是在给气球灌水。水先沉到气球的底部，最后才填满开口处，也就是我们的胸腔。

对初试者来说，这些要求可能无法做到，那就尽自己最大的可能去做，降低上述数字指标，但过一段时间一定要恢复回来，还要拔高。必须相信一点：我可以调控自己的呼吸，坚持练习就会越来越好。

不必拘泥在特定的场合和时间来进行这一锻炼。在等红灯时、等电话时、等电脑启动时、等会议开始时，都可以进行腹式呼吸训练。不过，一天中效果最好的时间，是早晨、傍晚或午餐休息时。

在感觉恐慌即将来临时，腹式呼吸法能够有意识地预先控制。经常这样锻炼，对日常的呼吸方式也有所改善，使其更深入一些。坚持一段时间后，会发现其中的某些要求是不必要的，如闭目和手的安放，因为已经可以自如地用意识调控呼吸流向了。当平时气定神闲，处变不惊，面对重大压力事件又不恐慌时，说明已经把这种调控方式变成了一种习惯，就可以停止练习。

对腹式呼吸法的初试者有几个问题要注意：一是经常忘记用腹部，把呼吸局限在呼吸道上部。可以有意用肚皮进行锻炼，先在行为上把它变成一种习惯。二是深呼吸时感到焦虑。不要把呼吸当成一项任务，也不用考虑动作要领不对，把自然呼吸变成自主呼吸，就是一个练习活动。三是精神难以集中。这一方法可以与冥想法结合起来，要求最好精神集中，无思无欲。可以采用数数的方法来替换杂念。

另外一种呼吸放松的方式是瑜伽呼吸。通过专用语音或音乐导引练习呼吸，让心思空无一物或者达到“无我”的境界。训练方法有以下几种。

第一，随息法。意念呼吸自然出入，心息相依，意气相随，不加干涉，叫随息。

第二，数息法。默念呼吸次数，从一到十到百，实者数“呼”，虚者数“吸”。

第三，听息法。两耳静听自己的呼吸声，排除杂念。

第四，观息法。如观者一样，去观察，体会自己的呼吸。

第五，止息法。也称胎息。通过以上任何一种方法的练习，久练纯熟，形成一种柔、缓、细、长的呼吸。呼吸细若游丝，若有若无。

第六，禅语入定法。(默念数遍）体会联想“独坐小溪任水流”的意境。

第七，松静入定法。吸气时默念“静”字，呼气时默念“松”字。

第八，观心自静法。用自己的心去观看、体察、分析自己的思绪杂念，任杂念思绪流淌，不加干涉。

第三节　肌肉放松法

人的紧张或焦虑分为“情绪反应”和“躯体反应”两部分。当一个人觉得有压力时，不仅情绪会波动，身体也会表现出呼吸急促、肌肉紧绷等。平复外在压力，放松肌肉就是一个不错的放松方法。

如果强制让自己情绪放松，肯定不会放松。对压力的努力控制，本身就是压力。反过来，通过减缓躯体反应实现压力的缓解，从而达到情绪的放松是有可能实现的。渐进式肌肉放松法就可以减缓躯体反应。

渐进式肌肉放松法，就是有步骤地、一部分一部分地放松躯体的所有肌肉群。渐进式肌肉放松法的一个完整循环，一般需要 10～15 分钟。它的步骤和操作要领是：开始肌肉放松之前，做几次舒缓的深呼吸。脖子伸直，平躺或坐着。闭上眼睛，将意念集中在每组肌肉的感觉上。此时可以想象自己躺在外面，阳光从脚跟开始，一点点地照遍全身。一个肌群一个肌群地进行收紧→保持→舒张的操作。如果是坐着，就按从头部到脚趾的顺序进行，如果是平躺着，就按相反顺序进行。进行收缩舒张的动作，以感觉到有暖流涌向肌群为达标，其中，每个肌群的收缩状态要维持 10 秒。

重复进行绷紧和松弛的动作，共进行三次。这些肌群及相应的收缩动作是：

头皮——抬眉毛。

额头——皱额头，注意不同于皱眉。

脸——眯眼、紧闭双眼、皱鼻子、噘嘴，大张口。

脖子——坐立时，让头部向前下垂，任凭重力往下拉，最后背部乃至腰部都会有拉伸感。完成这个动作后，恢复颈部直立姿势，再向后倾斜。如果是平躺，可以将头部向两肩倒歪，尽量以耳朵接近肩胛为宜。

肩膀——耸肩，两侧肩胛往中间挤。

胳膊——握拳，屈前臂接近肩膀。

背部和腹部——腹部凹陷，直抵脊椎。

臀部——相互挤压。

大腿——把大腿肌肉全部压向膝盖，收缩股四头肌（大腿前面的肌肉，后面的是股二头肌），做这个动作的同时要收臀。

小腿和胫部（小腿的前面）——脚尖绷直；反勾脚尖，脚后跟向下蹬。

脚和脚趾——弯曲脚趾。

在所有这些肌群中，颈部放松对于情绪放松显得特别重要。颈部位于中枢神经系统的中间位置，连接着大脑和脊椎。各种情绪反应，是内在激素的分泌和传递，这些激素是由躯干里的脏器分泌的，它们引发颈部以上的情绪反应，必然要经过颈部，而放松颈部能够降低这些物质的冲击，甚至中断其传递。

另外，打哈欠也有助于肌肉放松。哈欠不仅仅是疲惫和厌倦的表现，也能够平复心情，因为这一动作呼进了更多的氧气，可以说，打哈欠就是一次深呼吸，进而促进血液循环，放松肌肉，缓解大脑压力。因此，有哈欠时一定要打出来，不要克制。

打哈欠这个动作，当然也有肌肉的参与，而且是肌肉的拉伸。其实，在上述渐进式肌肉放松法中，平躺最好，因为它可以有效拉伸体表，尤其是肌肉。肌肉拉伸开后可以促进血液流动，使僵直的身体重新得到调整，也是不错的肌肉放松。

肌肉放松法是全身的，需要时间比较长。其实也可以进行局部的肌肉拉伸，再放松要求，甚至不必有意舒张肌肉，伸展某一肢体也有一定程度的肌肉拉伸。这样的局部伸展，15 秒一次就可以。专家建议选择以下两三个项目，2 秒一组，每天做几组拉伸放松：哈欠伸展、背部伸展、弓步压腿、小腿伸展（脚尖在台阶上，脚跟悬空）、变换坐姿伸展。

第四节　正念放松法

正念就是充分觉知当下发生的一切，不进行任何评判取舍。正念可以适用于任何情况。简单而言，正念包括对身心的觉知和生活在此时此地。

正念是一种学习如何与我们的生活直接建立联系的方式，包括两种方式：正式的和非正式的。正式练习是指每天抽出时间，特意采取坐姿、站姿或躺姿，去关注呼吸、感觉、声音、想法或情绪。非正式练习是指把正念觉知引入日常活动中，如吃东西、运动、做家务、与他人沟通等。基本上任何活动中都可以进行正念练习，而且不限场所，无论在工作单位、家里还是我们所在的任何地方都可以进行正念练习。

正念是对当下不加评判地觉知，无论发生什么，都把关注点聚焦于当下。事实上，也只有在当下，我们才能够做出改变。当我们感觉到自己的失衡，并逐渐了解到一些无意识的习惯倾向时，就能够做出一些新的选择来促进我们的健康与平衡。

心理学家加里·施瓦茨提出的健康反馈回路模型表明，如果我们没有感觉到内在的压力反应，并且不知道压力是如何以想法、感觉和情绪来表达的，我们就与这些内在体验失去了联结，这就会使我们的身心失去平衡。相反，正念觉知能够与内在的体验建立联结，帮助我们感知自己内在的体验，从而使我们能够采取必要措施，使自己重新恢复到平衡状态。

由于正念使我们清楚地感觉到内在体验，因此它能帮助我们更多地了解压力是如何影响自己的，然后我们就可以选择一个更有效的回应方式。通过这种方法，我们可以成为一个更积极的参与者，参与到自己的健康、幸福以及任何经历中。无论多么困难或紧张，我们都会更平衡、平静地面对。

大量科学研究表明，正念练习能够使大脑的健康状况发生改变。正念能够降低关键激素皮质醇的水平，调节自主神经系统，减轻压力反应，改善情绪，全面提高幸福感。而且更为重要的是，伴随着这些变化，大脑的电流活动也在变化，比如左侧大脑的前额叶区活动显著增加，这部分大脑区域与积极情感和情绪调节有关，该脑区活动更活跃的人在遭遇压力事件后，能够更快地复原。长期（几年）的正念训练不仅可以改变脑电活动，而且可以改变大脑的结构，比如可以使负责注意力和综合情绪的大脑皮层变厚，而与恐惧情绪有关的杏仁核变小，活动降低；脑岛也会增厚，这部分区域与感受内部知觉和思维有关，是情绪感受知觉的关键结构。

正念包括以下八种态度，它们是正念练习所必需的，这些态度互相依存、彼此相互影响，通过培养一种态度，所有态度品质都会得到提升。

第一，初学者之心。这种觉知品质是将事物看作新鲜的，就像初次接触一样，带着好奇感。

第二，不评判。这种觉知品质是在培育对于任何体验都进行中立的观察——不对任何想法、情绪或感觉标以好坏、对错、公平与不公平的标签，而只是对每一刻的想法、情绪或感觉加以注意。

第三，确认。这种觉知品质是指知晓并承认事物的本来面目。

第四，无为。这种觉知品质是指不贪婪抓取，不嗔恨变化，或者意味着无论此刻呈现什么都不会远离。换句话说，无为意味着除了当下所在之处，不试图去其他任何地方。

第五，平等心。这种觉知品质涉及心态的平衡和智慧的培育，能对变化的本质给予深刻地理解，能够带着更深入的洞察与慈悲同发生的变化共处。

第六，顺其自然。这种觉知品质是指无论当下出现什么，仅仅任事物如其所是地存在，不必努力放下。

第七，自我信任。这种觉知品质能帮助你靠自己的体验理解自己，无论真实与否。

第八，自我慈悲。这种觉知品质能培养对真实自我的关爱，不自责与批评。

正念身体扫描是一种对当前身体体验的深入探察。它通过觉知和确认体内的任何感受或感觉，对压力、焦虑和身体疼痛都非常有帮助。

在身体扫描中，我们要按照一定顺序把注意力放在身体上，从左脚开始并且终止于头顶。我们可能会注意到各种身体感觉：痒、疼痛、耳鸣、轻松、沉重、热、冷等，或许还有一些中性的感受。这些感觉可能会伴随着某些想法或者情绪而存在。当练习身体扫描时，这些多种多样的感觉和内部体验可以被归结为三种基本感受：愉悦、不愉悦或者中性。因为身体是一个经常变化、能动的有机体，所以不会有完全一样的两次身体扫描。身体有它自己的智慧，如果你仔细聆听，它可以指出身体紧张的部位，也可以传递出身体中的想法和情绪。这种对身体感觉、想法和情绪的探索有时被称为“觉知三角”，可以将其视为深入我们整体体验的一次旅行。

正念身体扫描练习指引：

现在开始注意呼吸。

自然地呼吸，并且关注鼻尖和腹部。吸气，并且觉知到自己正在吸气；呼气，并且意识到自己正在呼气。

有时头脑可能会远离这种有意识的呼吸。有时心可能会从对呼吸的觉知中游离。当发现时，就确认下自己的心去了哪里，然后回到呼吸，继续带着觉知去吸气、呼气。

现在，把自己的意识从正念呼吸中逐渐移开，准备进行身体扫描。当扫描身体时，可能会遇到一些紧张的区域，如果能使它们放松，那就让它们放松，如果不能，那就让这种感觉顺其自然，任其如水波般扩散到它们要去的地方。这种方法不仅适用于身体感觉，而且也适用于任何情绪。扫描身体时，把注意力集中在身体的感觉上，以及可能由这些感觉而引发的任何想法或情绪上。

把觉知带到左脚底部，在那里能感受到脚与地板的接触，可能是在后脚跟或者左脚底，体会所感受到的感觉。感受左脚的脚跟、脚掌和跖球部（脚掌与脚趾根连接的部位）的觉知。感受左脚趾和左脚顶部，然后向后感受跟腱，再向上感受左脚踝。

现在把觉知转移到左腿的下部，感受一下小腿肚、小腿的前面以及它们与左腿膝盖的连接。带着觉知安住于当下。

现在把觉知提升至大腿，感受一下大腿以及它和左边臀部的连接部位。

现在把觉知从左边臀部撤回到左脚，再把它转移到右脚，把意识带到你右脚接触地板的位置，这个位置可以是后脚跟或者右脚的底部。感受一下右脚的脚跟、脚掌和跖球部。感受一下右脚趾和右脚顶部，然后向后感受跟腱，再向上感受右脚踝。

现在把觉知转移到右腿的下部，感受一下小腿肚、小腿的前面，以及它们与右腿膝盖的连接。带着觉知安住于当下。

把觉知提升至大腿，感受一下大腿以及它和右边臀部的连接部位。

轻柔地把注意力从右边的臀部转移至骨盆区。去感觉排泄系统、生殖系统。把感受带到生殖器和肛区。注意所有的感受、想法和情绪。

现在把觉知向上转移至腹部，这是负责消化和吸收的部位，带着觉知去感受内脏。

现在把觉知从腹部转移到尾椎骨，开始感觉后背的下部、中部和上部。让所有的紧张感放松，如果无法放松就顺其自然。

现在把觉知向上转移到胸部，去觉知心和肺。带着觉知安住于当下。感觉进入肋骨和胸骨，现在轻柔地把注意力从胸部撤回，把觉知转移至左手的指尖。继续感觉手指和手掌，然后是手背，并上升至左手腕。继续觉知前臂、胳膊肘部、左上臂。

现在把注意力移至右手的指尖。继续感觉手指和手掌，然后是手背，并上升到右手腕。继续觉知前臂、胳膊肘部、右上臂。

让觉知移入两个肩膀和腋窝，然后上升至颈部和喉咙。带着觉知安住于当下的感觉、想法和情绪。

现在把觉知带到下巴，然后轻柔地觉知牙齿、舌头、嘴、唇。允许各种感觉去它们需要去的任何地方，不要管它们。然后继续把觉知带入脸颊、深入头部的窦孔通道、眼睛、眼睛周围的肌肉。继续感受前额和颞叶，带着觉知安住于当下。让觉知移入头顶和后脑勺，去感觉耳朵、然后感受头部里面和大脑，安住于当下。

现在把觉知的区域扩大到整个身体，从头部到脚趾，再到手指尖。把头部、颈部、肩膀、手臂、手、胸部、背部、腹部、臀部、骨盆区、腿以及脚全部联结起来。

把身体作为一个整体的有机体，感受一下，连同它的各种生理感觉、想法以及情绪，带着觉知安住于当下。

吸气，感受在吸气时整个身体的提升和扩张。然后在呼气时感受身体的下降和收缩。把身体作为一个整体感受一下，安住于当下。

当结束身体扫描时，请抽出这段时间带着觉知安住于当下。希望自己知道这是一个爱的行动。

祝愿一切众生祥和安宁。

附件一

身心压力反应问卷

将下列最能代表您身体症状出现频率作勾选，并计算总分。总分：________

频率 症状	从未有过	很少（六个月内超过一次以上）	偶尔（每月一次左右）	经常有（每周一次左右）	连续不断（每周一次以上）
紧张性头痛	1	2	3	4	5
偏头痛	1	2	3	4	5
胃痛	1	2	3	4	5
血压增高	1	2	3	4	5
手脚冰冷	1	2	3	4	5
胃酸过多	1	2	3	4	5
浅而急促的呼吸	1	2	3	4	5
腹泻	1	2	3	4	5
心悸	1	2	3	4	5
手颤抖	1	2	3	4	5
打嗝	1	2	3	4	5
喘气	1	2	3	4	5
尿急	1	2	3	4	5
手脚出汗	1	2	3	4	5
皮肤多油	1	2	3	4	5
疲倦/筋疲力竭	1	2	3	4	5
气喘吁吁	1	2	3	4	5
口吃	1	2	3	4	5
背痛	1	2	3	4	5
颈部僵硬	1	2	3	4	5
嚼口香糖	1	2	3	4	5
磨牙	1	2	3	4	5

续表

症状 \ 频率	从未有过	很少（六个月内超过一次以上）	偶尔（每月一次左右）	经常有（每周一次左右）	连续不断（每周一次以上）
便秘	1	2	3	4	5
胸腔或心脏紧缩	1	2	3	4	5
慵懒	1	2	3	4	5
反胃/呕吐	1	2	3	4	5
经期烦恼	1	2	3	4	5
皮肤出现斑点	1	2	3	4	5
心跳加快	1	2	3	4	5
大肠炎	1	2	3	4	5
呼吸困难	1	2	3	4	5
消化不良	1	2	3	4	5
换气频繁	1	2	3	4	5
关节炎	1	2	3	4	5
皮疹	1	2	3	4	5
咽喉痛	1	2	3	4	5
食物过敏	1	2	3	4	5

总分说明

50 分以下	您正处于正常压力状态中，建议继续保持身心健康
51～119 分	您的压力状态偏高，建议寻求专业协助或自我减压
120 分以上	您正处于过高的压力状态中，强烈建议立即寻求专业治疗

注：本量表仅供自我检测，无法取代专业心理咨询师的诊断与建议。

附件二

压力人格量表

请依照您的直觉，圈选下列最适合描述您平时行为的分数。

与他人约定时间很弹性	1	2	3	4	5	6	7	8	9	10	11	从来不迟到
是个好的倾听者	1	2	3	4	5	6	7	8	9	10	11	会打断别人说话
永远从容不迫	1	2	3	4	5	6	7	8	9	10	11	永远匆匆忙忙
能耐心等待	1	2	3	4	5	6	7	8	9	10	11	无法耐心等待
做事情漫不经心	1	2	3	4	5	6	7	8	9	10	11	做事情全力以赴
一次只做一件事	1	2	3	4	5	6	7	8	9	10	11	同时做许多事
说话缓慢、不慌不忙	1	2	3	4	5	6	7	8	9	10	11	说话有力（有时会敲桌子）
做事情不管别人怎么想，注重自我的感受	1	2	3	4	5	6	7	8	9	10	11	做事情在乎别人的认同
做任何事情动作很慢	1	2	3	4	5	6	7	8	9	10	11	做任何事情动作很快
态度很随和	1	2	3	4	5	6	7	8	9	10	11	态度很强硬
能自由地表达情绪	1	2	3	4	5	6	7	8	9	10	11	会隐藏自己的情绪
除工作外对许多事情感兴趣	1	2	3	4	5	6	7	8	9	10	11	对工作外的事情几乎不感兴趣

总分说明

13～64 分	极端 B 型人格（非常不容易感受压力）
65～90 分	B 型人格（不容易感受压力）
91～103 分	A 型人格（容易感受压力）
104～132 分	极端 A 型人格（非常容易感受压力）

附件三

C 型性格量表（简式）

若你的状况符合下面题目，请勾“是”，不符合则勾“否”

1. 你是否能将自己强烈的愤怒自由地表达出来	是 / 否
2. 不管发生什么状况，你都尽力将事情做好，毫无埋怨	是 / 否
3. 你认为自己是个可爱的人吗	是 / 否
4. 你是否经常觉得自己没有什么价值，很孤单、被排斥	是 / 否
5. 你满意自己目前的社交关系吗	是 / 否
6. 你有信心发挥自己的潜能吗	是 / 否
7. 如果你现在只能再活六个月，你会把手边的事情继续完成吗	是 / 否
8. 如果医生说你的病已到了末期，你是否有解脱的感觉	是 / 否

说明

1. 每题理想的答案为：

1	2	3	4	5	6	7	8
是	否	是	否	是	是	是	否

如果你的回答中有两个以上与上述理想答案相反，你就很可能是具有 C 型性格的人。以上结果并不能取代专业心理咨询师的意见，若有疑问建议寻求专业医师或心理咨询师。

2. C 型性格的心理特征：

①不表达愤怒。

②过度分心满足他人的需要，且过度自我牺牲。

③在团体中，合作忍让，不持己见，顺从外在权威。

3. C 型性格面对悲伤与失落时的建议：

因失落而产生的悲伤也是很难摆脱的情绪，悲伤不见得都是不好的，事实上，悲伤是我们从失落的痛苦中痊愈的必经历程，但沮丧却是负面的。如果一直反复地出现沮丧的想法，或是忧郁的心情每天出现且持续两周以上时，就需要寻求专业人员的协助。建议你用以下的方法缓解自己失落的心情。

生理层面：

①保持良好的卫生习惯与规律的睡眠。

②持续保持运动的习惯。

③维持原有的休闲活动及娱乐。

④吃健康的食物，少喝咖啡与酒。

⑤远离抽烟、喝酒或吸毒的人 。

心理层面：

①维持对工作或学业的投入。

②适当调整功课或工作的数量。

③和你信任的人分享你的感觉。

④逛逛书店或图书馆，读一本好书。

⑤多与乐观进取的人相处。

⑥用写日记的方式记录自己的心路历程。

⑦照顾好自己养的小动物与植物。

社交层面：

①保持和朋友的联系与分享。

②参与团体活动。

③不迁怒他人。

④维护自己的权利，但不必要去伤害他人的利益。

⑤做好自己的事情及照顾好身边的人。

附件四

生活事件压力量表

生活事件改变与压力程度表，是对生活事件与压力程度的测验。请仔细阅读和思考，以下列举的生活事件在过去一年内是否发生过，如果发生过，请参照“事件压力程度分数”在“自测分数”栏中填上分数，将每一项发生事件的分数全部加起来即为总分。

序号	生活事件	事件压力程度分数	自测分数
1	配偶死亡	100	
2	离婚	73	
3	分居（婚姻）	65	
4	入狱	63	
5	近亲或家庭成员死亡	63	
6	个人疾病或受伤	53	
7	结婚	50	
8	被解雇	47	
9	破镜重圆	45	
10	退休	45	
11	家人的健康情形改变	44	
12	怀孕	40	
13	性困难	39	
14	家庭成员增加（新生儿降临）	39	
15	事业再适应	39	
16	经济状况改变	38	
17	好友死亡	37	
18	换不同的工作	36	
19	与配偶争执的次数改变	35	
20	房屋贷款超过 8 万元（数额依各地状况而定）	31	

续表

序号	生活事件	事件压力程度分数	自测分数
21	抵押品赎回权被取消	30	
22	工作职责改变	29	
23	子女离家	29	
24	与姻亲发生冲突（或有问题）	29	
25	个人非凡的成就	28	
26	妻子开始或停止工作	26	
27	学校生活开始或结束	26	
28	生活起居、环境等的改变	25	
29	改变个人习惯	24	
30	与上司不合	23	
31	工作时间或条件改变	20	
32	搬家	20	
33	转学或重回学校	20	
34	改变休闲习惯	19	
35	改变宗教活动	19	
36	改变社交活动	18	
37	新增小额的贷款	17	
38	睡眠习惯改变	16	
39	与家人团聚次数改变	15	
40	饮食习惯改变	15	
41	重要节日或假期	13	
42	圣诞节（新年）	12	
43	轻微违法（如交通罚款）	11	
总分			

总分说明

低于149分	风险程度：一般 大约有30%的机会罹患身心疾病
150～299分	风险程度：中等 大约有50%的机会罹患身心疾病
300分以上	风险程度：较高 大约有80%的机会罹患身心疾病

附件五

儿童青少年压力量表

请仔细阅读“压力来源”栏中的内容，根据自身情况在“压力程度”栏中圈出对应的数字，并计算出总分。

压力来源	压力程度				
	没有压力	轻微压力	中等程度压力	很大压力	极度沉重的压力
1. 某个特定的老师	1	2	3	4	5
2. 学校中的特定人物	1	2	3	4	5
3. 某个特定的学习科目	1	2	3	4	5
4. 觉得自己没有其他同学聪明	1	2	3	4	5
5. 害怕失败	1	2	3	4	5
6. 没能入选某个校队或团体	1	2	3	4	5
7. 担心被同学愚弄或欺负	1	2	3	4	5
8. 无法达成父母或师长的期望	1	2	3	4	5
9. 担心将来无法进入好的学校	1	2	3	4	5
10. 担心自己以后不知从事什么工作	1	2	3	4	5
11. 担心父母会离婚或再婚	1	2	3	4	5
12. 被姐妹或兄弟伤害	1	2	3	4	5
13. 担心被其他家庭成员伤害	1	2	3	4	5
14. 没有足够的零用钱或生活费	1	2	3	4	5
15. 没有得到应有的注意	1	2	3	4	5
16. 因缺乏管教而易惹麻烦	1	2	3	4	5
17. 没有得到充分的关怀与爱	1	2	3	4	5
18. 父母亲吵架或打架	1	2	3	4	5
19. 家庭成员的健康状况欠佳	1	2	3	4	5

续表

压力来源	压力程度				
	没有压力	轻微压力	中等程度压力	很大压力	极度沉重的压力
20. 自己的健康状况欠佳	1	2	3	4	5
21. 失去某个要好的朋友	1	2	3	4	5
22. 没有足够的朋友	1	2	3	4	5
23. 遭到某个朋友的拒绝	1	2	3	4	5
24. 受到某个朋友的欺骗或背叛	1	2	3	4	5
25. 某个朋友在背后说自己的坏话	1	2	3	4	5
26. 感觉不被接受或不受欢迎	1	2	3	4	5
27. 父母不喜欢自己的某个朋友	1	2	3	4	5
28. 担心自己没有男（女）朋友	1	2	3	4	5
29. 不知如何结交朋友	1	2	3	4	5
30. 不知该如何维护自己的权利	1	2	3	4	5

总分说明

30～45 分	孩子感受到适度的压力，需要父母在情绪上无条件地支持。只要没有出现异于往常的行为或情绪反应，父母应该可以放心
46～60 分	孩子感受到较大的压力，父母应该营造一个可让孩子疏解情绪的环境。多倾听他（她）心里的话，或是安排一次开心的旅行，都是可以考虑的方式
61～75 分	孩子感受到强大的压力，并可能已经出现异于往常的行为或情绪反应。父母应该考虑带他（她）立即寻求专业的心理咨询，维护孩子健康的身心发展
76 分以上	孩子长期感受到强大的压力，内心压抑强烈的情绪与不安。父母与孩子应该立即寻求专业的心理咨询，维护孩子健康的身心发展